수난을 넘어서

예수의 죽음과 삶 새로 보기

수난을 넘어서: 예수의 죽음과 삶 새로 보기

지은이/ 스티픈 패터슨
옮긴이/ 한인철
펴낸이/ 홍인식
초판 1쇄 펴낸날/ 2021년 3월 5일
펴낸곳/ 한국기독교연구소
등록번호/ 제8-195호(1996년 9월 3일)
경기도 고양시 일산동구 고봉로 32-9, 양우 331호 (우 10364)
전화 031-929-5731, 5732(Fax)
E-mail: honestjesus@hanmail.net
Homepage: http://www.historicaljesus.co.kr.
표지 디자인/ 디자인명작
인쇄처/ 조명문화사

BEYOND THE PASSION: Rethinking the Death and Life of Jesus
Copyright ⓒ 2004 Augsburg Fortress.
All rights reserved. Korean Translation copyright ⓒ 2020 by Korean Institute of the Christian Studies. The Korean translation right arranged with Augsburg Fortress through rMaeing2. Printed in Seoul, Korea.

이 책의 한국어판 저작권은 알맹2 Agency를 통한 Augsburg Fortress사와의 독점계약으로 한국어 판권을 한국기독교연구소가 소유합니다. 저작권법에 따라 국내에서 보호받는 저작물이므로 무단전재와 무단복제를 금합니다.

ISBN 978-89-97339-68-6 94230
ISBN 978-89-87427-87-4 94230 (세트)

값 14,000원

수난을 넘어서
예수의 죽음과 삶 새로 보기

스티픈 패터슨 지음   **BEYOND**   한인철 옮김
THE PASSION

한국기독교연구소

BEYOND THE PASSION

Rethinking the Death and Life of Jesus

by

Stephen J. Patterson

Minneapolis, MN: Augsburg Fortress, 2004.

Korean Translation by Han In-Chul

이 책은 예일교회(담임 박상철 목사)의
출판비 후원으로 간행되었습니다.

Korean Institute of the Christian Studies

John Warren Patterson(1931-2004)에게
이 책을 헌정합니다.

목차

약어 / 9

서론: 예수는 죽었는가? _ 11

프롤로그: 한 무명인의 십자가 처형 _ 17
예수에게 무슨 일이 있었는가? 17 / 십자가 처형 20 /
예수의 죽음을 상상해보다 25

1장. 희생자 _ 29
제국의 희생자 예수 29 / 로마의 평화 31 /
후견인 체제의 힘 34 / 로마의 황금시대 37 /
또 다른 제국, 또 다른 하나님 41/ 하나님과 캐사르 47 /
군대귀신을 내쫓음 49 / 예루살렘 성전을 향하여 54 /
또 다른 시대, 또 다른 하나님의 아들 57 / 세상의 쓰레기 59 /
스키타이인들 가운데 사는 삶 63 / 희생자 예수 66

2장. 순교자 _ 69
대의를 위한 죽음 69 / 하나님이 의롭게 여기는 사람의 죽음 71 /
수난설화와 지혜 이야기 76 / 고귀한 죽음 80 /
죽기까지 순종하는 87 / 죽었다고 생각하라 92 /
죽는 순간까지 초지일관하는 사람 96 / 죽음의 영광 104 /
예수와 함께 살고 죽는 것 110

3장. 희생제물 _ 117

고대의 희생제물 119 / 희생제물 예수 132 /
왜 희생제물인가? 141 / 우리는 먹지 않는다 147 /
떠남 160

에필로그: 한 무명인의 부활 _ 173

부활의 의미 178 / 부활은 아무것도 입증하지 못한다 187 /
왜 그들은 믿었는가? 194 /
실제로 무엇인가 발생했던 것인가? 198 /
결단의 문제 202

예수 죽이기 (하나의 결론) _ 205

참고문헌 / 217

약어

AB	Anchor Bible
ABD	*Anchor Bible Dictionary.* Ed. D. N. Freedman. 6 vols. New York: Doubleday, 1992
alt.	altered translation
ANF	*Ante-Nicene Fathers*
Ant.	Josephus, *Antiquities of the Jews*
BHT	Beiträge zur historischen Theologie
CBQ	*Catholic Biblical Quarterly*
CIL	*Corpus Inscriptiones Latinarum.* Berlin: Reimer, 1983–
FCBS	Fortress Classics in Biblical Studies
FRLANT	Forschungen zur Religion und Literatur des Alten und Neuen Testaments
HDR	Harvard Dissertations in Religion
HNT	Handbuch zum Neuen Testament
HR	*History of Religion*
HTR	*Harvard Theological Review*
HTS	Harvard Theological Studies
JSNTSup	Journal for the Study of the New Testament Supplement Series
LCL	Loeb Classical Library
LSJ	H. G. Liddell, Robert Scott, H. Stuart Jones, and Roderick McKenzie, *Greek-English Lexicon*, 9th edition, with supplement. Oxford: Calrendon, 1968

MT	Masoretic text
NRSV	New Revised Standard Version
NTAbh	Neutestamentliche Abhandlungen
NTS	*New Testament Studies*
NTTS	New Testament Tools and Studies
OGIS	*Orientis Graeci Inscriptiones Selected.* Ed. W. Dittenberger. 2 vols. Reprint. Hildesheim: Olms, 1960
OTP	*The Old Testament Pseudepigrapha.* Ed. James H. Charlesworth. 2 vols. Garden City, N.Y.: Doubleday, 1983-1985
PNTC	Pelican New Testament Commentaries
RB	*Revue biblique*
SBLDS	Society of Biblical Literature Dissertation Series
SBS	Stuttgarter Bibelstudien
SHR	Studies in the History of Religions
SIG	*Sylloge inscriptionum graecarum.* Ed. W. Dittenberger. 3d ed. 4 vols. Leipzig: Olms, 1915-24.
SJ	Studia Judaica
SJLA	Studies in Judaism in Late Antiquity
SNTSMS	Society for New Testament Studies Monograph Series
ThQ	*Theologische Quartalschrift*
TRE	*Theologische Realenzyklopädie.* Ed. G. Krause and G. Müller. Berlin: de Gruyter, 1977-
War	Josephus, *The Jewish War*
ZNW	*Zeitschrift für die neutestamentliche Wissenschaft und die Kunde der älteren Kirche*

서론

예수는 죽었는가?

　예수는 죽었는가?(Is Jesus dead?) 이것은 지금까지 이론의 여지가 없는 단순한 질문이었다. 예수는 대략 2,000년 전에 살았고, 그리고 죽었다. 그는 기원후 35년 경, 팔레스타인의 로마 총독에 의해 처형되었다. 그리고 물론 그는 죽었다. 그는 지금 프랑스 남부 어딘가에 가명으로 살아있는 것이 아니다. 우리는 나이로비의 어느 맥도날드 가게에서 햄버거를 주문하고 있는 예수를 결코 발견할 수 없을 것이다. 그는 이미 과거의 인물이다. 그는 죽었다(He is dead).

　그러나 만약 지금 누군가가 이러한 단순한 질문을 다시 묻는다면, 많은 사람들은 간단히 '예' 혹은 '아니오'로 쉽게 대답하지는 못할 것이다. 이 질문이 다소 당혹스럽게 느껴지는 것은 그리스도인만은 아니다. 그리스도인이든 아니든 대부분의 사람들은 예수의 이름을 그리스도교에서 주장하는 부활과 연결짓기 때문이다. 신앙인에게는 "예수가 죽었는가?" 하고 묻는 것만으로도 의혹 이상의 신성모독적 발상일 수 있다. 예수가 죽었다고 할 수 있는가? 물론 아니다. 그리스도인들은 "예수는 살아있다!(Jesus is alive!)"고 말한다. "하나님은 죽은 자들로부터 예수를 일으키셨다!" 그러면 그는 지금 살아있는가? 살아있다면, 질문은 계속된다. 예수가 살아있다고 말한다면, 우리는 정확히 어떤 의미로 이것이 사실이라고 생각하는 것일까? 우리는 어느 맥도날드 가게에서 예수가 햄버거를 주문하는 모습을 발견할 수 있는 것일까? 순진한 신앙을 가진 사람들은, 예수는 엘비스가 아니라고 항변한다. 많은 신앙인들은 예수는 살아있기는 하지만, 하나님과 함께 하늘에 계신다고 말할지 모르겠다. 만약 사람이 죽어서 가게 될 어떤 장소로서 하늘이라는 곳이 있다는 것을 믿는다면, 이것이 맞을지도 모르겠다. 만약 하늘이 죽은 사람들을 받아들이는 곳이라고 한다면, 예수 또한 죽어서 그곳에 가셨다고 말할 수 있을 것이다. 그러나 우리는 애석하게 이 세상을 떠난 하늘의 모든 성도들이 살아있다(alive)고 생각하지는 않을 것이다. 그들은 죽었다. 좀 더 고상하게 말하면, "그들은 돌아가셨다." 그러면 예수도 돌아가셨는가? 이 또한 나에게는 이상하게 들린다.

"예수는 죽었는가?" 하는 질문은 확실히 내게 색다르게 들렸다. 이 질문은 내가 예수의 삶에 대한 강연을 끝냈을 때, 어떤 사람이 제기한 것이다. 그는 내가 예수의 부활에 대해서는 한마디도 언급하지 않은 것 때문에 불편했던 것이다. 예수가 말하고 행동한 것들, 이런 역사적인 문제들은 정말로 흥미로운 것들이지만, 궁극적으로는 전혀 중요한 것이 아니었다. 예수의 삶은 결국 죽음으로 끝났다. 그러나 대부분의 그리스도인들에게는 예수와 관련하여 주목해야 할 중요한 사항이 그의 삶이 아니라, 죽은 자들로부터의 그의 부활이다. 예수의 죽음은 예수의 삶의 끝으로서 중요한 것이 아니라, 그리스도교 복음을 구성하는 구원사건, 즉 예수의 죽음과 부활이라는 구원사건의 전반부로서 중요성을 갖는다. 모든 인간 역사의 중심에 있는 이 위대한 하나님의 우주적 사건은 우리를 우리의 죄로부터 구원하는 사건이다. 이것을 도외시한다면, 예수의 죽음은 관심거리이기는 하지만, 별로 중요하지 않은 종결, 즉 예수의 삶이 무의미하게 끝났다는 것을 뜻할 뿐이다. 그래서 나는 "예수는 죽었는가?" 하는 질문의 실제 함의는 "그래서 뭐 어쩌라는 거야?"라는 것임을 곧 이해하게 되었다.

이 책에서 나는 "그래서 뭐 어쩌라는 거야?"라고 묻는 그 질문에 도전해보려고 한다. 그리스도교 신학의 가장 큰 실수 중 하나는 예수의 죽음과 부활을 그의 삶과 무관하게 이해하려고 했던 시도였다. 예수의 처음 추종자들은 대체로 그렇게 이해하지 않았다. 신약성서의 네 개 복음서들은 모두 예수의 죽음을 그의 삶의 이야기에 속한 것으로 말하고 있다. 예수의 죽음과 부활은 그의 삶과 직접 연결되어 있다. 다시 말해, 예수의 죽음과 부활은 그의 삶으로부터 비롯된 것이다. 복음서를 잘 살펴보면, 예수는 그가 말하고 행동한 것 때문에 처형되었다. 그 일이 있고 나서 하나님은 예수를 죽은 자들로부터 일으키셔서 예수에게 행해진 불의한 처분을 무효화하고, 예수의 말과 행동을 하나님의 참된 아들의 말과 행동으로 인정하는 도장을 찍으신 것이다. 이러한 사고의 틀은 순교자를 다루는 고대의 전통에 속한다. 이러한 전통에서 죽음과 부활은 별개의 것이 아니다. 실제로 순교자의 삶이란 순교자가 지향하고 있는 모든 것, 순교자가 죽음을 각오하고 지키려는 대의(大義)를 드러내는 것으로서, 순교자의 이런 삶이 없다면, 순교자의 죽음은 아무런 의미가 없다. 순교자의 폭력적 죽음은 그 자체로만 본다면, 인간의 가학적-피학적인 욕구에 초점을 맞추거나, 어쩌면 인간에게 폭력을 가하고 살해하는 것을 통해 우리의 성적 흥분을 만족시키는 행태에 초점을 맞추게 될 것이다.

마틴 루터 킹 주니어 경축일에 단지 킹의 죽음에만 또다시 관심을 집중시키면서 이날을 기념하는 것을 상상해보라. 우리는 멤피스 로레인 호텔에서 그가 살해되는 장면을 담은 필름을 끊임없이 돌리고 있을 것이다. 학자들과 설교자들은 그의 마지막 12시간, 그의 마지막 식사, 그의 의상, 그가 죽어가면서 했던 마지막 말에 초점을 맞출지 모르겠다. 그들은 그를 살해한 무기, 그가 죽은 시간, 혹은 그가 눕혀진 관의 종류의 중요성에 대해 회고해 볼지도 모르겠다. 어쩌면 그가 죽던 순간을 재편집하여 영상으로 보여줄 수도 있을 것이다. 이처럼 킹의 삶에 대해서는 단 한마디의 언급도 없이 경축일을 보내고 있는 것을 상상해보라. "나에게는 꿈이 있습니다!"라고 했던 그 의미심장한 말에 대해서는 아무런 관심도 없이 말이다. "버밍햄 감옥으로부터의 편지"와 같은 탁월한 예언들에 대해선 아무런 언급도 없이 말이다. 시민의 권리, 인종차별철폐, 베트남 전쟁, 폭력과 증오로 얼룩진 세상에서 평화와 정의를 외친 그의 비전에 대해서는 단 한마디 말도 없이 말이다. 그가 온몸으로 살아낸 그 대의(大義)와는 무관하게 그의 죽음을 경축한다고 하는 것은 그야말로 우스꽝스럽고 의미 없는 일이 될 것이다.

그런데 이러한 것이 많은 경우 예수와 관련하여 우리들이 행해온 것들이다. 대부분의 그리스도인들에게는 사도신경만으로도 충분하다: 예수는 동정녀 마리아에게 나셨고, 본디오 빌라도에게 고난을 받으셨고, 십자가에 못박혀 죽으셨고, 매장되었다. 우리는 예수의 동정녀 탄생 이후 그의 삶을 건너뛰어서 곧바로 그의 죽음에로 넘어간다. 마치 예수의 죽음은, 그렇게 죽게 만든 예수의 삶이 없어도, 그 자체로서 중요하기라도 한 듯이 말이다. 그래서 우리에게 예수의 죽음은 진노와 자비 사이에서 갈등하시는 하나님 앞에서 우리 죄의 용서를 확실하게 보장해주는 희생제물이 되었다. 우리의 구원을 보증하는 것이 예수의 죽음(death)이라면, 그의 삶(life)이 무슨 의미가 있겠는가? 그러나 예수의 처음 친구들과 추종자들에게는 그렇지 않았다. 그들은 예수의 삶의 길에 온몸을 바쳐 헌신했고, 그의 죽음은 그의 삶에 관심을 기울이는 계기가 되었다. 그들은 예수의 죽음이나 부활을 그 자체로 중요한 사건으로 보지 않았다. 예수의 죽음과 부활은 탁월한 능력과 비전으로 채워진 삶, 하나님이 우리들 눈에 보이는 형태로 나타나신 것으로 받아들여지고 기억되었던 삶에 적합한 종착점이었다. 사실상 예수의 처음 추종자들 사이에서 예수의 죽음(death)에 관해 회자된 모든 말은 예수를 사랑했고 앞으로 예수를 사랑하게 될 사람들에게 예수의 삶(life)의 중요성을 되살릴 수 있도록 짜여졌다. 그들은 예수가 시작한 운동을 "참된 길"(the way), 즉 삶의 길이라고 이야기했던 것이다.

나는 자료들을 정리하여 크게 세 가지 기본적인 항목으로 나누었고, 그 각각은 예수의 죽음에 대한 초기 그리스도인들의 서로 다른 이해, 즉 희생자(Victim)로서의 예수, 순교자(Martyr)로서의 예수, 희생제물(Sacrifice)로서의 예수에 초점을 맞추었다. 나는 이러한 범주들을 개별적으로 다루기는 하겠지만, 이들은 서로 관련되어 있다. 그 각각은 서로 겹치기도 하고 맞물리기도 하면서, 예수의 죽음을 둘러싼 복합적이면서도 느슨한 연결망을 형성하게 될 것이다. 하지만 이런 갈래들은 분명히 구분될 필요가 있고, 그래야만 하나하나 그 자체로서 파악할 수 있으며, 또한 그 각각의 독특한 공헌을 보다 분명히 이해할 수 있다. 이러한 갈래들은 여러 면에서 우리에게 친숙한 영역으로서, 여기에는 속죄(atonement)와 같이 예수의 죽음과 관련하여 가장 소중히 여겨온 개념들 중 일부가 포함되어 있다. 하지만 나는 이러한 고대 그리스도인들의 개념들을 다시 살펴보고 이들을 그 당시의 상황 속에서 검토하는 중에, 오늘날 대개의 그리스도인들이 부담스러워하는 중세 속죄신학의 거대한 더미 속에서 오랫동안 잊혀지고 잃어버렸던 수많은 놀라운 것들을 만나게 되었다. 그래서 결국 나는, 서로 구분되어 있는 이런 세 개의 갈래들이 상호 작용하게 될 때, 예수를 따르고자 하는 사람들로 하여금 다시 예수의 삶―그의 말, 행위, 그리고 그의 죽음―에로 되돌아가게 할 수 있다는 것을 보여주고 싶다. 예수의 그 삶이란 사람들이 참된 삶으로 받아들일 수 있는 삶, 그리고 그의 죽음조차 자기 자신의 것으로 받아들일 수 있는 삶에 다름 아닐 것이다.

예수는 죽었는가? 이것은 단순한 문제가 아니다. 예수의 처음 친구들과 추종자들은 이 질문에 간단하게 '예' 혹은 '아니오'로 답하지 않았다. 그들은 자신들이 사랑했던 사람의 죽음을 깊이 생각했던 것처럼, 이 질문에 대해서도 깊이 생각했다. 그들은 누가 왜 그를 죽였는지에 대해 생각했다. 그들은 예수를 통해, 그리고 그들 조상의 유대교 전통을 통해 알게 되었던 하나님에 대해 생각했고, 그러한 하나님이 이 비극적인 잔인한 사건에 어떻게 대응하셨는지에 대해 숙고했다. 그들은 예수가 죽었음에도 불구하고, 자신들에게는 아직 죽은 것이 아니라는 사실에 대해서도 생각했다. 예수의 정신은 그들의 핏줄을 타고 아직 흐르고 있었다. 어떻게 그럴 수 있었을까? 그리고 이것은 무엇을 의미했을까?

프롤로그

한 무명인의 십자가 처형

희망은 항상 역사가 아니며 과장도 아니다.
이 경우, 이전에도 이후에도 종종 그런 것처럼, 공포가 역사이다.
—John Dominic Crossan, *Who Killed Jesus?*

예수에게 무슨 일이 있었는가?

예수의 죽음에 대한 초기 그리스도인들의 반응을 이해하고 평가하기 전에, 우리는 먼저 그에게 무슨 일이 있었는가에 대해 어느 정도 사실에 근거한 생각을 갖고 있어야 한다. 그리스도인들에게 이것은 쉬운 일이 아니다. 물론 우리는—아주 작은 교회로부터 대성당에 이르기까지 교회 강대상의 성경을 통해 낭독되었던—그리스도교 신앙 이야기들을 이해하게 되었을 때부터, 마치 대서사극처럼 우리 앞에 펼쳐진, 예수의 마지막 날들에 일어난 여러 사건들을 알고 있다. 예수는 예루살렘에 들어가 그의 적들, 대제사장들, 서기관들, 바리새인들에게 도전한다. 그들은 처음부터 예수를 죽이기 위해 계략을 꾸민다. 예수는 그들이 바라는 대로 그들의 계략에 빠져든다. 예수는 의도적으로 그렇게 한다. 그는 앞으로 일어날 그의 운명을 미리 알고 있다―그가 어떻게 그의 제자 중 한 명에게 배반당하고, 체포되고, 고문당하고, 십자가에 처형되고, 그리고 3일 후 죽은 사람들로부터 부활하게 될지를 말이다. 이 모든 것은 우리를 죄에서 구원하시려는 하나님의 구원 계획에 속한 것으로, 유대인들의 옛 종교, 즉 율법과 율법주의 종교로서는 할 수 없는 것이었다.

그래서 이처럼 성경본문과 전통의 혼합 형태로 전달된 예수의 죽음은 불행도 아니고, 더 나아가 놀랄 일도 아니다. 예수의 죽음은 오늘날 우리가 알고 있는 그리스도교를 만들어내기 위해 잘 수행된 성공적인 계획의 결과이다. 이것은 대승리이지, 비극이 아니다. 결국 이 이야기 속의 예수의 죽음은 우리가 경축해야 할 그리스도의 승리이자, 우리들 자신의 승리이기도 하다. 예수의 죽음과 부활 이야기는 유대인들에 대립해 있는 그리스도인들의 자기이해에 중심적인 것이었다. 예수의 죽음은 메시아에 대한 유대인들의 거부를 상징하고, 예수의 부활은 우리가 옳았고 그들은 틀렸다는 것을 보여준다.[1]

하지만 이것은 예수의 첫 추종자들이 실제로 그의 죽음을 경험한 방식은 아니었다. 이 이야기는 예수의 죽음을 둘러싼 실제 사건들이 일어나고 한 세대가 지난 후의 저자들과 신학자들에게서 비롯된 것이다. 이것은 유대인들과 예수 추종자들(그때까지는 유대인들과 이방인들이 혼합된 그룹) 사이의 적대감이 매우 컸을 때 만들어진 것이다. 이것은 예수와 그의 죽음이 갖는 궁극적인 의미에 대한 수많은 신학적 성찰을 전제로 한다. 이런 전후 문맥을 알고 들었을 때, 이 이야기는 힘 있고 감동적인 이야기가 될 수 있다. 그러나 이 이야기

---

[1] 그리스도교 반셈족주의와 그리스도인들이 예수의 죽음을 기억하는 방식과의 연관성에 대해서는 다음을 보라. James Carroll, *Constantine's Sword: The Church and the Jews―A History* (Boston: Houghton Mifflin, 2001).

는 거의 이런 방식으로, 즉 전후 문맥 속에 있는 이야기로 전해지지 않았다. 이 이야기는 대개 역사로, 다시 말해서 실제로 일어났던 일로 제시된다. 사실 나는 성금요일의 이야기가 철저히 역사적이라는 것을 전제로 깔지 않고 이 이야기를 회중에게 전달하는 것을 들어본 적이 없다. 이런 전달 방식의 가장 부정적인 결과는, "유대인들"이 예수의 죽음에 책임이 있다는 잘못된 생각에서 비롯된 그리스도인들의 반셈족주의(anti-Semitism)라는 유산이다. 이것은 서구문명의 가장 큰 거짓말 중의 하나로서, 끝 모를 악의 기원이 되었다. 반면 두 번째 결과는 그리스도인들 자신, 그들의 예수 이해, 그리고 우리의 삶을 위한 예수의 의미와 더 깊은 연관성이 있다. 그 내용에서 신학적 성찰 작업을 거친 이 이야기는 인간적 관점에서 볼 때 매우 사실적인(realistic) 이야기가 아니다. 그것은 신의 죽음에 관한 이야기이지, 한 인간의 죽음에 관한 이야기가 아니다. 그래서 이 이야기는 참된 인간 경험과 연결되기가 쉽지 않다.

되돌아보면, 나는 어려서 이 이야기를 반복하여 들었을 때, 이미 이 이야기에 나오는 역사적인 장면 속에는 결함이 있다는 것을 발견할 수 있었다. 예를 들어, 예수의 죽음이 하나님의 원대한 계획에 속한 것이었다면, 예수의 제자인 (가룟) 유다는 왜 성인으로 추앙받지 못하고 배반자로 비난받아야 하는가? 또 예수가 앞으로 일어날 일을 알고 있었다면, 왜 예수는 죽는 순간 십자가 위에서 "나의 하나님, 나의 하나님, 어찌하여 나를 버리셨습니까?"(마가 15:34) 하고 절규했던 것일까? 그리고 예수가 곧 자신에게 일어날 끔찍한 일에서 벗어나기를 기도했던 겟세마네 동산에서의 그 극적인 장면(마가 14:32-42)은 어떻게 이해해야 할 것인가? 이것은 역사적인 보도인가? 복음서 저자는 어떻게 예수가 그곳에서 말한 내용을 알 수 있었던 것일까? 이 이야기를 살펴보면, 당시 유일한 증인인 제자들은 자고 있었기 때문이다. 재판받는 장면은 또 어떠한가? 마가복음에 따르면, 그 자리에 있었던 유일한 목격자들—예루살렘의 유대교 지도자들—은 예수에 대해 적대적인 사람들이었다(14:55-65; 15:1-5). 마가는 이 재판에서 그들의 역할에 의문이 들 정도로 많은 그 세부 내용들을 어떻게 알게 되었을까? 또 재판에 대한 요한복음의 설명에는 빌라도와 예수 사이의 사적인 대화가 나오는데(요한 18:33-38), 도대체 누가 이것을 알고 보도할 수 있었을까? 그리고 빌라도의 아내가 빌라도에게 전달한 그녀의 꿈에 관한 내용(마태 27:19)을 어떠한 정보통이 알고 보도한 것일까?

이제 곧 우리는 예수의 죽음과 관련된 성경 이야기들과 전승들로 돌아가, 그것들을 예수의 삶의 극적인 마지막에 대해 의미를 부여하려 했던 초기 그리스도인들의 시도라고 하는 맥락에서 읽게 될 것이다. 그것들은 역사(history)가 아니다. 그것들은 예수에 관해 모든 것을 다 알고 있는 어떤 내레이터의 시각에서 본 역사에 대한 일종의 해석(interpretations of a history)이다. 그러나 그런 이야기들이 말하고 싶은 것을 제대로 파악하기 위해서는 그런 이야기와는 다른 곳, 즉 그들이 해석하려고 노력했던 예수의 죽음 바로 그 사건에서 시작해야 한다. 우리는 예수에게 일어난 일에 관해 무엇을 실제로 알고 있는가? 우리가 다루게 될 사실(facts)에 속한 것은 그 분량이 아주 적지만, 그것들은 우리에게 아주 많은 것을 말해줄 수 있을 것이다.

십자가 처형

우리가 알기로 예수는 유월절 즈음 예루살렘에서 로마의 유대 총독 본디오 빌라도의 명령에 의해 십자가에 처형되었다. 이것은 많은 정보는 아니지만, 예수에 관한 중요한 것, 그리고 그가 왜 살해되었는지에 대해 우리에게 말해주고 있다.

십자가 처형은 예수 시대에 제국에 저항하는 선동적 행위에 개입한 소작농들을 처형하는 로마의 전형적인 수단이었다.[2] 그것은 로마인들이 고안한 것은 아니고, 페르시아인들과 카르타고인들이 반역을 도모하는 장군들이나 총독들을 처벌하기 위해 로마인들보다 앞서 그 방법을 사용했다. 그러나 십자가 처형을 공포심을 유발하고 겁박하는 최상의 무기로 발전시킨 것은 로마인들이었다고 할 수 있다. 그들은 그것을 반역을 도모한 고위급 관리들에게 사용한 것이 아니라, 노예들과 소작농들에게 사용했다. 그들의 반란을 막기 위해 로마인들은 일반 범죄자들에게 사용했던 것이다. 로마인들은 도시를 포위 공격할 때에도 그 방법을 사용했는데, 그 경우 도시 성벽 안에 사람들이 잘 보이는 곳에서 적의 포로들을 십자가에 처형하여, 그 끔찍한 장면을 보고 적의 사기가 떨어지고 꺾이도록 유도했다. 그러나 우리가 가장 중요하게 생각하는 것은, 그 처형 방법을 외딴 지역에 있는 소작농 반역자들을 처형하는 데 사용했다는 점이다. 때로는 그 주동자들을 개별적으로 십자가에 처형하기도 했고, 때로는 집단 전체를 한꺼번에 처형하기도 했다. 한 예로, 예수가 아주 어렸을 때, 팔레스타인 전역에서 소작농들의 집단 소요가 있었다. 당시 헤롯 대왕이 죽자, 그가 총애하는 아들들이 팔레스타인을 통치하게 될지 모른다는 유대인들의 우려 때문이었다. 그 반란 진압의 책임을 맡은 로마 장군 바루스

---

2) 로마의 처형방식으로서의 십자가 처형에 대해서는 다음을 보라. Paul Winter, *The Trial of Jesus*, 2d ed., rev. and ed. T. A. Burkill and Geza Vermes, SJ (Berlin: de Gruyter, 1974), 90-96; Richard Horsley, "The Death of Jesus," in *Studying the Historical Jesus: Evaluations of the State of Current Research*, ed. Bruce Chilton and Craig Evans, *NTTS* 19 (Leiden: Brill, 1994), 409-13.

는 세포리스, 사포, 그리고 엠마오와 같은 도시들을 초토화시키고, 주민들을 잡아 포로로 팔아넘겼다. 그 후 그의 군대는 시골 마을까지 뒤져 도망간 사람들을 찾아내었고, 극심한 고통에 고문까지 당한 사람들을—대략 2,000명 정도—십자가에 처형함으로써 그들이 전하고 싶은 메시지를 전달했다.3) 기원후 66년경 유대전쟁 초반에는 로마의 유대 총독 플로루스가 어린아이와 유아를 포함하여 3,600여 명을 십자가에 처형했다.4) 예수는 로마에 의해 십자가에 처형된 유일한 사람이 아니었다. 그 당시에는 수천 명의 소작농들이 이와 동일한 죽음에 처해졌다. 십자가 처형은 제국 내의 수많은 소작농들과 노예들에게 겁을 주어 복종하게 만들기 위해 고안해낸 국가적 차원의 집단 폭력이었다.5) 그리고 그것은 상당히 성공적이었다. 로마의 평화는 제국이 건재한 동안에는 소요사태가 일어나도 흔들리지 않았고, 혹 일어난다고 해도 보통 그리 오래 가지 못했다.

이것이 예수의 죽음과 관련하여 우리에게 말해주는 것은 무엇일까? 그것은 예수를 처형한 사람은 유대인이 아니라 로마인이었다는 것이다. 물론 식민지 토착세력의 협조가 없었다면 유대 같은 지역을 통제한다는 것은 쉽지 않았다. 이런 맥락에서 예수 당시 대제사장은 전적으로 로마에 의해 임명되곤 했다. 그러나 그렇다고 하여 빌라도가 그 책임을 면할 수 있는 것은 아니다. 예수가 진 십자가는 로마의 십자가(a Roman cross)였다. 이것은 부인할 수 없는 분명한 역사적 사실이다. 그런데 역사의 큰 모순 가운데 하나는, 예수 당시 다른 많은

---

3) Josephus, *War* 2.66-75; *Ant*.17.286-98.
4) Josephus, *War* 2.308-9.
5) 이것은 크로산의 용어를 원용한 것이다. John Dominic Crossan, *Jesus: A Revolutionary Biography* (San Francisco: HarperSanFrancisco, 1994), 127. 『예수: 사회적 혁명가의 전기』(김기철 역, 한국기독교연구소, 2001).

유대인들이 그랬듯이, 유대인 예수를 죽인 것은 실상 이방인 국가의 한 이방인 관료였는데도, 이방인 그리스도인들은 수세기에 걸쳐 예수를 죽인 것은 유대인들이라고 유대인들을 비난해왔다는 점이다.

이것이 우리에게 말해주는 또 다른 하나는 예수의 죄목이 로마제국에 대한 반역죄였다는 것이다. 이러한 함의는 예수의 메시지가 "정치적인" 것이 아니라 "종교적"이었다는 이유로 흔히 간과되어왔다. 그러나 고대 세계에서 종교와 정치는 그렇게 분리되어 있지 않았다. 제국은 신이 제정한 것이었고, 황제는 신의 아들(God's Son)로 간주되었다. 예배는 로마(Roma)나 아우구스투스(Augustus) 같은 신들에 대한 예배였다. 심지어 유대에서 로마에 바치는 세금은 대제사장의 협조 아래 징수되었을 것이다.6) 예수가 그의 삶을 지배했던 종교적이면서 동시에 정치적인 체제들을 염두에 두지 않은 채 하나님의 제국(an empire of God, 보통 하나님의 '나라'로 번역되지만, 당시 '바실레이아'는 '제국'을 가리켰다.―옮긴이), 즉 새로운 왕국을 말할 수는 없었을 것이다. 예수의 설교는 이러한 체제들을 송두리째 무너뜨렸다. 그의 생각이 로마제국에 맞서는 선동적인 것이었다는 의혹은 근거가 없는 것이 아니었다.

이것은 또한 예수가 그 처형자들에게 위대한 로마의 평화에 무모하게 도전했던, 별 볼일 없는 무명의 한 소작농(a peasant nobody)에 불과했던 존재로 간주되었다는 것을 말해준다. 하지만 이러한 무명의 인물도 용도가 있었다. 예수를 처형한 방식은 그의 행동에 고무되었을 다른 사람들을 위협할 수 있었기 때문이다. 예수는 다른 사람들에

---

6) 이와 관련한 논의는 다음을 보라. Ekkehard W. Stegemann and Wolfgang Stegemann, *The Jesus Movement: A Social History of Its First Century*, trans. O. C. Dean Jr. (Minneapolis: Fortress Press, 1999), 118. 『초기 그리스도교 사회사: 고대 지중해 세계의 유대교와 그리스도교』(손성현, 김판임 역, 동연출판사, 2012).

대한 하나의 경고로서 십자가에 처형된 것이다. 이 경고는 예수가 감히 생각한 것처럼 생각하도록 고무되었을 그런 사람들을 향한 것이었다.

    십자가 처형에서 무엇이 사람들을 그렇게 공포에 떨게 했을까? 간략히 말하면, 십자가 처형은 많은 사람들이 보는 앞에서 아주 천천히 고통을 받으면서 죽게 하는 방식이었다. 만약 처형되는 사람이 십자가에 처형되기 전에 채찍질을 당하거나 고문을 당했다면, 오히려 좀 더 빨리 죽을 수 있을 것이다. 그러나 여러 날 살아남아 비바람, 동물들, 그리고 해코지하는 행인들에 노출된 채 점차 기력을 잃어가는 경우도 있었다. 공포심, 섬망(譫妄: 의식이 흐리고 착각과 망상, 헛소리, 마비를 일으키는 의식 장애), 육체적 기능에 대한 통제 불능 같은 모든 것이 처형되는 소작농의 수치심을 유발했을 것이다. 죽음은 충격과 노출에 의해 올 수도 있고, 때로는 처형되는 사람의 몸무게가 내리눌러 폐가 점점 숨을 들이키지 못해 질식사하는 경우도 있다. 사랑하는 사람들이나 여타의 다른 사람들이 이 광경을 보게 되지만—이것이 바로 십자가 처형의 목표였다—아무도 처형당하는 사람을 도울 수는 없었다. 처형되는 사람을 구출하지 못하도록 경비병들이 배치되어 있었기 때문이다. 마지막 단계에 가면, 십자가에서 처형된 사람에게 남는 것은 거의 없었다. 유해는 약식으로 처리하여 근처의 다른 시체들과 같이 쌓아둠으로써, 썩은 시체를 먹는 개나 까마귀들이 이미 십자가 위에서 시작된 일을 마무리하도록 했다. 이 또한 십자가 처형이 목표로 했던 것 중 하나였다. 십자가에 처형된 사람은 적절히 매장되지 못했다. 죽은 사람의 영혼이 안식하지 못하도록 만들었던 것이다. 고대인들의 감각으로 이것은 영원한 수치심을 갖도록 하는 저주에 속했다.

예수의 죽음을 상상해보다

우리가 이 모든 것을 고려하여 예수의 죽음을 상상해 본다면, 그의 죽음은 어떤 죽음이었을까? 광활한 로마제국 동쪽 이스라엘의 한 무명인(a nobody)이 예루살렘에서 멀리 떨어진 곳으로부터 예루살렘에 유월절 순례를 온 것으로 이야기는 시작된다. 물론 이 소작농은 자신이 별 볼일 없는 무명인이라고 생각하지는 않았다. 그는 동료들인 장애인, 성매매 여성, 버림받은 사람들, 무두질하는 사람들, 베짜는 사람들, 어부들을 위해서라도 자신을 그렇게 생각하지 않았을 것이다. 그는 다른 사람들이 그랬듯이 성전에 들어갔다.[7] 그러나 성전에서 벌어지는 장면들 때문에 그는 격노하게 된다. 어떤 복합적인 감정들이 그를 격노하게 했는지는 알 길이 없다. 유대인 예수에게 성전은 경건의 중심, 즉 하나님이 그의 백성들과 함께 기거하시는 장소였다. 하지만 성전 당국자들은 로마 권력과 밀접히 결탁되어 있었고, 그에 따라 이들은 가이사랴에 머물던 로마 총독에 의해 선임되어, 그들의 하수인 역할을 했다. 더 넓은 로마 세계를 위해서 예수를 소모품처럼 취급하기 시작했던 곳이 바로 성전이었다. 그래서 예수는 분

---

[7] 대부분의 학자들은 마가복음 11:15-19(또한 마태복음 21:12-13과 누가복음 19:45-46)와 요한복음 2:14-16에 묘사된 성전 사건이 궁극적으로 예수의 죽음을 몰고 온 실제 사건을 회상하고 있다는 점에 동의하는 것으로 보인다; 참조, E. P. Sanders, *Jesus and Judaism* (Philadelphia: Fortress Press, 1985), 61-76; John Dominic Crossan, *The Historical Jesus: The Life of Mediterranean Jewish Peasant* (San Francisco: HarperSanFrancisco, 1991), 355-60; Richard Horsley, *Jesus and the Spiral of Violence* (San Francisco: Harper & Row, 1987), 292-300; Marcus Borg, *Jesus, a New Vision: Spirit, Culture, and the Life of Discipleship* (San Francisco: Harper & Row, 1987), 174-76; 반대의 시각이지만 다음도 참조. Robert J. Miller, "Historical Method and the Deeds of Jesus: The Test Case of the Temple Destruction," *Forum* 8, nos. 1-2 (1992) 5-30.

노했다. 아마도 그는 성전 주변에서 벌어지는 일련의 행위들을 방해하기 위해 무언가를 했을 것이다. 어쩌면 그는 단지 그 시기와 장소에서 일어나서는 안 될 잘못된 것에 대해 말만 했을 수도 있다. 유월절 기간이었기 때문이다. 아무리 작은 일이라 해도 문제가 되기에 충분했을 것이다. 만약 재판이 있었다면, 약식으로 진행되었을 것이다. 그는 소작농, 무명의 인물이기 때문이다. 전 세계가 그를 주목했던 것이 아니다. 예수가 사라졌다고 하여 도대체 누가 관심을 가졌겠는가? 예수가 만약 앞서 다른 기회에 수없이 언급했던 것처럼 성전에서도 계속 또 다른 왕국, 또 다른 제국으로서의 하나님의 제국을 말했다고 한다면, 그의 반란죄는 성립되는 것이다. 당시 제국에 특별히 잘못된 것이 없다면, 왜 예수가 또 다른 제국, 즉 하나님이 통치하시는 제국에 대해 말했겠는가? 이 때문에 예수는 십자가에 처형되는데, 혼자 처형된 것이 아니라, 다른 사람들—아마도 두 명 이상—과 함께 처형된다. 좀 더 넓게 본다면, 사실 수천 명의 사람들과 함께 십자가에 처형된 것과 다름없다. 그가 빨리 죽었다면, 그는 십자가에 처형되기 전에 심한 고문을 받았을 것이다. 그러나 그는 십자가 위에서 충격이나, 아니면 질식에 의해 죽었을 것이다. 당시 관습으로 보아 동료들은 시신을 거두어가지 못했을 것이다. 존 도미닉 크로산에 따르면, 그의 시신은 다른 시신들의 더미 위에 던져져 개와 새들의 먹이가 되었을 것이라고 한다.[8]

솔직히 말하면, 나는 처음 크로산의 책에서 이 내용을 읽었을 때 충격을 받았다. 그러나 예수의 죽음에 대한 그의 묘사에서 그는 내가 오랫동안 종교적 훈련을 통해 전수받은 모든 전통과 경건 때문에 상

---

8) Crossan, *Jesus: A Revolutionary Biography*, 154.

상조차 할 수 없었던 것들을 볼 수 있게 해주었다. 그는 나로 하여금 예수의 죽음을 있는 그대로 볼 수 있게 해주었다. 죽음, 그것도 폭력적인 죽음은 충격적인 것이다. 예수의 몸이 시체더미에 던져져, 썩어 가고 있고, 파리들이 들끓고, 굶주린 개들에게 찢기는 것을 상상한다는 것은 나를 경악케 했다. 나를 망연자실하게 만들었다. 이때 나는 처음으로 예수를 따르던 사람들이 이 사건을 어떻게 경험했을지를 깨닫게 되었다. 이것은 고뇌와 비통함으로 가득한 폭력적이고 가공할 사건이었다.

이처럼 폭력적이고 혐오스러운, 비통하면서도 우울하게 만드는 이 죽음 속에서 과연 어떤 의미를 발견해 낼 수 있을까? 이것이 바로 예수의 처음 추종자들이 직면했던 도전이었다. 당연히 예수와 함께 했던 사람들 중 많은 이들은 이 사건 이후 다시 대중들 속으로 숨어 들었을 것이다. 십자가가 주는 그 공포심은 제 역할을 했던 것이다. 그러나 어떤 이들은 사라지지 않았다. 그들은 포기하지 않았다. 그들은 이 비극을 넘어서서, 그 순간의 두려움을 떨쳐내고, 이 사건을 깊이 들여다보기 시작했다. 그들은 예수의 십자가 죽음을 예수가 그들에게 말하려고 했던 것, 유대교 전통, 그리고 그들이 이 죽음을 새롭게 경험하게 된 것들과의 연관성 속에서 성찰하기 시작했다. 예수는 십자가에 처형되었지만, 그의 정신은 아직 죽은 것이 아니었다. 예수의 죽음은 비극으로 끝난 것이 아니었다. 예수의 죽음에 관한 이야기들은 예수의 죽음이 갖는 비극성을 전혀 다른 것, 즉 자신들이 어떠한 사람들이 되어야 할지를 보여주는 어떤 것, 자신들의 삶에 목적을 부여하는 어떤 것, 자신들을 절망으로부터 구해내는 어떤 것으로 만들었다. 별 볼일 없는 한 무명인의 죽음은 결코 아무것도 아닌 것이 아니었다.

1장

희생자

예수의 개인적인 열망과 희망이 무엇이었든
하나님의 나라가 다가오고 있다는 그의 메시지는
그를 승리자가 되게 한 것이 아니라 희생자로 만들었다
—Helmut Koester, "Jesus the Victim"(1992)

제국의 희생자 예수

예수는 세계가 일찍이 경험해보지 못했던 평화와 안정의 시대에 태어났다. 그 시대는 아우구스투스[1]의 르네상스라고 불릴 만한 아우구스투스의 시대였다. 평화와 번영의 시대에 대한 소망이 마침내 이루어진 것이다. 당시 가장 잘 알려진 시인 호레이스는 이것을 목가적인 필치로 이렇게 표현했다.

> 안전한 가운데 소떼들은 풀밭을 어슬렁대며
> 달콤한 평화, 온화한 풍요가 황금빛 곡식에 넘실대네
> 잔물결 이는 바다 위로 선원들이 마음껏 속력을 내는구나

---

[1] 역자주: 아우구스투스 황제(기원전 63-기원후 14년)는 기원전 27년에 오랜 내전을 끝내고 제국을 세워 41년간 통치했다. '신의 아들', '주님', '구세주'로 불렸던 그가 죽자 원로원은 그의 승천을 선포했다.

당당한 명성에는 오점이 없도다

어떤 삿된 욕망도 집의 성소를 더럽히지 않은 채
내민 손도 깨끗하며 가슴 속도 깨끗하며
아버지의 특성이 자녀들의 웃음 속에 드러나며
죄에는 재빠른 복수가 뒤따르네

누가 파르티아인들이나 스키티아인들의 무리를 두려워하랴?
또는 게르만 숲의 성장에 비길 자 누구랴?
캐사르가 살아계신 동안에는
사나운 이베리아인들이 휘두르는 칼에 누가 몸서리치랴?

그분 자신의 언덕들에서는 해질 때까지의 모든 노동이
포도나무로 하여금 홀로 남겨진 나무에 휘감기는 걸 가르치며
다음엔 다시 그의 잔에 유쾌하게 축배를 들면서
그는 당신 안에서 그의 신을 칭송하는구나 (Odes, 4,5; LCL)

평화, 번영, 순수, 법과 질서, 이런 것들은 아우구스투스 르네상스의 좌우명이었다. 예수는 이런 시대에 태어났다. 그러나 예수는 그 속에서 행복하지 못했다. 오히려 반대로 그는 이러한 순수하고 고상한 시대와 충돌했고, 결국 그 시대의 희생자가 되었다. 왜 그랬을까?

도대체 예수는 어떻게, 그리고 왜 로마제국의 희생자가 되었는가 하는 문제는 예수의 비극적인 죽음 이후 그의 추종자들이 씨름해야 했던 첫 번째 과제 중 하나였다. 예수가 제국의 희생자였다는 사실은 예수 추종자들의 공동체를 특별한 방식으로 형성하는 계기가 되었을 것이다. 이것은 그 추종자들이 자신들을 제국이나 제국의 주님과는 절대 화해할 수 없는 사람들로 보았다는 것을 뜻했다. 예수가 시작한

이 운동은 또 다른 주님과 또 다른 제국에 대한 충성을 서약했을 것이며, 예수로 하여금 그 제국과 불화하게 만들었던 것들을 오히려 그 중심에 두었을 것이다. 이 공동체는 깊은 의미에서 대항문화적인(countercultural) 공동체가 되었을 것이다.

로마에 의한 희생자로서의 예수의 죽음이 어떻게 그 추종자들에게 의미 있는 것이 되었는지 이해하기 위해서는, 우선 로마제국을 이해해야 하고, 또 예수의 말이나 행동이 어떻게 로마제국과 불화 관계를 빚게 되었는지 이해해야 할 것이다. 예수의 십자가 처형은 결코 우발적인 사건이 아니었다. 십자가 처형은 예수를 따르는 사람들에게 그러한 생각이나 행위에 대한 처벌은 굴욕과 고통스러운 죽음이 될 것이라는 경고를 주려고 의도된 것이었다. 그렇다면 예수의 문제는 무엇이었을까? 달리 묻는다면, 로마제국 시대에 예수로 하여금 제국의 수호자들과 충돌하게 만들었던 것은 과연 무엇이었을까?

로마의 평화

로마인들은 자신들의 영토 확장을 위대한 평화, 즉 로마의 평화(*Pax Romana*)라고 말하기를 즐겨했다.2) 그러나 그 평화는 폭력과 협박을 통해 확립되고 유지되는 평화였다. 위대한 로마의 평화의 주요 설계자였던 아우구스투스 캐사르는 그의 생애 말기에 자신이 "전체 세계를 로마인들의 제국 아래 굴복시켰다"고 자랑했다.3) 사실상 그

---

2) 벵스트의 통찰력 있는 분석이 가장 도움이 된다. Klaus Wengst, *Pax Romana and the Peace of Jesus Christ*, trans, John Bowden (Philadelphia: Fortress Press, 1987), 7-55.
3) 아우구스투스의 *Res Gestae Divi Augustus*를 참조한 것으로, 그의 생애 말년에 쓴 자기 업적에 대한 자전적 설명이다. 이 문서의 사본은 안키라에 있는 로마

는 그렇게 했다. 스페인, 갈리아, 알프스 지역, 독일, 그리스, 소아시아, 페르시아, 중동 아시아, 이집트, 에티오피아, 북아프리카, 이 모든 지역은 그의 통치 말기인 기원후 14년에 로마제국의 지배 아래 있었다. 이처럼 거대한 영토 확장은 끊임없는 전쟁을 통해 이루어졌다. 많은 왕들과 그 백성들은 로마 군대를 너무 두려워한 나머지, 캐사르 군대의 공격에 맞붙기보다는 쉽게 제국에 합병을 요청했다. 그들은 저항해 보았자 부질없다는 것을 알고 있었다. 저항을 시도한 사람들은 그저 몰살당하거나 노예로 잡혀갔다. 로마의 평화는 실제로 다가왔을 때 결코 평화롭지 않았다.

팔레스타인 자체는 로마의 속주 중 하나로서 로마의 평화를 어떻게 경험했는지를 보여주는 탁월한 사례라고 할 수 있다. 겉으로 보아 로마와 유대 및 그 주변 지역과의 관계는 아주 우호적인 것처럼 보였을지 모른다. 로마가 지배한 첫 세기에 유대는 여전히 자체의 왕과 성전과 대제사장을 보유하고 있었다. 제국 내에서 이것은 딱히 예외적인 것은 아니었다. 로마는 대개 정복한 지역의 왕들을 통해 식민지를 지배해왔다. 그렇게 함으로써 이들이—예루살렘 성전과 같은—그 지역의 구조와 제도들을 활용하여 제국의 권력을 뒷받침하고 궁극적으로는 조세를 거두어들일 수 있도록 했던 것이다. 이렇게 하여 세워진 유대인 왕이 바로 헤롯 대왕인데, 그의 통치권은 처음에는 안토니우스에 의해, 나중에는 아우구스투스 자신에 의해 뒷받침되었다. 헤롯은 자신의 역할을 잘 수행했고, 로마를 대신하여 평화를 지켜냈다. 유대인 역사가 요세푸스는 그 과정을 이렇게 묘사한다.

와 아우구스투스를 위한 성전 안에 새겨져 있다: *CIL* 3.769-99; 번역된 내용은 다음을 참조하라. Naphtali Lewis and Meyer Reinhold, *Roman Civilization,* 2 vols. (New York: Harper & Row, 1966), 2.9-19.

주민들의 모임은 어떠한 것도 허용되지 않았다. 같이 걷는 것도, 같이 있는 것도 허용되지 않았다. 일체의 움직임이 관찰의 대상이었다. 체포된 사람들은 극형을 받았고, 많은 사람들이 공개적으로 혹은 비밀리에 히르카니아의 요새에 보내져 사형에 처해졌다. 도시와 백주 대로에는 같이 만나는 사람들을 보고하는 첩보원들이 있었다. 심지어는 헤롯 자신이 이 일에 직접 끼어들어, 간혹 일개 시민 복장을 하고 밤에 군중들 틈에 들어가, 군중들이 자신의 통치에 대해 어떤 반응들을 보이는지 확인하곤 했다고 한다. 그의 (새로운) 정책들에 완강하게 협조를 거부하는 사람들에게는 모든 방법을 동원해 박해를 가했다. 나머지 일반 주민들에 대해서는 충성서약을 요구했고, 자신의 통치에 협조하겠다는 맹세를 하도록 만들었다. 이에 따라 대부분의 주민들은 그의 요구에 순순히 혹은 두려움 속에서 순응했으나, 어떤 저항의 기미가 보이거나 강압에 맞서려는 사람들은 온갖 수단을 동원해서 제거했다. (*Ant.* 15.366-69; LCL)

헤롯의 방법은 잔인했으며, 아마도 제국에서 멀리 떨어진 외진 곳에서는 더욱 그랬던 것 같다. 그가 기원전 4년에 죽게 되자, 백성들은 그의 후계자들은 아마도 덜 폭압적이지 않을까 기대했다. 그러나 로마는 인도주의적 이상과는 거리가 멀었다. 최소한 속주들을 통치할 때는 그랬다. 헤롯은 자신이 죽고 나면 그의 왕국을 무능하고 잔인하기 짝이 없는 아들들이 분할 통치할 수 있도록 로마에 요청했다. 아우구스투스가 요청을 수락하자, 팔레스타인에서는 이에 저항하는 소요가 일어났다. 로마는 로마의 자비로운 평화에 대한 이런 도전에 기민하게 대응했다. 로마의 시리아 총독 바루스는 그의 군대를 끌고 재빨리 진격해 들어가서, 그의 장군 가이우스를 갈릴리와 사마리아로 보내어, 저항의 주요 거점들을 초토화시켰다. 그중에는 예수가 살던 나사렛 언덕 너머에 있는 세포리스도 포함되었다. 요세푸스에 따르면, 가이우스는 세포리스를 완전히 파괴했고, 그 주민들을 노예로 만들었다. 그 후 바루스는 그의 군대를 보내 산악지역과 시골마을을 뒤지게 해서, 반역에 참여한 무리들을 찾아내도록 했다. 그는 혐의가 있는 지도급 인물 2,000여 명을 체포하여 십자가에 처형했다.[4] 이것이 아마도 어린 예수가 경험했을 로마의 평화라는 것이었다.

그러나 로마 군대만으로는 1세기 초 로마인들이 장악한 거대한 제국을 일사불란하게 통치할 수 없었다. 로마제국은 크게 세 개의 대륙으로 뻗어 나갔고, 여기에는 남쪽의 에티오피아인, 북쪽의 브리튼인, 서쪽의 갈리아인, 그리고 동쪽의 페르시아인들처럼 다양한 민족이 포함되어 있었다. 로마 군대의 힘이 아무리 크고 강력했다 하더라도, 이처럼 이질적인 민족들을 하나로 묶을 수는 없었다. 그들은 이 문제를 어떻게 해결했을까? 두 개의 막대한 힘이 결합하여 제국의 존립을 가능하게 했다. 하나는 구조적인 (혹은 사회학적인) 힘이고, 다른 하나는 이념적인 (혹은 신학적인) 힘이었다.

후견인 체제의 힘

로마제국의 구조는 현대인들이 이해하기에는 좀 어려운 점이 있다. 왜냐하면 오늘날 후기산업사회 구조는 다소 수평적인 층들로 구성되어 있고, 각 층은 하류계층, 중산층, 상류계층 등으로 이루어져

---

4) 요세푸스의 기록은 다음을 참조하라. *Ant.* 17.288-95.

있기 때문이다. 그러나 로마제국처럼 산업사회 이전에 주로 농업에 의존한 사회에서는 그렇지 않았다. 로마제국에서 그 구분선은 수평적인 것이 아니라 수직적인 것이었고, 어떤 면에서는 후견인 체제(patronage)가 피라미드 구조로 되어 있었다고 할 수 있다. 로마는 거대한 노동자 계급 문화의 산업 중심지가 아니었다. 그곳은 파이의 큰 조각, 즉 부의 큰 부분을 차지하고 제국 전역에 그 힘과 역량을 과시했던 영향력 있는 사람들, 즉 후견인들의 본거지였다. 이런 곳에서 피자 한 조각이라도 얻어먹으려면, 드러나지는 않았지만 실질적으로 힘이 있고 영향력 있는 사람들과 관계를 맺을 필요가 있었다. 왜냐하면 로마에서 시작하여 제국의 가장 먼 곳까지 힘을 미치고 있는 이들은 사실상 정치경제적 삶의 모든 부분을 통제하고 있었기 때문이다.

그러면 후견인 체제라는 것은 무엇이고, 이것은 어떻게 작동하고 있었는가? 로마제국 당시 후견인(a patron)이란 경제적인 성취, 군사적인 역량, 혹은 (가장 중요하게는) 부모로부터 물려받은 유산을 통해 상당한 재력을 확보한 사람을 가리킨다. 이러한 후견인이 그의 지위를 통해 얻어진 힘을 유지하려면, 다른 사람들, 즉 그 자신의 '의뢰인(clients)'이 되는 사람들을 위해 그 힘을 사용해야 한다. 후견인은 자신의 통제권 속에 있는 경제적 혹은 정치적 힘을 의뢰인들이 활용할 수 있도록 그들을 뒷받침해야 한다. 그러면 의뢰인들은 그들 입장에서 아래로부터 후견인을 돕고자, 후견인의 이익을 위해 노동력을 제공하게 된다. 그리고 이러한 의뢰인들은 같은 방식으로 사회의 먹이사슬에서 자신들보다 하위에 있는 다른 사람들, 즉 의뢰인의 또 다른 의뢰인이 된 사람들에게 후견인으로서 역할을 하기도 한다. 이렇게 하여 그 그물망은 점점 더 넓어지게 되고, 후견인-의뢰인 관계 속에 들어온 사람들은 점점 많아지게 된다. 후견인 체제의 이러한 그물망은 사람들이 그들의 의무를 이행하여 보상을 받느냐의 여부에 따라 그 삶이 상승하기도 하고 하강하기도 하는 계급적 성격이 강한 의존의 피라미드 구조를 갖게 된다.5)

로마제국 안에는 로마에서 비롯된 이러한 피라미드 구조가 많이 있었고, 각각의 피라미드는 로마 계급사회에서 중요한 인물과 관련되어 있었다. 사회경제적 삶의 드라마가 펼쳐지는 곳마다, 후견인과 그 의뢰인은 점점 더 많은 생활 수단을 통제하려는 충동 속에서 우위를 차지하기 위해 경쟁했다. 그래서 충성심은 후견인과 그 의뢰인의 성공에 중요한 가치가 되었다. 충성심은 가족 안에서 가장 손쉽게 발견될 수 있었고, 그에 따라 가족도, 그리고 가족 사이의 강한 유대도 제국 안에서 중요하게 되었다. 후견인 체제의 피라미드 꼭대기에는 저명한 로마인 가족이 있었을 것이고, 그 아버지와 아들들은 후견인과 의뢰인 관계의 단단한 중심원에 속하곤 했다. 그러나 피라미드 상부 못지않게 충성심이 중요했던 피라미드의 하부에서도 가족들은 아버지와의 관계 속에 결합되어 있었고, 또 그 아버지는 피라미드의 한 단계 높은 누군가의 의뢰인이었을 것이다. 로마인들은 사실상 후견인-의뢰인 관계의 전체 그물망을 거대하게 확대된 한 가족으로 생각하게 된 것이다.

이제 우리들은 군대가 철수하게 된 이후에 제국이 어떻게 계속

---

5) 고대의 일반적 사례를 보려면 다음을 참조하라. Thomas F. Carney, *The Shape of the Past* (Lawrence, Kans.: Coronado, 1975); 로마의 사례를 보려면 다음을 참조하라. Paul Veyne, "The Roman Empire (Where Public Life Was Private)," in *A History of Private Life*, vol. 1: *From Pagan Rome to Byzantium*, ed. Paul Veyne, trans. Arthur Gold-hammer (Cambridge: Harvard Univ. Press, 1987), 95-115; Peter Garnsey and Richard Saller, "Patronal Power Relations," in *Paul and Empire: Religion and Power in Roman Imperial Society*, ed. Richard Hosley (Harrisburg: Trinity, 1997), 96-103.

결속될 수 있었는지 이해하게 되었다. 사람들은 새로운 사회질서 속에서 성공적으로 생존하려면, 서로 연결망을 가질 필요가 있었다. 이것이 바로 봉건사회라는 것인데, 이러한 사회는 수평적인 것이 아니라 수직적인 조직을 갖고 있었고, 충성의 모든 생명줄은 궁극적으로 로마 자체에까지 미치고 있었다. 이 모든 줄의 가장 높은 곳에는 황제가 있었다. 아우구스투스 황제가 제국 전체의 후견인이었다. 어떤 의미에서 제국은 그가 원하는 대로 움직일 수 있는 아우구스투스의 것이었다. 그는 제국을 그의 의뢰인들의 힘을 통해 장악했고, 그의 의뢰인들의 힘은 다시 또 따른 의뢰인들로부터 왔고, 이러한 관계는 다양한 후견인 체제의 피라미드를 통해 제국 전역에 있는 각 가정에까지 미치게 되었다. 아우구스투스는 이 모든 것을 아주 잘 이해하고 있었다. 그래서 그는 후견인 체제의 성공에 열쇠가 되는 바로 이러한 가치들, 즉 충성심(*fides*), 경건(*pietas*), 그리고 로마 가족(*familia*)이라는 가치들을 부추기고 추켜세웠다.

로마의 황금시대

제국을 하나로 묶었던 두 번째 큰 힘은 이념적인 것, 혹은 더 적절하게 표현하면, 신학적인 것이었다. 동시대 로마인들의 정신세계는 속속들이 종교적인 것이었다. 그들에게 로마의 평화는 평범한 시기가 아니었다. 이 시기는 신들이 정한 축복과 평화의 위대한 시기로, 과거에 이미 예견된, 그리고 신의 선택받은 백성들에게 다시 전수되도록 예정된 황금시대였다. 로마의 평화는 세속적인 성취물이 아니었다. 그것은 신들이 준 선물이었다. 그것은 고결한 삶에 대한 보상이었다. "당신의 시대에 위대한 캐사르는 황량한 대지에서 풍부한 곡식을 다시 거둘 수 있게 해주셨고, 과격한 열정으로 잘못된 길을 가는 것을 막아주셨고, 나라 여기저기에 퍼진 불결한 전염병을 치유해주셔서, 옛 삶을 다시 회복시켜 주셨습니다"(Horace, Odes 4.15, LCL).

이처럼 영광스러운 새 시대의 중심에는 아우구스투스 자신이 있었다. 평화를 정착시켜준 것도 그였고, 국경을 안정시킨 것도 그였고, 영토를 계속 확장시켜 로마에 더 큰 영광을 안겨주고 더욱 풍요롭게 만든 것도 그였다. 더 나아가, 개인적으로, 신들의 은총을 받은 것도 그였다. 대중들의 인상 속에 그는 다름 아닌 신들의 메신저—신 자신의 아들—가 되었다. "이 사람을 보라, 그가 바로 사람들에게 자주 예언되었던 아우구스투스 캐사르, 주피터의 친척이시다. 그가 황금시대를 가져온다. 그가 옛 새턴 신(Saturn, 농업의 신)의 홀(sceptre)을 우리의 라틴 땅에 되돌릴 것이다"라고 베르길리우스의 『아이네이스(Aenead)』에 나오는 안키세스의 유령은 예언한다(6.756, LCL).

아우구스투스는 이러한 이념과 그 이념을 부추긴 경건한 감정을 이해하고 있었다. 로마 전통은 그가 진짜 신적인 존재라는 인식을 조장하지 못하도록 막고 있었지만, 그는 사람들에게 향수를 불러일으키는 종교적 이념들과 의식에 기대어 앞으로 나아갔다. 그는 신들이 실제로 로마에 미소를 보냈고, 최고 신관(神官, Pontifex Maximus)—로마인들의 대제사장—인 그가 이러한 축복을 가져오는 데 책임이 있다는 인상을 심어주고 싶어 했다. 그래서 그는 기원전 17년에, 시대의 전환을 알리기 위해 고안된 주기적인 "백년 축제"(Secular Games, 한 세기에 한 번 있는 축제)라는 오래된 전통을 부활시켰다. 이것은 전국에서 지켜지는 일종의 회개와 감사의 주간으로, 여기에는 공식적인 희생제사, 기도, 행진, 그리고 화려한 볼거리가 포함되어 있었고, 이 모든 것은 대단히 사치스럽고 놀랄 만한 오락적 가치가 있는 것들이었다.

이것은 로마인들과 그들의 지도자인 대제사장 아우구스투스 캐사르의 선과 덕을 찬양하는 종교적-정치적 기획물이었다. 호레이스는 이때를 위해 한 찬가를 만들어 "선택된 처녀들과 흠 없는 젊은이들"의 합창을 통해 부르도록 했다. 아래의 인용은 당시 찬양의 분위기를 잘 보여주고 있다.

> 만약 로마가 당신의 작품이라면…, 오 신들이시여, 당신의 젊음을 가르칠 수 있게 하시고, 그들에게 덕스러운 길을 허락하소서. 노인들에게는 고요한 평화를, 로물루스의 종족에게는 부와 자손과 모든 영광을 주소서.
> 안키세스와 비너스의 영광스러운 자손[아우구스투스]이 당신에게 무엇을 요청하든, 그것을 얻을 수 있게 하시고, 전쟁터의 적에 승리하되, 패배한 자에게는 자비를 베풀 수 있게 하소서.… 이미 믿음, 평화, 명예와 고대의 겸손, 그리고 그동안 무시되어온 덕이 되살아나고 있고, 더 이상 바랄 것 없는 축복받은 풍요가 눈에 들어옵니다. (Horace, *Carmen Saeculare* 37, 45-48, 49-52, 57-60; LCL).

이처럼 아우구스투스는 고대의 경건과 전통적인 가치들, 즉 평화, 명예와 수치, 그리고 고전적인 미덕을 지키는 수호자가 되었다. 아우구스투스가 믿기로, 이러한 것들은 강한 사회를 만드는 주춧돌과 같았다. 그리고 로마인들은 아우구스투스가 이런 가치들을 가장 순수한 형태로 구현했다고 믿었다. 그들에게 제국은 우연히 만들어진 것이 아니었다. 제국은 그들의 정치적이며 정신적 지주인 아우구스투스의 경건과 위엄에 의해 보증된 그들의 운명과 같은 것이었다.

이러한 경건한 열정은 로마의 언덕들과 제단에만 국한되지는 않았다. 오히려 이것은 로마가 정복한 식민지들에서 가장 강하게 표출되었는데, 여기에서 후견인 체제의 그물망을 통해 로마에 연결되어 있던 식민지 지도자들은 그들 나름의 지나치다 싶을 경건의 표현을 통해 아우구스투스와 로마에 대한 충성심을 경쟁적으로 표시했다.6) 식민지 의회들(assemblies)은 제국이 행하는 의식을 진작시키고 유지하도록 하기 위해 활용되었다. 우리는 지금도 제국 전체에 남아있는 그 잔재들을 찾아볼 수 있다. 예를 들면, 거의 모든 도시에서 볼 수 있는 것으로 로마와 아우구스투스 두 신에게 봉헌된 신전들(temples)이 그것이다. 시간은 그 자체가 아우구스투스에게 합당한 경의를 표하기 위해 만들어진 것이었다. 아시아(소아시아) 속주에서는 그리스 도시들의 대표들이 모여, 신년축제일을 아우구스투스의 생일인 9월 23일에 맞춰 옮기자고 투표를 했다.7) 로마의 경우, 아우구스투스는 원로원이 그에게 존경을 표하기 위해 여덟 번째 달의 이름을 전통적인 "섹스틸리스(Sextilis)"에서 "아우구스투스(August)"로 바꿀 것을 허락했는데, 이는 아직까지 우리들 가운데 남아있는 로마의 평화의 한 잔재라고 할 수 있다.8) 지중해의 한쪽 끝에서 다른 끝까지 당시 사람들은 로마와 로마의 신적인 아들 아우구스투스를 둘러싼 종교적이며 정치적인 이념에 완전히 매몰되어 있었다.

---

6) 제국의 제의가 단순히 정치적 성격만 띠고 그에 따라 추상적이었다는 옛 견해는 최근 다음 저술의 연구에 따라 재검토되고 있다. S. R. F. Price, *Rituals and Power* (Cambridge: Cambridge Univ. Press, 1984).
7) *OGIS* no. 458; 관련 논의는 다음을 참조하라. Lewis and Reinhold, *Roman Civilization*, 2.64.
8) 이 법령은 기원전 27년에 통과되었지만, 아우구스투스가 이를 받아들인 것은 아시아 지역에서 아우구스투스 생일날을 신년으로 축하하기 시작한 바로 다음 해, 즉 기원전 8년이었다(앞의 주 참조). 이 법령에 대한 논의는 다음 참조. Macrobius, *Saturnalia* 1.12.35 (본문과 관련 논의는 다음을 참조하라. Lewis and Reinhold, *Roman Civilization*, 2.65).

또 다른 제국, 또 다른 하나님

예수는 이러한 아우구스투스의 황금시대에 광대한 로마제국의 동쪽 속주에서 태어났다. 여기 유대에도 다른 곳과 마찬가지로 황제숭배를 위한 제의와 제국신학(the theology of empire)이 강하게 살아있었다. 유대에서 그 주도자는 헤롯 대왕이었다. 그는 아우구스투스 자신의 의뢰인이었고, 그의 후견인을 자랑스럽게 해주었다. 기원전 22년에서 10년 사이, 그는 이집트 알렉산드리아의 거대한 항구도시에 맞먹는 호화로운 도시를 지중해 연안에 건설하고, 그곳에 매우 큰 항구를 만들었다. 그 항구의 이름은 아우구스투스를 뜻하는 그리스어 '세바스테(Sebaste)'라고 명명했다. 그리고 그 도시의 이름을 '가이사랴(Caesarea)'라고 지었다. 그 중앙에는 로마(Roma)와 아우구스투스 두 신에게 봉헌된 어마어마한 신전이 서 있었다.[9] 예루살렘은 유대에서 전통적인 권한의 자리였지만, 로마 총독은 가이사랴에 머물렀다. 여기에서부터 제국의 후견인 체제는 사방으로 뻗어나갔다—남쪽으로는 세바스테, 네아폴리스, 예루살렘, 동쪽으로는 스키토폴리스, 북쪽으로는 세포리스와 티베리아스. 이 모든 도시들은 로마에 강한 충성심을 갖고 있던 이방 민족들이 함께 사는 도시였다. 로마의 평화는 이렇게 먼 곳까지 확장되었던 것이다. 예수는 가까운 곳에서 이러한 것들을 보면서 자랐을 것이다.

그러나 이러한 것이 예수와 같은 사람에게 어떤 의미로 다가왔을까? 예수와 그의 가족은 로마제국의 계획 안에서 어디쯤 위치했을까? 예수는 목수, 혹은 보다 일반적으로는 장인(tekton)이었을 것이라고

---

[9] 그 고대 도시에 대한 묘사와 연구와 관련해서는 Kenneth G. Holum, et al., *King Herod's Dream—Caesarea on the Sea* (New York: Norton, 1988)를 참조할 것.

전통은 우리에게 말해준다(마가 6:3).¹⁰⁾ 농업 중심의 제국에서 경제생활은 땅에 근거하고 있었기 때문에, 어떤 사람이 단순히 장인으로 불린다는 것은 칭찬이 아니었다. 그 시대에 어디엔가 속하려면 사람들은 최소한 농업을 통해 땅과 연결되어야 했다. 그런데 목수는—다른 장인이나 어부와 같은 노동자도 마찬가지로—그렇지 못했다. 예수의 가족이 주류사회에서 멀리 떨어져 있었던 것은 확실한 것 같다.¹¹⁾ 아마도 이들은, 많은 사람들이 그랬듯이, 로마가 경제적으로 팽창하고 농업이 점차 상업화하는 사이에, 아니면 직접이든 헤롯가문과 같은 봉신을 통해서 바치든 로마에 바친 무거운 세금이나 공물의 무게에 눌려, 그들의 땅을 잃었을지 모른다.¹²⁾ 당시에 로마의 식민지 이집트에 살던 유대인 소작농의 삶을 기록한 필로(Philo)는 이런 일이 어떻게 일어날 수 있었고, 또 어떻게 일어났는지를 생생하게 보여주고 있

---

10) 필사 전통은 예수가 장인으로 기억되었는지 아니면 단순히 장인의 아들로 기억되었는지를 놓고 논쟁하고 있는 점에 주목하라. 이 논쟁은 어쩌면 이 모든 것이 암시하는 예수의 볼품없는 배경을 반영하는 것이라 할 수 있다.

11) 예수가 "중산층" 배경에서 왔다는 초기 주장에 대한 이러한 수정은 다음 책에 의존하고 있다. John Dominic Crossan, *Jesus: A Revolutionary Biography* (San Francisco: HarperSanFrancisco, 1994), 23-26. 고대 농업사회의 구조에 대해서는 다음 책 참조. Gerhard Lenski, *Power and Privilege* (New York: McGraw-Hill, 1966). 크로산도 맥멀런(Ramsay MacMullen)을 따라 *tektōn*은 로마 시대에 조롱의 뜻을 담은 공용어였다고 지적한다. 참조. Ramsay MacMullen, *Roman Social Relations: 50 B.C.-A.D. 384* (New Haven: Yale Univ. Press, 1974), 17-18, 107-8, 139-40, 그리고 198 n.82.

12) 극소수 대지주들에 의한 농업의 상업화와 토지의 집중화 현상에 대해서는 다음을 보라. Ekkehard W. Stegemann and Wolfgang Stegemann, *The Jesus Movement: A Social History of Its First Century*, trans. O. C. Dean Jr. (Minneapolis: Fortress Press, 1999), 104-13; 1세기 팔레스타인의 세금과 공물 상황에 대해서는 113-25를 참조하라. 헤롯과 후기 로마 치하에서의 상업화에 대해서는 다음을 참조하라. John Dominic Crossan and Jonathan Reed, *Excavating Jesus: Beneath the Stones, Behind the Texts* (San Francisco: HarperSanFrancisco, 2001), 54-70.

다. 그의 설명은 세금을 거두는 일에 임명된 사람이 밀린 연체금을 소작농들로부터 어떻게 거두어들였는지에 관한 것이다.

> 가난 때문에 채무를 이행하지 못한 일부 채무자들이 자신에 대한 복수의 치명적인 결과가 무서워 도망치자, 그는 강제로 그들의 아내, 아이, 부모, 그리고 다른 친척들까지 데려다가 두들겨 패고, 온갖 잔혹하고 모욕적인 행동을 퍼부어, 도망간 사람들이 숨어있는 곳을 불든지, 아니면 그들 대신 채무를 갚든지 하도록 만들었다.… 그리고 친척들이 남아있지 않은 경우, 이러한 학대는 그들의 이웃에게로, 때로는 이웃마을들과 도시로까지 번져나가, 그곳들은 금방 황폐화되었고, 집을 떠나 눈에 띄지 않을 곳으로 뿔뿔이 흩어졌던 주민들은 결국 붙잡히게 되었다. (Philo, *Special Laws* 3.159, 162; LCL)

로마의 평화는 제국에 속했던 사람들, 후견인 체제에 속했던 사람들, 그리고 세금 징수와 분배 체제에 속했던 사람들에게는 최소한도 일정 수준의 "평화"를 제공했을지 모른다. 그러나 그렇지 못한 사람들에게는 삶이 결코 평화롭지 못했다. 예수와 그의 가족은 제국에 속하지 않았다. 그들은 제국의 변두리에 살면서, 그들의 손으로 일하여 번 것으로 근근이 살아갔다. 예수와 함께 했던 사람들 가운데서도 예수의 가족과 마찬가지로 제국의 변두리에서 살아갔던 사람들이 있었다. 즉 어부, 성매매 여성, 나병환자, 걸인, 선천성 장애인, 악령에 사로잡힌 사람들이 그들이었다. 그들은 어느 누구도 좋은 의뢰인이 될 수 없었다. 이들은 인류학자 렌스키(Gerhard Lenski)가 말하는 "소모품(expendables)"의 범주에 속했다.13)

로마제국에 소모품이 된다는 것 자체가 범죄가 되지는 않았다. 소모품이 된다는 것은 아무도 개의치 않는다는 뜻이다. 그러나 예수는 평범한 소모품이 아니었다. 그는 자신이 처한 상황을 파악하고 있었고, 그에 대해 성찰하기 시작했다. 그는 또 다른 제국, 즉 그가 살던 세상의 모든 걸인들, 배고픈 이들, 억압당한 이들, 그리고 박해받는 이들을 위한 새로운 제국에 대해 말하기 시작했다(누가 6:20b-23//마태 5:3, 6, 4, 11-12 [Q]; 도마 54; 69:2; 68). 그는 지금의 세상 질서에서 첫 번째인 사람이 마지막이 되고, 마지막인 사람이 첫 번째가 되는 새로운 미래에 대해 말하기 시작했다(마가 10:31; 누가 13:30//마태 10:16 [Q]; 도마 4:2a). 그는 또한 자신을 평화가 아니라 검을 가져다 줄 사람으로 이야기했다(누가 12:51//마태 10:34 [Q]; 도마 16). 그는 이런 새로운 제국을 유토피아적인 이상적 표현을 써서 하나님의 제국(God's empire)이라고 소개했다.[14] 그러나 그렇다고 하여 그것이 지금 여기에서 그 실재가 전혀 알려지지 않을 그런 제국은 아니었다. 반대로 그것은 이미 지상에 퍼져있었다. 단지 사람들이 아직 그것을 보지 못했을 뿐이다(누가 17:20-21; 도마 3; 113).

그러나 이런 식으로 말하는 것은 범죄였다. 만약 신들이 신적 캐사르인 아우구스투스를 통해 수여한 제국에 아무런 문제가 없다면, 도대체 왜 예수는 또 다른 제국, 즉 참으로 하나님의 제국을 말했겠는가? 바로 여기에, 자신과 자기 주변 사람들의 상황을 깊이 숙고하여, 자신과 자기 주변 사람들 어느 누구도 소모품으로 취급받지 않을

---

13) Lenski, *Power and Privilege*, 281-84.
14) "왕국"이나 "통치" 대신 "제국"이라는 용어를 사용하는 것이 처음에는 귀에 거슬릴지 모르겠지만, 제국이 헬레니즘 세계에서 *basileia*가 의미했던 것이다. 이러한 도발적인 용어 사용이 암시하는 로마의 제국주의적 환상에 대한 도전은, 내가 볼 때, 의도적인 것이었다.

새로운 세계를 감히 꿈꾸었던 소모적인 한 존재가 있었던 것이다.

그들은 자신들을 의뢰인으로 여길 만한 사람들에게 아무것도 제공할 것이 없었기 때문에, 제국의 입장에서는 당연히 소모적일 수밖에 없었다. 걸인이 후견인에게 제공할 것이 무엇이 있겠는가? 아무것도 없다. 그러나 이것은 예수에게 아무런 문제가 되지 않았다. 그는 후견인-의뢰인 관계의 영역 밖에서 사는 삶을 그리기 시작했기 때문이다. 그는 구걸하며 사는 그의 추종자들이 걸인으로서가 아니라 하나님의 제국을 전파하는 사람으로서 다른 사람들의 집을 찾아갈 수 있도록 격려했다. 예수는 이들이 자신들이 만나게 될 병자들의 고통을 치유해주고, 그들이 차려주는 음식을 먹도록 권면했다(누가 10:4-9//마태 10:7-14 [Q]; 도마 14:4). 크로산은 이러한 생각—서로 돌보고, 서로 양육하고, 서로 지원하는 것이 함께 사는 길일 수 있다는 생각—이 하나님의 제국에 대해 예수가 갖고 있던 개념의 핵심이었다고 주장한다.15) 하나님은 사람들이 사는 데 필요한 것을 공급해 주신다. 만약 민중들이 하나님의 제국을 추구하기만 한다면, 필요로 하는 모든 것은 채워질 것이다(누가 12:22-31//마태 6:25-33 [Q]; 도마 36). 모든 사람들에게 값없이 선물을 줄 수 있는 단 하나의 후견인이 있다면, 그분은 바로 하나님이시다.

예수는 하나님의 제국의 본질과 특징에 대해 설명하는 이야기 속에서, 하나님이 미래에 어떻게 통치하실 것인지에 대한 전통적인 유대교 상징—천상의 연회(the heavenly banquet)—을 활용했다. 그런데 보통 후견인이 그의 많은 의뢰인들에게 베푸는 연회와는 달리, 하나님의 식탁은 사람들의 충성도와 관계없이 모든 사람에게 개방되어

---

15) John Dominic Crossan, *The Historical Jesus: The Life of Mediterranean Jewish Peasant* (San Francisco: HarperCollins, 1991), 332-48.

있다.

> 어떤 사람이 큰 잔치를 베풀고, 많은 사람을 초대하였다. 잔치 시간이 되어, 그는 자기 종을 보내서 '준비가 다 되었으니, 오십시오' 하고 초대받은 사람들에게 말하게 하였다. 그런데 그들은 모두 하나같이 핑계를 대기 시작하였다. 한 사람은 그에게 말하기를 '내가 밭을 샀는데, 가서 보아야 하겠소. 부디 양해해 주기 바라오' 하였다. 다른 사람은 '내가 겨릿소 다섯 쌍을 샀는데, 그것들을 시험하러 가는 길이오. 부디 양해해 주기 바라오' 하고 말하였다. 또 다른 사람은 '내가 장가를 들어서, 아내를 맞이하였소. 그러니 가지 못하겠소' 하고 말하였다. 그 종이 돌아와서, 이것을 그대로 자기 주인에게 일렀다.… 그러자 주인이 종에게 말하였다. '큰길과 산울타리로 나가서, 사람들을 억지로라도 데려다가, 내 집을 채워라. (누가 14:16-24; 참조. 마태 22:2-13 [Q]; 도마 64)

여기에 보면 한 후견인이 그의 의뢰인들을 위해 연회를 준비하는데, 그들은 후견인의 호의를 무시한다. 알고 보니, 그들의 관계는 껍데기뿐이었다. 그러나 걱정할 것은 없다. 연회의 또 다른 길, 공동체를 창조하는 또 다른 길이 있다. 식탁을 개방하고 모든 사람들을 초대하는 것이다. 만약 하나님이 유일하게 참된 후견인이시라면, 누가 이 자리에 거부될 수 있겠는가?

예수는 후견인 체제, 더 나아가서는 가족 자체를 위한 참된 기초를 다시 놓기 시작했다. 한번은 예수가 이렇게 말한 적이 있다. "누구든지 자기 아버지나 어머니를 미워하지 않으면, 내 제자가 될 수 없다. 그리고 자기 형제나 자매를 미워하지 않으면, 나처럼 자기 십자가를 질 수 없고, 내 제자가 될 수 없다"(도마 55; 참조. 누가 14:26//마태 10:37 [Q]; 도마 101:1-2). 또 한 번은 그의 어머니와 형제들이 자신을 보러 왔을 때, 이렇게 말한 적이 있다: "누가 내 어머니이며, 내 형제들이냐?⋯ 보아라, 내 어머니와 내 형제자매들이다. 누구든지 하나님의 뜻을 행하는 사람이 곧 내 형제요 자매요 어머니이다"(마가 3:35; 참조. 도마 99:2).

이러한 난해한 말들은, 제국이 제공하는 것들을 분배하는 데서 가족이 근본적 역할을 했던 장원사회의 후견인 체제라는 상황 속에서 이해할 때, 가장 잘 이해될 수 있다. 아우구스투스가 그 이전의 어느 누구보다 로마 가족의 가치들을 가장 적극적으로 옹호했었다는 점을 상기해보라. 왜 그랬을까? 가족의 충성심은 제국을 결집했던 전체 후견인 체제의 핵심이었기 때문이다. 예수는 바로 그 핵심을 해체시키고, 새로운 충성심에 기초한 새로운 가정을 세우려 했다. 그들의 믿음(fides)은 또 다른 제국, 또 다른 신, 즉 하나님을 향했던 것이다.

하나님과 캐사르

세금 문제는 어떤가? 세금은 문제의 핵심이다. 결국 전체 후견인 체제와 브로커 체제는 로마에로 세금이 원활히 흘러 들어가서, 확실하게 충성심을 보이는 사람들에게 선택적으로 그것이 재분배되도록 설계되었다. 예수는 무모하게 행동하지는 않았다. 그는 세금 문제에 매우 조심스럽게, 아마도 명민하게 접근했었던 것 같다. 마가복음의 저자는 세금 문제를 대놓고 물었던 그의 적대자들에게 예수가 어떻게 대처했는지를 보여주는 이야기 하나를 소개하고 있다. "'세금을 바쳐야 합니까, 바치지 말아야 합니까?' 예수가 대답했다. '데나리온

한 닢을 가져다가, 나에게 보여 보아라.' 그들이 그것을 가져오니, 예수께서 그들에게 물으셨다. '이 초상은 누구의 것이며, 적힌 글자는 누구의 것이냐?' 그들이 대답하였다. '황제의 것입니다.' 예수께서 그들에게 말씀하셨다. '황제의 것은 황제에게 돌려주고, 하나님의 것은 하나님께 돌려드려라'"(마가 12:15-17).

오늘날 미국 문화에서 이러한 대답은 종종 교회와 국가의 분리, 세속적 문제들로부터 신성한 것을 분리시키는 근거로 잘못 이해되어 왔다. 그러나 이것은 핵심을 전적으로 비껴가는 것이다. 예수가 살던 세계에서는 교회와 국가의 분리, 신성한 것과 세속적인 것의 분리 따위는 존재하지 않았다. 유대인 예수에게는 하나님에게 속하지 않은 것이란 아무것도 없었다.[16] "온 누리와 그 안에 살고 있는 모든 것도 주님의 것이다"(시편 24:1). 이것은 로마인들에게도 똑같았는데, 이들은 확장되어가는 제국을 신이 제정해준 것으로 생각했고, 그들의 정치 지도자를 신의 신성한 아들(the divine son of God)로 선포했다. 그렇다면 예수는 이런 대답으로 무엇을 뜻했던 것일까? 예수는 이 대답 속에서 당시에 항상 적대자들의 함정에 빠질 위험에 있던 명민한 거리 철학자들의 대화술을 활용하고 있다. 고대 그리스·로마 연구가 데티엔(Marcel Detienne)과 버넌트(Jean-Pierre Vernant)는 당시 대중 철학자들의 이러한 공통적 특징을 묘사하기 위해 하나의 개념을 고안해냈는데, "노련한 지성(*metis*)"이 그것이다.[17] "노련한 지성"이란 상대방의 덫에 걸리지 않고 빠져나갈 수 있는 대답의 기술, 즉 영리한

---

16) 참조: Richard Horsley, *Jesus and the Spiral of Violence* (San Francisco: Harper & Row, 1987), 309-10.

17) Marcel Detienne and Jean-Pierre Vernant, *Cunning Intelligence in Greek Culture and Society*, trans. Janet Lloyd (Atlantic Highlands, N.J.: Humanities, 1978).

응수의 기술이라고 할 수 있다. 그것은 대화 테이블을 뒤집는 기술이다. 예수의 적대자들은 한편으로 권력 당국자들, 그리고 다른 한편으로는 세금으로 인해 억압받던 그의 청중들 사이에서 예수가 어느 한쪽을 택하도록 함정을 파놓으려 했다. 예수는 역질문을 담은 대답으로 그들을 교묘히 피해 나간다. "무엇이 하나님에게 속한 것이고, 무엇이 캐사르에게 속한 것인가?" 이제 예수의 적대자들은 그들 자신의 충성심이 어디를 향하고 있는지를 드러내야만 한다. 그들이 거꾸로 자신들의 덫에 걸린 것이다. 만약 그들이 캐사르의 요구를 받아들인다면, 유대인 군중에 의해 돌팔매를 맞을 것이다. 만약 그렇지 않다면, 그들은 체포될 것이다. 군중들 중에 예수가 답변하기 어려운 질문 형태로 던진 대답 속에 아주 교묘하게 감춘 그 속내를 알아차리지 못한 사람은 아무도 없었을 것이다: 하나님과 캐사르는 동일하게 취급될 수 있는 것이 아니다. 둘 중 하나를 반드시 선택해야만 한다.[18]

군대귀신을 내쫓음

예수를 로마제국과 불화하게 만든 것 가운데 하나는 그가 축령술사(exorcist)였다는 명백한 사실이었다. 그는 귀신(demons)과 영(spirits)을 믿는 일이 일반화되었던 전통 문화 속에서 태어났다. 예수도 이러한 믿음을 갖고 있었다. 이런 문화 속에서는 귀신을 (혹은 귀신이라

---

[18] 세금 관련 이야기는 역사적인 것인가? 이 논의는 명확히 하나의 결론으로 모아지지는 않지만, 가능성은 매우 크다. 이것은 빌라도 앞에서의 심문을 다룬 누가복음에서 예수에 대한 비난 내용과 일치한다. "우리가 보니, 이 사람은 우리 민족을 오도하고, 황제에게 세금 바치는 것을 반대하고, 자칭 그리스도 곧 왕이라고 하였습니다"(누가 23:3). 이것은 분명 예수의 초기 추종자들에게 문제가 되었고, 아마도 예수 자신에게도 문제가 되었을 것이다.

생각되는 것을) 내쫓는 능력 있는 사람들이 있게 마련이다. 예수도 그런 사람이었다. 마커스 보그는 예수를 "영의 사람(spirit person)" 혹은 "영으로 충만한 사람"이라고 불렀다.[19] 좀 더 전문적인 용어로는 그를 일종의 "주술사(shaman)"라고 부를 수 있을 것이다. 그리스도교의 적대자들은 그를 '고에스(goēs),' 즉 마법사―달리 표현하면, 불법적인 주술사―라고 불렀다. 이것 자체가 예수를 "로마인의 적"으로 만들었다.[20] 왜 그랬을까?

우리는 전통문화에서 나타나는 것처럼 귀신에 사로잡히는 경험에 집중함으로써 이 문제에 접근할 수 있을 것이다. 그중 아주 흥미로운 연구 하나가 루이스가 집필한 『무아경의 종교』(Ecstatic Religion)이다.[21] 루이스는 귀신을 믿는 신앙이 일반화된 문화에서 힘이 없는 사

---

19) Marcus Borg, *Jesus, a New Vision: Spirit, Culture, and the Life of Discipleship* (San Francisco: Harper & Row, 1987), 특히 23-75.

20) 로마인들이 취한 마술에 대한 모호한 관점과 관련해서는 다음을 참조하라. Mary Beard, John North, and S. R. F. Price, *Religions of Rome* (Cambridge: Cambridge Univ. Press, 1998), 1.211-44; 2,260-87. 기원후 1세기 초엽, 모든 마술은 "살인자와 독살자에 관한 코르넬리우스 법"에 저촉을 받아 불법으로 간주되었다. 이 법은 기원전 81-80년경에 루키우스 코르넬리우스 술라(Lucius Cornelius Sulla) 치하에서 통과되었고, 유스티니아누스(*Digest* 48.8.3) 법, 파울루스(*Opinions* 5.23.14-19) 법, 그리고 이 법이 반복되어 나타나고 있는 *Theodosian Code* 9.16.3에 대한 주석이 보여주고 있듯이, 최소한 3세기 후반 혹은 4세기 초까지 효력을 발휘했다; 참조. Beard, North, and Price, *Religions of Rome*, 2.261-63. 마술에 대한 더 많은 논의와 마술이 로마 제국에 가한 위협에 관해서는 다음을 보라. Ramsay MacMullen, *Enemies of the Roman Order: Treason, Unrest, and Alienation in the Empire* (Cambridge: Harvard Univ. Press, 1966), 97-127. 그리스도교에 대한 이교도 반대자들이 이것을 *supertitio*로 간주했고, 또 그 추종자들(예수 자신을 포함)을 마술사로 간주했다는 것은 순교자 유스티누스(*First Apology* 30; *Dialogue with Trypho* 69.7)와 오리게네스(*Against Celsus* 1.6, 28, 68; 4.33; 6.38-41; 8.37)에 의해 잘 알려져 있다.

21) I. M. Lewis, *Ecstatic Religion: An Anthropological Study of Spirit Possession and Shamanism* (Baltimore: Penguin, 1971).

람들, 중심에서 밀려난 사람들, 혹은 다양한 사회 정치적 상황 때문에 피해의식으로 고통받는 사람들이 강력한 귀신에 사로잡힐 수 있다는 점, 그리고 이들은 분노와 좌절이 폭발하면서 자해를 하거나 혹은 다른 사람을 해칠 수 있다는 점에 주목했다. 때로는 귀신이 그 희생자를 괴롭혔던 당사자의 모습을 띠고, 공공연히 희생자를 괴롭히기도 했던 것으로 보인다. 그래서 귀신에 사로잡히는 현상은 개인 사이에 존재하는 힘 또는 사회에 내재한 힘들 때문에 자신이 개인적으로 억압당하고 있다는 것을 달리 표출하기 힘들 때, 다른 사람들에게 이를 극적으로 보여주는 아주 강력한 방법이었던 것 같다. 바로 이때 축귀자가 도움 요청을 받아 귀신을 몰아내고, 그 희생자를 악한 세력으로부터 해방시켜 주었던 것이다. 여기에서 물론, 귀신을 몰아내는 바로 그때, 축귀자는 상징적으로 그 불의한 억압자의 힘을 취하게 된다. 이것이 지방의 주술사나 마녀를 동시대 문화를 비판하는 강력한 중재자로 만들어주었다. 이러한 인물들이 대체로 중심에서 밀려나 있거나 불법적인 인물로 간주되는 이유가 여기에 있을 것이다.

그러면 어떤 악한 세력이 로마가 점령한 팔레스타인 안에서 귀신에 사로잡히는 경험을 일으켰으며, 예수가 이러한 더러운 귀신을 몰아낼 능력을 갖고 이들 세력에 맞선다는 것은 어떤 의미가 있었던 것일까? 이와 관련하여 예수가 축귀자로서 확실히 로마인들을 불편하게 했을 행동 하나가 이야기로 전해지고 있다. 이 이야기는 부분적으로 전설에 속하지만, 루이스가 묘사한 것처럼 귀신에 사로잡히는 경험에 딱 어울리는 내용으로, 아마도 시간적 거리가 있는 사건에 대한 역사적 기억에 기초해 있는 것으로 보인다. 마가복음에 따르면, 예수는 거라사 지방에서 귀신에 사로잡힌 한 사람을 만나게 된다(5:1-20). 그 사람은 무덤들 사이에서 살면서, 항상 울부짖는 소리를 내고, 자신을 돌로 찧고는 했다. 거라사 지방 사람들이 시도는 해봤겠지만, 그를 제지할 수는 없었다. 그래서 그는 죽은 사람들 사이에서 살았던 것인데, 이것은 그의 괴로움을 공개적으로 표출하는 방식이었던 것이다. 그가 예수를 보았을 때, 그는 예수를 만나려고 달려가, 그 앞에 엎드려, 소리치기 시작했다: "'더없이 높으신 하나님의 아들 예수님, 나와 무슨 상관이 있습니까? 하나님을 두고 애원합니다. 제발 나를 괴롭히지 마십시오.' 그것은 예수께서 이미 그에게 '악한 귀신아, 그 사람에게서 나가라' 하고 명하셨기 때문이다. 예수께서 그에게 물으셨다. '네 이름이 무엇이냐?' 그가 대답하였다. '군대입니다. 우리의 수가 많기 때문에 붙여진 이름입니다'"(마가 5:7-9).

그 귀신의 이름은 '군대'(Legion, 보병 6천 명으로 이루어진 군단)였다. 로마 군단들에 한 번 이상 정복당했을 뿐만 아니라, 지금도 여전히 또 다른 폭력의 위협 아래 놓여있는 지역에서, 로마가 지워준 짐 때문에 유대인들이 더 이상 견디지 못하여 또다시 반란을 일으키려는 모습을 상상해보라. 크로산이 이 이야기를 귀신에 사로잡히는 경험에 대한 루이스의 연구와 같은 맥락에서 이해하려고 했던 것은 매우 시의적절하다.[22] 귀신에 사로잡히는 경험은—억압, 폭력, 그리고 좌절의 경험과 마찬가지로—항상 전적으로 개인적인 경험인 것만은 아니다. 이것은 또한 정치적 성격을 띨 수도 있다. 크로산은 1960년대에 레이놀즈(Barrie Reynolds)가 연구한 바, 과거 로데시아의 바로체 민족 가운데 룬다-루발레 부족의 놀랄 만한 사례를 유비를 통해 제시하고 있는데, 이에 따르면 그들은 유럽의 지배 아래서 뚜렷하게 정치적 성격을 띤 '귀신에 사로잡힘'의 경험을 하기 시작했다: "그들은 항상 '마

---

22) Crossan, *Jesus: A Revolutionary Biography*, 88-91.

함바(mahamba)'라 불리는 전통적인 질병을 갖고 있었다. 그것은 조상귀신들에 사로잡힌 결과에서 온 것이었다. 그러나 이때 그들은 '마함바'의 특별한 현대판이라 할 수 있는 '빈델레(bindele)'라는 것을 발전시켰는데, 이는 루발레어로 '유럽인'에 해당하는 것으로, 이 질병은 그 치유를 위한 특별한 주술적 교회와 장기간의 치료 과정을 필요로 했다."23) 크로산은 시대와 문화를 뛰어넘은 현상학적인 연관성을 다음과 같이 명확하게 정리한다: "내가 생각하기에, '빈델레(bindele)'가 유럽의 식민지 로데시아와 연관이 있었던 것처럼, '군대(legion)'라는 말은 로마의 식민지 팔레스타인과 연관이 있으며, 이 두 경우 식민세력의 착취가 각각 귀신에 사로잡히는 현상으로 경험된 것이다."24)

고통은 다양한 원인으로부터 올 수 있다. 거라사의 귀신들린 사람은 그의 몸에 식민지 백성의 고통과 아픔을 지니고 있었다. 마가복음 저자에 따르면, 예수는 예측불허의 대담성을 갖고 귀신에 대응한다: "마침 그곳 산기슭에 놓아기르는 큰 돼지 떼가 있었다. 귀신들이 예수께 간청하였다. '우리를 돼지들에게로 보내셔서, 그것들 속으로 들어가게 해주십시오.' 예수께서 허락하시니, 악한 귀신들이 나와서, 돼지 속으로 들어갔다. 거의 이천 마리나 되는 돼지 떼가 바다 쪽으로 비탈을 내리달아, 바다에 빠져 죽었다"(마가 5:11-13).

유대인의 상황에서 이런 결말은 이해하기 어려울 게 없었다. 군대귀신은 이중적 의미에서 로마 점령군에 딱 어울리는 운명을 맞고 있다: 하나는 불결한 돼지 속으로 들어가는 것이고, 다른 하나는 깊은

---

23) Crossan, *Jesus: A Revolutionary Biography*, 91. 다음 책에서 원용. Barrie Reynolds, *Magic, Divination and Witchcraft among the Barotse of Northern Rhodesia*, Robins Series 3 (Berkeley: Univ. of California Press, 1963), 133-38.
24) Ibid.

바다 속으로 들어가 완벽한 파멸에 이르는 것이다. 예수는 로마라는 귀신이 팔레스타인에 자리 잡고 지배하는 갈등상황 속에서 그의 신성한 권능을 발휘하고 있는 것이다. 마가복음 이야기 속의 거라사 사람들은 그 일어난 일을 알게 되고는, 예수가 그 지역을 떠나주기를 간청한다. 축귀자는 이처럼 사람들을 감당하기 어렵게 만들 수 있다.

예루살렘 성전을 향하여

예수와 같은 인물이 유월절에 예루살렘에 있는 것을 상상해보라. 유월절은 유대인들이 이집트 포로생활의 종결을 기념하는 연례 해방 축제일이었다. 로마는 특별히 이러한 축제가 로마의 유대 식민지에서 어떻게 이해될 수 있는지 잘 알고 있었다. 로마 총독은 유대인들의 모든 주요 절기에 그랬던 것처럼, 그가 평상시 머물던 가이사랴에서 돌아와 예루살렘에 자리를 잡고, 이 축제가 현재나 미래에 초점을 맞추기보다는 과거에 초점을 맞추도록 노력했을 것이다. 유월절은 특히 로마와 유대인 사이에 긴장이 극대화되는 시기였음에 틀림없다.

유대인 역사가 요세푸스는 이처럼 가장 민감한 시기에 어떻게 극단적인 일들이 발생하게 되는지를 보여주는 한 사건에 대해 이야기하고 있다. 때는 쿠마누스 총독 재임 시절 한 유월절 축제일이었는데, 당시 이 총독은 기원후 48년부터 52년 사이 팔레스타인을 통치하고 있었다. 사건은 주랑들로 둘러싸인 성전 뜰에서 일어났다. 수많은 유대인 군중이 그 뜰 안에 뒤섞여 있었고, 로마 군인들은 주랑의 높은 곳에서 언제 일어날지 모를 사태를 주시하고 있었다. "그때에 한 로마 군인이 옷을 걷어 올리고, 꼴사나운 자세로 몸을 앞으로 숙이고 그의 등을 유대인들에게 보이며, 그 자세에 맞추어 이상한 소리를 냈다"(War 2.225; LCL). 이 일은 물론 군중들을 격노하게 했고, 군중들은 쿠마누스에게 이 외설적 행동을 한 군인을 처벌하라고 소리치기 시작했다. 일부 군중은 군인들을 향해 돌을 던지기 시작했고, 결국 충돌이 일어나고 말았다. 대폭동이 일어날 것을 우려한 쿠마누스는 더 많은 수의 군인들을 투입하여, 성전 뜰 주랑들 속으로 들어가게 하고는, 군중들을 좁은 문들이 있는 쪽으로 밀어내기 시작했다. 요세푸스는 계속 말한다. "그러나 그들은 이런 폭력을 사용하여 군중을 좁은 문 쪽으로 몰아넣었으며, 이 때문에 군중들은 서로의 발밑에 깔리고, 서로에게 짓밟혀 죽는 일이 발생했다. 많게는 3만 명이나 되는 많은 군중이 비명횡사하여, 축제는 전체 민족과 가족들을 애도하는 통곡의 장으로 바뀌고 말았다"(War 2.227; LCL).

이처럼 긴박한 상황 속으로 걸어 들어가고 있는 예수를 상상해보라. 이러한 상황 속에서 전에도 수없이 말했던 새로운 제국에 대해 말하는 예수, 첫째가 꼴찌가 되고 꼴찌가 첫째가 되는 하나님의 제국에 대해 이야기하고 있는 예수를 상상해보라. 그리고 예수가 거라사에서 어떻게 "군대귀신"을 내쫓았는지, 또 오직 하나님에게만 돌려야 할 것들을 캐사르는 결코 가질 수 없다는 점에 대해 예수가 어떻게 말했는지, 사람들이 그에 관해 이야기하는 것을 상상해보라. 혹은 한 경건한 유대인이 이스라엘 안에 하나님이 현존하는 장소, 즉 거룩한 예루살렘 성전에 들어갔다가, 이 성전이 인근 안토니오 요새에 있는, 어쩌면 성전 기둥 꼭대기에 있는 로마 군인들에게 감시당하고 있는 것을 발견했을 때, 과연 어떻게 느꼈을지를 그냥 상상해보라. 그곳에 있던 제사장들은 이 상황을 알고도 아무런 문제를 느끼지 않는다는 것을 예수와 같은 인물이 알게 되었을 때, 과연 그는 이것을 어떻게 느꼈을지 상상해보라. 그들은 로마제국에 속해 있었고, 로마제국의 후견인 체제라는 그물에 꽁꽁 묶여 있었다. 당시에 대제사장직은 로마가 임명하는 자리였다. 예수가 군중의 분위기에 휩싸여 그의 주위에, 그리고 자기 자신 안에 감도는 긴장감을 감지했을 때, 그가 어떻게 느꼈을지를 상상해보라.

이런 것들이 예루살렘에서의 그 마지막 날에 일어난 것들일 텐데, 물론 우리가 확인할 수 있는 것은 아니다. 하지만 우리도 상상할 수는 있다. 복음서 저자들이 그리고 있듯이, 예수가 분노에 휩싸여 성전 뜰에서 벌어지는 행위들을 어떻게 중단시키려고 했는지 우리는 상상할 수 있다. 마가복음 저자가 그리고 있는 것처럼, 예수가 이사야나 예레미야를 연상케 하는 말들로 예언자적인 분노를 뿜어내는 것도 상상할 수 있을 것이다: "내 집은 만민이 기도하는 집이라고 불릴 것이다. 그런데 너희는 그곳을 강도들의 소굴로 만들어 버렸다"(마가 11:17). 만약 예수가 이런 말들을 했다면, 이것은 성전 주랑들 사이에서 비둘기를 팔고 환전하는 서민들의 좀도둑질 같은 상행위를 지적했던 것은 아니었을 것이다. 강도로 번역된 '레스테스(lēstēs)'라는 단어는 좀도둑보다는 훨씬 큰 의미를 갖고 있다. '레스테스'는 약탈자, 즉 도시를 습격하여 원하는 것을 마구잡이로 갈취하는 무법의 강탈자를 가리키는 말이다. 아마도 예수의 이 말은 자기 위치를 잊은 채 제국 권력의 중개 역할을 자임하고 나선 성전체제 전체를 겨냥했을 것이다. 어쩌면 그는 성전을 파괴하겠다는 말까지도 했을 것이다 (참조: 마가 14:58; 요한 2:19; 도마 71). 그렇다고 해서 이 말이 단순히 유대 종교에 대한 비판이나 유대교 개혁의 시도로 들리지는 않았을 것이다. 오히려 예루살렘 성전이라고 하는 팔레스타인 특유의 종교 그 자체와 제국의 정치에 대한 고발로 들렸을 것이다. 만약 이런 일들이 실제로 발생했다면, 예수가 어떻게 성전 뜰을 살아서 걸어 나올 수 있을지를 상상하기란 쉬운 일이 아닐 것이다. 그가 기적처럼 그곳을 빠져나왔다는 것은 아마도 이 이야기에서 가장 납득하기 어려운 부분으로, 많은 학자들은 이것이 최소한도 어떤 역사적인 사건에 근거한 것이라 믿고 있다.[25] 여하튼 예수는 성전을 방문한 후 그렇게 오래 살아남지는 못했다. 그는 곧 체포되었다. 그에 대한 재판이 열렸다면, 그것은 아주 약식이었을 것이다. 그는 결국 한낱 목수였고, 무명인이었고, 소모품에 불과했기 때문이다. 그는 제국의 관점에서 볼 때 아무것도 아닌 자로서 제국에 맞서 그저 소리를 질러댔던 한 소모품이었을 뿐이다. 그런 그가 이제 잠시나마 제국에게 쓸모 있는 존재가 되어 십자가에 처형되었다. 그는 제국의 희생자, 즉 하나님이 통치하시는 또 다른 제국을 감히 꿈꿨던 사람들의 말로가 어떻게 될지 보여주는 본보기가 되었던 것이다.

또 다른 시대, 또 다른 하나님의 아들

예수의 죽음, 즉 로마의 종횡무진하는 제국주의적 요구에 희생양이 된 예수의 죽음은 그를 따르는 사람들에게 무의미한 것이 아니었다. 그들은 제국과 제국의 세계관에 맞선 예수의 도전을 이해하게 되었다. 그들은 세계를 달리 보라는 그의 초청, 즉 첫째가 꼴찌가 되고 꼴찌가 첫째가 되며, 걸인, 굶주린 이, 억압받는 이, 그리고 박해받는 이들이 설 자리를 얻게 되고, 제국의 소모품이었던 사람들이 하나님

---

[25] 다음을 참조하라. 예를 들면, E. P. Sanders, *Jesus and Judaism* (Philadelphia: Fortress Press, 1985), 61-76; Crossan, *Historical Jesus*, 355-60; Horsley, *Jesus and the Spiral of Violence*, 292-300; Borg, *Jesus: The New Vision*, 174-76; 반대 입장은 다음 참조. Robert J. Miller, "Historical Method and the Deeds of Jesus: The Test Case of the Temple Destruction," *Forum* 8, nos. 1-2 (1992) 5-30.

의 자녀로서 자신의 참된 가치를 발견하게 될 또 다른 제국의 질서를 꿈꾸어 보라는 그의 초대를 이해하게 되었다. 그들은 예수가 왜 죽임을 당했는지 이해하게 되었던 것이다. 예수는 다른 생각을 가진 사람을 용납하지 않는 문화 속에서 대항문화적인 목소리를 냈다. 그들이 예수가 시작한 것을 계속 이어가려고 결심했을 때, 그들은 이것이 자신들을 둘러싼 제국주의 문화에 단호한 결별을 고하는 것이라는 점을 알고 있었다. 로마의 황금시대는 그들의 시대가 아니었다. 그들은 또 다른 미래를 꿈꾸었다. 로마의 선택받은 아들은 그들의 구원자가 될 수 없었다. 그들은 또 다른 하나님의 아들을 선포했다.

이러한 반체제적 분위기는 가장 초기의 그리스도교 문헌에 널리 퍼져 있었지만, 로마제국의 문화적 상황과 무관하게 읽는 이들은 종종 이 점을 놓치고 있다. 한 예로 마가복음을 읽어보자. 마가복음은 다음과 같은 말로 시작한다. "하나님의 아들 예수 그리스도의 복음의 시작은 이러하다." 얼핏 보면 전혀 해로울 것이 없는 문구다. 그러나 이 문구를 당시 소아시아에 있었던 프리에네라는 도시에서 읽었다고 한다면, 아마 그 사람은 매일 율리우스력의 도입을 기념하는 비문을 보면서 걸었을 것이다. 그 비문에는 이런 내용이 들어있다: "신[아우구스투스]의 탄생일은 그의 오심을 통해 세계에 복음이 시작되었다는 것을 표시하는 것이므로… 그러므로—행운과 안녕이 깃들기를—새해는 모든 도시에서 아우구스투스의 생일인 9월 23일에 시작되어야 한다고 그리스인들은 아시아 지역에 선포했다."[26] 그러나 가장 초기의 그리스도인들에게 아우구스투스는 "복음의 시작"이 아니었다. 마가복음 저자는 이것을 분명히 이해하고 있었고, 그래서 그의 복음서를 아

---

26) 그 비문은 *OGIS* 2.48-60 (no. 458, lines 30-62)에서 볼 수 있다. 번역은 다음에서 인용. Lewis and Reinhold, eds., *Roman Civilization*, 2.64-65.

우구스투스에 반대하는 방식으로 시작했다. 그의 이야기는 또 다른 하나님의 아들(another Son of God)에 관한 것이었다. 그의 복음은 로마가 떠받드는 아들(의 정복과 승리)과 함께 시작되는 것이 아니라, 로마에 의한 희생자(victim), 즉 그의 이야기 끝에 로마에 의해 십자가에 처형된 것으로 묘사된 바로 그 사람과 더불어 시작되는 것이다.

세상의 쓰레기

이러한 대항문화적인 정신은 특별히 사도 바울의 저술 속에서 발견할 수 있다. 바울은 예수를 개인적으로 전혀 알지 못했지만, 예수를 따르는 사람들로부터 이러한 반체제적인 입장을 분명히 들었던 것 같다. 바울의 생애는 로마 당국자들과의 지속적인 투쟁으로 특징지어진다: 로마 감옥 안팎에서 고문당하고, 그리고—만약 전설이 진실의 핵심을 담고 있다면—마침내 네로 황제 치하에 로마에서 처형된다. 누가복음의 저자는 바울과 그의 동료들이 아우구스투스에 맞서는 대안적인 "복음"을 제국 숭배의 주요 중심지 중 하나인 데살로니가 같은 장소에 전파하려 했을 때 그들에 대한 고발이 있었을 것이라고 상상하는데, 이는 잘못된 정보는 아닌 것 같다: "세상을 소란하게 한 그 사람들이 여기에도 나타났습니다.… 이 사람들은 모두 예수라는 또 다른 '황제'가 있다고 말하면서, 황제의 명령에 거슬러 행동을 합니다"(사도행전 17:6-7, 저자 사역).

바울이 예수를 그의 주님으로 경험하게 되었을 때, 그 또한 로마의 평화는 그가 수용할 수 있는 평화가 아니라는 것을 알게 되었다. 다른 곳에서와 마찬가지로 데살로니가에서 제국 내 반체제인사로서의 그의 경험은 평화롭지 않았다(살전 2:1-2). 바울이 머물렀던 데살로니가 교회가 후에 계속해서 괴롭힘을 당하고 어려움에 처하게 되자 (살전 3:1-5), 바울은 로마의 프로그램인 "평화와 안전(pax et securitas)"이 진정한 평화와 안전이라는 발상을 조롱하며 그들을 격려했다. "사람들이 '평안하다, 안전하다' 하고 말할 그때에, 아기를 밴 여인에게 해산의 진통이 오는 것과 같이, 갑자기 멸망이 그들에게 닥칠 것이니, 그것을 피하지 못할 것입니다"(살전 5:3). 게오르기(Dieter Georgi)가 설득력 있게 주장하듯이, 여기에서 "평화와 안전"은 "'로마의 평화'(Pax Romana)라는 로마의 공식적인 신학과 그에 대한 선전을 역설적으로 암시하고 있다."[27] 이 편지 말미에 바울은 미래에 대한 자신의 묵시종말론적 비전, 즉 '로마의 평화'의 희생자인 예수가 "호령과 천사장의 소리와 하나님의 나팔 소리와 함께"(4:16) 승리의 행진을 하며 돌아오실 것이고, 이때에 살아남은 사람들이 "주님을 영접하러"(4:17) 나갈 것이라고 하면서, 미래의 새로운 시대에 대한 그 자신의 묵시종말론적 비전을 데살로니가 교회와 나누고 있다. 이러한 장면의 모델이 되는 것은, 게오르기에 따르면, 고대 근동의 "공식 의전"으로서, 그 의전에서 시민들은 방문하는 고위 관리를 만나러 나가 그 도시의 문을 통해 안으로 호위했다고 한다.[28] 데살로니가와 같은 도시에서 황제나 그 수행원이 그런 의전에 따라 도착하는 장면은 친숙한 것이었음에 틀림없다. 그러나 바울은 실제로 또 다른 "주님"을 염두에 두고 그런 의전을 말한 것이다. 그 행진은 제국의 수호자들을 위한 것이 아니다. 그것은 예수, 곧 제국의 희생자를 위한 것이다.

---

27) Dieter Georgi, *Theocracy in Paul's Praxis and Theology* (Minneapolis: Fortress Press, 1991), 28. 둘 사이의 연관성에 대해서는 다음 책에서도 잘 다루어지고 있다. Wengst, *Pax Romana*, 76-79; Helmut Koester, "Imperial Ideology and Paul's Eschatology in 1 Thessalonians," in *Paul and Empire*, ed. Horsley, 161-62.
28) Georgi, *Theocracy*, 26; 다음도 참조. Koester, "Imperial Ideology," 158, 160.

바울이 거부한 것은 단지 로마나 그 황제만이 아니었다. 아우구스투스 시대의 가치들 그 자체였다. 그의 동시대인들이 지혜로 간주했던 것들을 바울은 어리석음으로 간주했다. 세상이 어리석은 것으로 간주했던 것을 그는 지혜로운 것으로 받아들였다. 이것은 십자가에 처형된 메시아를 따른 결과였다. 고린도전서로 알려진 고린도교회에 보낸 서신에서 바울은 이렇게 말한다. "현자가 어디에 있습니까? 학자가 어디에 있습니까? 이 세상의 변론가가 어디에 있습니까? 하나님께서는 이 세상의 지혜를 어리석게 하신 것이 아닙니까? 이 세상은 그 지혜로 하나님을 알지 못하였습니다. 하나님의 지혜가 그렇게 되도록 한 것입니다. 하나님께서는 어리석게 들리는 설교를 통하여 믿는 사람들을 구원하시기를 기뻐하신 것입니다.… 우리는 십자가에 달리신 그리스도를 전합니다. 그리스도가 십자가에 달리셨다는 것은 유대사람에게는 거리낌이고, 이방 사람에게는 어리석은 일입니다"(고전 1:20-21, 23). 바울에게는 십자가에 처형된 메시아를 따른다는 것이 아우구스투스 시대와는 어울리지 않는 지혜를 받아들인다는 것을 의미했다. 같은 서신의 다음 장에서 바울은 계속해서 말한다. "그러나 우리는 성숙한 사람들 가운데서는 지혜를 말합니다. 그런데 이 지혜는, 이 세상의 지혜나 멸망하여 버릴 자들인 이 세상 통치자들의 지혜가 아닙니다.… 이 세상 통치자들 가운데는, 이 지혜를 아는 사람이 하나도 없습니다. 그들이 알았더라면, 영광의 주님을 십자가에 못 박지 않았을 것입니다"(2:6, 8).

로마제국의 희생자가 된 메시아를 따른다는 것은 무엇을 뜻하는 것일까? 바울에게 이것은, 그가 과거에 깨달았던 것이 곧 하나님이 바라시는 통치라고 주장한 것은 잘못된 것이었음을 간파하는 것을 뜻했다. "이 세상 통치자들"은 아무것도 이해하지 못했다. 이것은 가치의 전복을 뜻했다. 즉 지혜롭게 보이는 것이 사실은 어리석은 것이고, 어리석게 보이는 것이 실제로는 지혜로운 것이다. 이것은 자신의 인생을 시대정신과는 어울리지 않는 사람, 바보 같은 인생으로 받아들이는 것을 뜻했다. 바울의 관점에서 볼 때, 바로 이 점이 고린도교회의 일부 사람들이 예수를 따르는 것과 관련하여 놓치고 있었던 부분이었다. 그는 자신을 시대정신을 따르지 않은 대표적인 사례로 들며 그들을 호되게 야단치고 있다.

> 우리는 그리스도 때문에 어리석은 사람이 되었지만, 여러분은 그리스도 안에서 지혜 있는 사람이 되었습니다. 우리는 약하나, 여러분은 강합니다. 여러분은 영광을 누리고 있으나, 우리는 천대를 받고 있습니다. 우리는 바로 이 시각까지도 주리고, 목마르고, 헐벗고, 얻어맞고, 정처 없이 떠돌아다닙니다. 우리는 우리 손으로 일을 하면서, 고된 노동을 합니다. 우리는 욕을 먹으면 도리어 축복하여 주고, 박해를 받으면 참고, 비방을 받으면 좋은 말로 응답합니다. 우리는 이 세상의 쓰레기처럼 되고, 이제까지 만물의 쓰레기처럼 되었습니다. (4:10-13)

여기서 아우구스투스의 강함과 명예라는 가치들은 조롱받는다. 명예로운 삶은 십자가에 처형된 메시아를 따르는 사도가 기대할 수 있는 것이 아니다. 오히려 그러한 사람은 최악의 것을 기대해야 한다. 마지막 문장에서 바울이 사용한 용어는 그보다 더 큰 조롱이 없을 정도다. 십자가에 처형된 메시아를 따르는 사람은 세상의 쓰레기가 되어, 온갖 잡동사니와 함께 내던져질 오물로 간주될 것이다. 바울에게 예수를 충실하게 따른다는 것은 세상의 쓰레기가 되는 것을 뜻한다.

스키타이인들 가운데 사는 삶

이러한 대항문화적인 분위기는 초기 그리스도교 안에 계속 살아 있었다.—그리스도인들이 여전히 십자가의 굴욕감을 맛보고 있고, 또 자신들의 지도자를 제국의 사형집행인들에게 내준 결과들을 곱씹어야 했던 동안은 그랬다. 물론 많은 타협과 적응을 위한 시도도 있었다. 바울 자신도 로마교회에 보낸 편지에서—만약 바울이 실제로 이런 말들을 사용했다면[29]—황제를 "여러분 각 사람에게 유익을 주려고 일하는 하나님의 일꾼"이라고까지 부르면서, 그동안 제국에 줄 서는 것에 완강히 반대했던 자신의 입장을 뒤집었다(로마서 13:4). 혹자는 도가 지나친 이러한 실책을, 특히 짐승의 배나 다름없는 로마의 수도 한가운데 사는 사람들에게 글을 쓰는 경우, 그럴 수도 있다고 생각할지 모르겠다. 그러나 초대교회는, 로마제국은 진실로 그들을 위한 평화의 장소가 아니라는 생각을 단 한 번도 잊어본 적이 없었다. 그들은 다가올 또 다른 날, 또 다른 시대를 찾고 있었다.

신약성경 문헌 가운데 가장 단호한 반로마적인 문서는 또한 가장 철저하게 묵시종말론적인 문서, 곧 요한의 묵시록(요한계시록)이라는 사실은 아마도 우연이 아닐 것이다.[30] 요한계시록의 저자는 로마와 교회는 세계의 이상적인 미래에 대해 서로 다른 비전을 제시하고 있

---

29) 특별히 다음 참조. James Kallas, "Romans XIII.1-7: An Interpolation," *NTS* 11 (1964) 365-74; W. Munroe, *Authority in Paul and Peter: The Identification of a Pastoral Stratum in the Pauline Corpus and 1 Peter* (Cambridge: Cambridge Univ. Press, 1983), 16-19; J. C. O'Neill, *Paul's Letter to the Romans*, PNTC (Harmondsworth: Penguin, 1975), 207-9.
30) 요한계시록의 철저한 반제국주의적 입장에 관한 최근 연구는 다음을 참조하라. Steven J. Friesen, *Imperial Cults and the Apocalypse of John* (New York: Oxford Univ. Press, 2001).

다는 점을 잘 이해하고 있었던 것 같다. 로마는 로마의 평화(Pax Romana)를 조성하려 했다면, 요한은 참된 평화는 로마라는 짐승이 불바다에 던져져 다시는 그곳으로부터 그 소리를 들을 수 없게 될 때에만 이 세상에 찾아올 수 있다고 믿었다(계 19:20). 이때, 오직 이때에만 세상은 신들의 운명에 어울리는 곳이 될 수 있을 것이다. 그의 비전은 꿈처럼 이렇게 펼쳐진다.

> 나는 새 하늘과 새 땅을 보았습니다. 이전의 하늘과 이전의 땅이 사라지고, 바다도 없어졌습니다. 나는 또 거룩한 도성 새 예루살렘이, 남편을 위하여 단장한 신부와 같이 차리고, 하나님께로부터 하늘에서 내려오는 것을 보았습니다. 그 때에 나는 보좌에서 큰 음성이 울려 나오는 것을 들었습니다. "보아라, 하나님의 집이 사람들 가운데 있다. 하나님이 그들과 함께 계실 것이요, 그들은 하나님의 백성이 될 것이다. 하나님이 친히 그들과 함께 계시고, 그들의 눈에서 모든 눈물을 닦아 주실 것이다. 다시는 죽음이 없고 슬픔도 울부짖음도 고통도 없을 것이다. 이전 것들이 다 사라져 버렸기 때문이다." (요한계시록 21:1-4)

이러한 말들은 로마 감옥 내부를 경험한 이의 증언이라는 점을 충분히 이해하게 될 때, 그 힘이 느껴질 수 있을 것이다. 요한계시록의 저자가 고통과 눈물과 죽음으로부터 해방되고 싶은 그의 소망을 표현할 때, 이것은 단순히 시적인 환상이 아니라는 것을 금방 알 수 있을 것이다. 그는 고통과 슬픔, 그리고 죽음이 그를 에워싸고 있다는 것을 알고 있었다. 이것이 십자가에 처형된 메시아를 받아들이기로 한 사람들의 운명이었다.

실제로 폭넓은 고대 문헌 속에 나타난 그리스도교와 그리스도인들에 대한 이야기를 접해 보면, 그리스도인들의 불법적인 행동, 그들의 체포, 고문, 그리고 처형에 대해 보도하고 있는 것을 알 수 있다. 이러한 보도는 새로 임명된 비두니아(소아시아 흑해 연안 지역)의 총독 플리니(Pliny the Younger)가 기원후 111년경 로마 황제 트라야누스에게 보낸 편지 속에 나타나 있다.31) 플리니는 그의 관할 지역에서 과거에 한 번도 만나본 적 없는 종교적 열성분자 집단이 있는 것을 발견했다. 그는 "사람들을 타락시키는 지나친 미신"에 관한 진실을 파악하기 위해, 그 운동집단에서 "여성 부제들(deaconesses)"로 불리는 두 명의 여성 노예를 체포하여 고문했다. 그는 그들의 행동에서 특별히 위험하다고 할 만한 것을 발견할 수 없었지만, 그럼에도 불구하고 그들을 처형했다. 그들의 범죄는 예수—플리니에게는 분명 알려지지 않은 무명의 인물—를 따랐다는 것이라기보다는, 황제의 초상과 신들의 형상에 예배하기를 거부했다는 것, 즉 불충성에 있었다.32) 고통, 고문, 그리고 죽음, 이러한 것들이 바로 제국을 받아들이지 않고, 대신에 무언가 다른 것을 바라보려고 했던 사람들이 겪어야 했던 운명이었다.

　로마 권력에 대한 그리스도인들의 저항은 세월이 흘러가도 수그러들지 않았다. 우리는 그리스도교에 대한 이교도 비평가 켈수스(Celsus)에 대해 오리게네스가 답한 것 속에서 이러한 저항이 놀라운 힘을 갖고 전개된 것을 볼 수 있다. 오리게네스보다 한 세기 전에 비평의 글을 썼던 켈수스는 그리스도교를 불법적인 비밀 집단이라고

---

31) Pliny, *Ep.* 10.96.
32) 제국의 제의를 특징짓는 경건, 권력, 그리고 정치의 혼합 상황에 대해서는 특히 다음을 참조하라. Price, *Rituals and Power*.

매도했다. 이러한 매도에 대해 오리게네스의 답변에서 놀라운 것은, 그가 이것을 부정하지 않았다는 것이다. 반대로 그는 매우 자극적인 방식으로 그것을 정당화하면서, 로마 권력자들을 전설적인 미개한 야만인 스키타이인들에 비유했다.

> 어떤 사람이 사악한 법을 가진 스키타이인들 사이에서 살면서 도망갈 기회를 얻지 못해 그들 가운데 살 수밖에 없다면, 그 사람은 당연히, 스키타이인들이 사악한 것으로 간주하는 진리의 법을 위해 뜻을 같이 할 사람들과 함께 스키타이인들의 법과는 반대되는 집단에 들어가게 될 것이다.… 국가의 자유를 억압하는 폭군을 죽이기 위해 비밀 단체에 들어간 사람들이 정당화될 수 있는 것처럼, 그리스도인들도 악마로 불리는 자와 거짓에 의해 억압당할 때, 그 악마의 법에 반하는 연합체, 그의 권력에 대항하여 사실상 스키타이인 독재정부에 반란을 주도한 사람들의 안전을 위해 연합체를 구성한다.(*Against Celsus* 1.1 [ANF 4.397])

오리게네스가 이처럼 반역적인 말들을 주저 없이 쏟아놓았던 때는 기원후 248년, 곧 데시우스 황제가 등극하여 제국 내에 여전히 진행되고 있던 그리스도인 박해를 가장 폭넓게, 또 조직적으로 전개하기 바로 1년 전이었다. 이런 오리게네스가 그 후 그의 대범한 저항 때문에 체포되고 감금되고 고문당했다는 사실은 놀랄 일이 아니다.

희생자 예수

그리스도교 전통의 중심에 로마의 십자가 처형으로 인생이 끝난

한 인물이 있다는 사실, 그리고 피지배 농노들을 손쉽게 착취했던 제국주의 체제, 즉 제국의 더 큰 영광을 위해 도움을 줄 수 없거나 주지 않을 사람들을 소모적인 존재로 걷어냈던 제국주의 체제에 희생양이 된 한 인물이 있다는 사실은, 과연 그리스도교 신앙에 어떤 의미가 있는 것일까? 이것은 그 후에도 계속된 제국주의적 구애의 손짓을 그리스도교 신앙이 반드시 의심해 보아야 한다는 것을 의미하는 것 아닐까? 그리스도교는 그동안 얼마나 손쉽게 그리스도교의 주인 역할을 하는 다양한 제국들에 의해 휘둘려왔는가? 그리스도인들의 의제들(agenda)이 얼마나 손쉽게, 특별히 20세기에, 제국주의의 지배 이데올로기에 동화되었는가? 우리는 솔직히 로마가 지배했던 1세기 팔레스타인에서보다 예수가 우리 문화의 가치들과 우선순위에 더 잘 맞는다고 말할 수 있을까? 예수가 결정적으로 동시대 문화의 희생자가 되었던 것처럼, 그렇게 우리 시대 문화의 희생자가 되지는 않을 것이라고 솔직히 확신할 수 있을까?

예수의 죽음을 한 희생자의 죽음으로 이해했던 처음 그리스도인들의 시도를 기억하는 일은, 오늘날 예수를 따르려는 사람들에게, 이것은 지금도 미래에 대한 대항문화적인 비전을 받아들이는 것이 수반된다는 점을 상기시켜 줄 수 있다. 그리스도인들은 오늘날 문화를 주도하는 대다수 사람들이 무모한 것으로 간주하는 생각들을 오히려 받아들이려고 해야 할 것이다. 그리스도인들은 문화 비판이 성공적 삶을 추구하려는 노력을 수포로 돌아가게 하는 때에도 여전히 이를 지속해야 할 것이다. 특별히 북미 그리스도인들은 자신들이 짐승의 뱃속에, 제국의 바로 그 심장부에 살고 있다는 점을 인식해야 한다. 미국의 평화(*Pax Americana*)는 로마의 평화(*Pax Romana*) 못지않게 음흉하고 세계의 민중을 착취하고 있다. 그리고 미국의 평화는 그 권위와 비전에 도전하려는 사람들에게 로마의 평화 못지않게 폭력적이다. 예수가 이러한 종류의 평화에 희생된 사람이라는 것을 상기하는 것은, 우리가 미국의 평화와 미래에 대한 그리스도인들의 희망을 뭉뚱그려 세계의 평화라는 하나의 영광스러운 비전을 만들려는 유혹을 받고 있는 것은 아닌지 한 번 더 생각하게 만든다. 이러한 평화는, 적어도 세상의 마지막 위대한 평화에 의해 희생된 예수의 삶에 나타난 바로는, 하나님의 평화가 아닐 것이다.

 예수는 미국이라는 제국과 크게 다르지 않은 제국의 한 희생자로서 죽었다. 만약 우리가 인간의 삶을 위해 예수가 도전했던 그 도전을 진지하게 받아들인다면, 우리는 예수가 제국의 희생자로서 죽었다는 사실을 진지하게 받아들여야 한다. 그의 죽음은 무의미한 것으로나, 혹은 단순히 다가올 더 큰 영광의 전주곡 정도로 이해되어서는 안 된다. 예수의 죽음은 무엇보다 사실상 한 희생자의 죽음으로 민중에게 의미 있게 다가갔다. 만약 우리가 이에 마주할 용기가 있다면, 그리고 하나님의 제국을 꿈꾼 예수의 비전에 대해 이 세상이 얼마나 적대적인지를 깨달은 결과에 대해 마주할 용기가 있다면, 희생자로서의 예수의 죽음은 우리에게도 의미가 있을 것이다. 우리는 지금도 십자가에 처형된 메시아를 선포하고 있다. 십자가를 선포한다는 것은 예수의 죽음, 즉 희생자로서의 예수의 죽음을 선포한다는 것이다. 우리가 만약 이러한 가혹한 죽음의 실재를 건너뛰어 성급하게 부활로 넘어간다면, 그리스도교 신앙의 출발점인 이러한 도전을 진정으로 마음에 새기기도 전에, 우리 신앙의 핵심을 제거할 위험성이 있다. 그리스도교 신앙은 한 희생자의 죽음과 더불어 시작되었다.

2장

순교자

나를 따라오려고 하는 사람은, 자기를 부인하고,
자기 십자가를 지고, 나를 따라오너라.
− 마가복음 8:34

대의를 위한 죽음

예수를 따르는 사람들은 예수가 로마제국과 그 협력자들의 손에 죽었다는 것을 잊지 않고 있었지만, 그의 죽음이 단순히 희생자로서의 죽음만은 아니라는 것도 곧 이해하게 되었다. 그의 죽음은 목적이 있었던 것이다. 그렇다면 그 목적은 무엇이었으며, 그 목적은 그들의 스승과 동료들이 없는 상태에서 예수의 추종자들이 직면하게 될 미래와 무슨 관계가 있었을까? 예수는 왜 죽었을까?

예수를 따랐던 사람들―거의 대부분이 유대인이었다―은 의로운 사람의 불의한 죽음을 해석할 문화적 자원이 없었던 것이 아니었다. 유대인들은 수백 년에 걸쳐 외국의 지배를 받았다. 그들을 지배했던 이들이 제시하는 삶의 방식에 반대한 것 때문에 고통을 받고 죽임을 당한 것이 이번이 처음은 아니었다. 예수 당시에는 그처럼 죽은 사람들이 많이 있었다. 예수의 추종자들 자신도 억압의 현실을 알고 있었다. 그들은 전에 반체제 인사들을 본 적이 있었다. 그들은 순교자가 무엇인지 알고 있었다.

그리스어 '마르튀스(*martys*)'는 "증인/증거(witness)"를 뜻한다. 순교자는 커다란 반대에 직면하여 죽음으로써 다른 사람들에게 증인이 되는 사람이다. 순교자와 관련하여 주목해야 할 것은, 심한 경우 죽음에 이를 수도 있는 심각한 위협에 직면하여 자신들의 원칙을 끝까지 지키는 그들의 용기이다. 순교자의 변함없는 태도는 두 가지를 증거한다. 첫째, 이것은 순교자가 기꺼이 목숨을 바치고자 하는 대의(大義)의 궁극적 가치에 대해 증거한다. 둘째, 이것은 다른 사람들이 본받을 수 있는 충직성(faithfulness)의 모범을 제공한다.

마가복음에 나오는 간단한 한 구절은 순교자의 태도가 어떠해야 하는지 아주 잘 보여주고 있다: "나를 따라오려고 하는 사람은, 자기를 부인하고, 자기 십자가를 지고, 나를 따라오너라"(마가 8:34). 예수는 아마도 그와 그의 동료들이 만나게 될 난관들을 예측하면서 이와 같은 말을 했던 것으로 보인다. 하지만 여기에서 가장 중요한 것은, 예수의 추종자들이 그의 죽음 속에서 어떤 의미를 발견하려고 했을 때 이 말이 갖게 되었던 해석적 가치이다. 이것은 한편으로, 하나님의 새로운 제국을 위해, 필요하다면 기꺼이 죽음도 감수하려 했던 예수 자신의 의지를 표현한다. 다른 한편 이것은 또한 다른 사람들도 예수와 같은 길을 가도록 부르는 초대이기도 하다. 이제 그의 추종자들은 스스로 물어야만 할 것이다: 이러한 대의가 죽음조차 감수해야 할 정도로 실제로 그렇게 중요한 것인가? 이것이 순교자의 죽음이 제기하는 자기성찰적 질문이다.

하나님이 의롭게 여기는 사람의 죽음

그리스도교 발생 초기에는, 외국 통치자의 궁정에서 살았던 유대인 영웅들에 관한 많은 대중적 이야기들이 유대인들 사이에 이미 회자되고 있었다.[1] 이러한 "궁정 이야기" 속에서 외국의 지배를 받던 영웅들은 이교도 왕의 요구에 응해야 할지, 아니면 유대인들의 하나님에 대한 신앙을 끝까지 지켜야 할지 양자 사이에서 결단을 내려야만 했다. 다니엘, 수산나, 에스더, 그리고 마카비 형제들을 둘러싼 전설들은 모두 바로 이러한 방식으로 전개된다. 유대인 전설과 구전 속에 등장하는 이러한 위대한 영웅들은 모두 큰 위험에 직면하여 고문을 당하고 심지어는 죽임을 당하지만, 결국에는 폭군 왕에 굴복하지 않고 끝까지 하나님에 대한 믿음을 지킨다.

당연히 이런 이야기들은 로마의 지배를 받고 있던 유대인들 사이에 널리 퍼졌다. 이러한 영웅들의 모범적 사례들은 유대인들이 자기 전통을 배신하지 않도록 신앙심을 고취하고, 유대인들에게 힘을 실어주기 위해 의도된 것이었다. 조지 니켈스버그는 이러한 궁정 이야기에 대한 연구에서, 그 이야기들 속에 공통으로 숨어있는 일련의 주제 혹은 구상을 찾아낼 수 있었다.[2] 니켈스버그는 이러한 것들을 기초로 이른바 "의로운 사람의 박해와 추앙에 관한 이야기"라는 이야기 장르를 만들었다. 이러한 이야기의 전반적 줄거리 속에서, 영웅은 도

---

1) 이에 관한 논의는 다음을 참조하라. Lawrence M. Wills, *The Jew in the Court of the Foreign King: Ancient Jewish Court Legends*, HDR 26 (Minneapolis: Fortress Press, 1990).

2) George W. E. Nickelsburg, *Resurrection, Immortality, and Eternal Life in Intertestamental Judaism*, HTS 26 (Cambridge: Harvard Univ. Press, 1972), 특히 48-62.

발과 계략의 희생자가 된다. 결국 그 영웅은 하나님에게 순종해야 할지, 아니면 외국 통치자의 요구에 순응해야 해야 할지, 양자 사이에서 결단해야 한다. 영웅은 하나님을 신뢰하고 복종하지만, 그 결과 박해를 받고, 중상모략에 거짓 고발을 당하고, 재판을 받고 마침내 유죄판결을 받게 된다. 하지만 이것으로 끝난 것은 아니다. 그 영웅은 적들로부터 구출되고, 명예를 회복하고, 마침내 무죄가 입증된다. 결국 그 영웅은 추앙을 받게 되고, 모든 사람들이 보고―짐작컨대―따라갈 모범적 사례로 만들어진다.

니켈스버그가 본 그런 패턴은 창작설화나 순교 이야기 기록에만 나타나는 것은 아니었다. 당시에 보다 시적인 지혜문학에서도 발견할 수 있다. 순교자들은 가르칠 만한 교훈을 갖고 있었고, 그것은 찬가, 시, 그리고 강단문학 형식으로 가르쳐졌다. 이러한 고난받는 의인 (the suffering righteous) 개념이 가장 설득력 있게 제시된 것 중 하나는 기원전 1세기의 유대 작품 '솔로몬의 지혜서' 가운데서 발견된다. 아래 인용문에서 저자는 하나님의 의인을 억압하려는 악인의 생각을 이렇게 대변한다.

> 의인은 우리를 불편하게 하고, 우리의 행동에 반대하니,
> > 엎드려 의인을 기다리자.
> 그는 우리가 율법을 어긴 죄 때문에 우리를 비난하며,
> > 우리가 훈련에 열중하지 않은 것 때문에 우리를 고발한다.
> 그는 하나님을 아는 지식을 가졌다고 공언하고,
> > 자신을 주님의 자녀라고 부른다.
> 그는 우리에게 우리의 생각을 비난하는 자가 되었다.
> > 그를 보는 것만으로도 우리에게는 부담이 된다.

왜냐하면 그의 살아가는 방식은 다른 사람들과 달랐고,
그가 가는 길은 특별하기 때문이다.
우리는 그에 의해 비열한 자로 여겨졌고,
그는 우리의 살아가는 방식을 부정한 것으로 회피한다.
그는 의인의 마지막 끝을 행복이라고 부르고,
하나님이 그의 아버지라고 자랑한다.
그의 말이 사실인지 두고 보자.
그의 삶의 끝에 무슨 일이 벌어질지 시험해보자.
왜냐면 의인이 하나님의 자녀이면, 하나님이 그를 도울 것이고,
그의 적대자들 손에서 그를 구해줄 것이기 때문이다.
모욕과 고문으로 그를 시험하여
그가 과연 얼마나 온순한지,
그가 과연 얼마나 인내심이 있는지 보자.
그를 정죄하여 부끄러운 죽음을 맞게 하자.
왜냐면, 그의 말에 따르면, 그는 보호받을 것이기 때문이다.
(솔로몬의 지혜서 2:12-20)

악인은 하나님의 의인에 대항하여 그렇게 계략을 꾸민다. 그러나 아무 소용이 없다. 그 다음 장에서 구원의 이야기가 이어진다.

그러나 의인의 영혼은 하나님의 손 안에 있고,
어떠한 고문도 그의 몸에 닿지 못할 것이다.
어리석은 자의 눈에는 그들이 죽은 것처럼 보이고,
그들의 죽음이 재앙처럼 여겨지고,
그들이 우리로부터 떠남이 파멸처럼 생각될지 모른다.

그러나 그들은 평화 가운데 있다.
왜냐하면 다른 사람들 눈에는 그들이 징계를 당한 것으로 보일지 모르나,
그들은 영원한 삶에 대한 희망으로 넘치기 때문이다.
약간의 연단이 있을 것이나, 그들은 아주 좋은 것을 받게 될 것이다.
왜냐하면 하나님은 그들을 시험한 결과, 자격이 있다는 것을 아셨기 때문이다.
용광로 속의 금처럼, 하나님은 그들을 단련시킬 것이고,
희생 번제처럼, 하나님은 그들을 받아들일 것이다.
그들이 방문할 때에 그들은 빛날 것이고,
그루터기 사이로 불꽃처럼 달릴 것이다.
그들은 나라들을 지배할 것이고 백성들을 통치할 것이며,
주님은 그들을 영원히 다스리실 것이다.
그를 신뢰하는 사람들은 진리를 이해하게 될 것이고,
신실한 사람들은 사랑 가운데 그와 더불어 머물 것이다.
왜냐하면 은혜와 자비가 거룩한 이들 위에 머물고,
선택받은 사람들을 그가 지켜줄 것이기 때문이다.

(솔로몬의 지혜서 3:1-9)

예수의 추종자들이 처음에 예수의 죽음과 관련하여 예수에 대해 확신하고 있는 것을 정리하기 시작했을 때, 솔로몬의 지혜서와 같은 본문들과 전통들이 그들에게 중요하게 되었다. 그것들은 제2 이사야서의 다소 난해한 고난받는 종의 노래(Suffering Servant Songs)에 표현된 독특한 유대 예언전통에 기초하고 있었지만,[3] 그것들이 윤곽과

형식을 갖추게 된 것은 유대인들의 삶의 방식에 적대적이었던 연이은 외국 통치자들 치하에서 유대인들이 실제로 겪은 경험 속에서였다. 이처럼 그러한 것들은 로마의 십자가 위에서 죽은 예수의 죽음을 이해하는 강력한 틀을 제공했다. 하나님의 의로운 종과 마찬가지로, 예수 또한 그를 죽이는 데 공모했던 적들의 목표물로 이해되었다. 예수는 그의 적들을 율법을 어긴 자이며 위선자로 고발함으로써 그들을 자극했다. 그는 자신이 하나님을 알고 있고, 하나님의 종이며, 심지어 "하나님의 자녀"라고까지 주장했다. 그의 말과 행동은 화를 불러일으켰고, 그의 삶의 방식은 괴팍했다. 그는 하나님이 자신의 아버지라고 자랑스럽게 말했다. 결국 그의 적들은 그를 체포하여, 가장 수치스러운 죽음을 맞게 했다. 그러나 궁극적으로는 그가 패배한 것이 아니었다. 하나님은 그를 구원했고, "희생 번제처럼" 그를 받아들였다. 그들은 언젠가 그가 돌아와서 세상 나라들을 통치할 것을 기대했다. 그 사이에 하나님을 신뢰하는 사람들은 진리를 알게 될 것이고, 그의 사랑 가운데 거하게 될 것이다.

예수의 추종자들은 뜬금없이 이러한 생각에 도달하게 된 것이 아니었다. 그렇다고 이러한 생각들이 예수의 삶 속에 나타난 사건들로부터 자연스럽게 도출된 것도 아니었다. 이런 생각들은 하나님의 고난받는 종들, 즉 하나님의 "의인들"의 운명을 고찰해온 오랜 유대인 전통의 빛에서 예수의 삶을 생각한 결과였다. 그의 삶의 일정 측면들—예를 들면, 그의 대항문화적인 삶의 방식—은 특별히 중요하게 취급되었으며, 이러한 전통의 렌즈를 통해 새로운 방식으로 의미있게 부각되었다. 그의 수치스러운 죽음은 더 이상 재앙이 아니라, 사악한

---

3) 제2 이사야의 노래들과 솔로몬의 지혜서 2장과 4-5장에 나오는 찬양시들과의 관계성에 대해서는 다음을 보라. Ibid., 62-65.

적대자들 앞에서 하나님께 끝까지 신의를 지킨 사람에게 기대되는 그러한 최후로 이해될 수 있었다. 그의 추종자들은 십자가를 예수의 사명이 끝난 것으로 본 것이 아니라, 강력한 증거의 계기로 이해할 수 있었다. 그리스도인들은 예수가 마침내 그의 적들 앞에서 무죄로 입증되는 새날을 희망할 수 있었다.

수난설화와 지혜 이야기

예수에게 일어난 일들을 처음으로 문자화했던 시도 중에, 예수의 마지막 날들, 재판, 그리고 죽음에 관한 이야기가 있는데, 이를 수난설화(Passion Narrative)라고 부른다. 이 설화는, 많은 사람들이 믿기로, 마가복음, 요한복음, 그리고 아마도 또 다른 단편적 복음인 베드로복음의 저자가 예수의 죽음을 설명하는 데 사용한 자료이다.[4] 당연한

---

4) 마가 이전의 수난설화 존재는 확실히 여기서는 해결되기 어려운 까다로운 논쟁거리이다. 편향적이기는 하지만 유익한 자료로 다음을 참조하라. Burton L. Mack, *A Myth of Innocence: Mark and Christian Origins* (Philadelphia: Fortress Press, 1988), 249-68. 맥은 예수의 마지막 날들에 대한 역사적으로 믿을 만한 설명으로 마가 이전에 수난설화가 있었는가 하는 질문 속에 함축된 복잡한 변증적 관심들을 잘 지적하고 있다. 맥은 다음의 책을 원용하여, 마가는 스스로 수난 연속물을 창작했다고 결론내린다: Werner Kelber, et al., *The Passion in Mark: Studies on Mark 14-16* (Philadelphia: Fortress Press, 1976). 하지만 이 결론은 요한복음과 베드로복음이 공유하고 있는 일화들과 연관하여 이 두 복음서가 마가복음에 의존한다는 것을-나는 동의하지 않지만-전제로 하기 때문에 만족스럽지 못하다. 나의 견해로는, 이런 입장보다는, 마가복음, 요한복음, 그리고 베드로복음 모두가 하나의 공통적 자료에 의존한다고 주장하는 쾨스터의 분석이 더 설득력이 있다고 본다. Helmut Koester, *Ancient Christian Gospels* (Philadelphia: Trinity Press International, 1990), 220-30. 이에 따라, 나는 마가 이전에 수난설화가 있었다는 이론을 계속 발전시키되, 통상적으로 이에 따르는 그 기본적 역사성을 가정하지 않고 진행하고자 한다. 맥과 다른 학자들이 마가에게 돌리는 창작은 마가 이전 단계까지 거슬러 올라가야 한다고 본다.

일이겠지만, 니켈스버그는 지혜 이야기를 배경으로 하여 수난설화를 살펴본 결과, 둘 사이에 병행구들이 매우 많다는 것을 발견했다.5) 실제로 그는 수난설화에 그 기본적 구성과 구조를 제공한 것은 고난과 무죄 입증(vindication, 伸寃)에 관한 이러한 오래된 유대인 이야기였다고까지 주장할 수 있었다. 아래 도표는, 니켈스버그가 연구한 것 위에 그와 유사한 버튼 맥의 정리 결과를 통합 추가한 것으로, 양자 사이에 유사점이 얼마나 많은지 볼 수 있게 해 준다.6)

박해/무죄입증 이야기와 마가의 수난설화	
(장 절 순서에 맞지 않는 것은 괄호를 침)	
니켈스버그의 지혜 이야기의 항목들	마가복음에 사용된 수난설화 병행구
도발	11:15-17
계략	11:18; 14:1
결단	14:3-9, 35-36, 41-42
신뢰	14:35-36

---

5) "The Genre and Function of the Markan Passion Narrative," *HTR* 73 (1980) 153-84. 니켈스버그는 이 문제를 명쾌하게 잘 풀어내고 있지만, 고난받는 의인 전통의 사용과 관련한 그의 통찰력은 이미 여러 학자들에 의해 예견된 것이었다: C. H. Dodd, *According to Scriptures: The Sub-Structure of New Testament Theology* (New York: Scribner's, 1953); Barnabas Lindars, *New Testament Apologetic: The Doctrinal Significance of the Old Testament Quotations* (Philadelphia: Westminster, 1961); Eta Linnemann, *Studien zur Passions-geschichte*, FRLANT 102 (Göttingen: Vandenhoeck & Ruprecht, 1970). 이와 독립적으로 무게 있는 연구 하나를 추가한다. Detlev Dormeyer, *Die Passion Jesu als Verhaltensmodell: Literarische und theologische Analyse der Traditions-und Redaktionsgeschichte der Markuspassion*, NTA 11 (Münster: Aschendorff, 1974).

6) Mack, *Myth of Innocence*, 267.

순종	14:3-9, 35-36
고발	14:57-61
재판	14:53-64
정죄	14:64
저항	
기도	14:35-36
도움	
시련	15:29-30
반응	(14:63)
구출	(16:62)
무죄인정	15:38
추앙	(14:62)
추대식	
찬사	15:39
반응들	15:39
처형	(15:38)

　　니켈스버그가 말하는 지혜 이야기가 어떻게 수난설화 이야기를 낳게 되었는지에 대한 그의 설득력 있는 이론은, 가장 최근 성서학이 주장하는 것처럼, 복음서와 그 원자료들은 역사적인 기록물이 아니라는 사실을 뒷받침한다. 발생한 일을 정확히 있는 그대로 기억하는 것은 예수의 죽음 이후 초기 그리스도인들이 해야 할 과제는 아니었다. 공동체로 살아남기 위해 그들이 최우선 과제로 생각한 것은, 처음에 그들을 하나로 불러 모았던 그 예수의 삶과 죽음 속에서 의미를 식별해내는 것이었다. 수난설화의 저자는 실제로 무슨 일이 일어났는지에

대한 물음으로 시작하지 않았다. 그가 예수의 마지막 날들에 무슨 일이 일어났는지 상세한 내용을 알든 모르든, 그는 이미 충분한 것을 알고 있었다. 즉 그들이 믿게 된 그 사람이 지금 죽었다는 것, 그것도 수치스럽게 로마의 십자가에 처형되었다는 것이 그것이다. 그것 이상 그 어떤 상세한 역사도 필요하지 않았을 것이다. 중요한 것은 실제로 무슨 일이 일어났느냐 하는 것이 아니었다. 그들의 질문은—정말로 중요한 질문은—이제 이러한 것이었다: 우리는 그에 관해 옳았는가? 우리가 그를 따른 것은 잘한 일인가? 그의 대의는 의로운 것이었나?

수난설화의 저자는 이러한 근본적 질문들에 긍정적으로 대답했다. 그는 예수가 범죄자가 아니라는 것을 믿게 되었다. 그렇다고 단순히 희생자인 것만도 아니었다. 예수는 자신의 신념을 지키기 위해 죽음을 불사한 하나님의 의로운 사람들 중 하나였다. 그래서 이 저자는 예수의 마지막 날들에 관한 이야기를 박해받는 하나님의 의인(God's persecuted righteous one) 이야기로 구성했다. 그는 하나님의 고통받는 의인을 이야기하는 여러 시편들, 그리고 제2 이사야서의 고난받는 종의 노래(the Suffering Servant Songs)에 나오는 여러 구절들 속에서 이 이야기의 소재들을 찾아냈다.[7] 그리스도인에게 예수는 고난받는 의인의 가장 탁월한 사례가 되었다. 하나님에 대한 예수의 충직성과 순종하는 태도는 그의 대의가 갖는 가치를 증거하게 될 것이고, 십자가를 자기 자신의 운명으로 받아들이려는 사람들에게 본보기가 될 것이다.

---

[7] 수난설화 중에서 시편의 고난받는 의인과 제2 이사야서의 종의 노래를 암시하는 목록들과 관련해서는 다음을 참조하라. Joel Marcus, "The Role of Scripture in the Gospel Passion Narratives," in *The Death of Jesus in Early Christianity*, ed. John Carroll and Joel Green (Peabody, Mass.: Hendrickson, 1995), 특히 207-9와 214-15.

고귀한 죽음

죽음과 박해에 대한 이러한 생각들은 그리스도교 초창기에 유대 문화에만 독특한 것은 아니었다. 이것들은 헬레니즘 세계에서 의미 있는 죽음에 대한 상당히 광범위한 문화적 관점에 속했다. 대의를 위해 고귀한 죽음(Noble Death)을 죽는 것, 죽는 순간까지 자신의 원칙을 사수하는 것―이것은 일반적으로 말하면, 헬레니즘 문화에서 오랜 전통을 가진 이상에 속했다. 당시 대중적인 철학자들은 죽음에 대해, 특히 어떻게 하면 자신의 신념을 타협하지 않으면서 평정심과 용기를 잃지 않고 죽음을 맞이할 수 있을지에 대해 폭넓게 토론했다.[8]

이러한 죽음을 맞은 가장 대표적인 사례는 소크라테스였다. 모든 문헌 중에 가장 기억에 남을 장면 중의 하나는 플라톤의 『파이돈』(Phaedo)에 나오는 소크라테스의 죽음이다. 불경스러움과 아테네의 젊은이들을 타락시켰다는 죄목으로 이미 정죄된 소크라테스는 죽기 직전 마지막으로 그의 제자들을 만나게 된다. 그들이 감옥에 도착했을 때, 그는 막 사슬에서 풀려나는 중이었다. 그날이 바로 처형되는 날이었기 때문이다. 그들이 감옥 안으로 들어가자, 소크라테스의 사랑하는 아내 크산티페(Xanthippe)가 그들 앞에서 울음을 터뜨렸다. 소크라테스는 침착함을 잃지 않고 그의 친구 크리톤(Crito)에게 아내가 여기에서 나간 후 그녀에게 필요한 것, 즉 그녀의 팔에 안긴 아기를

---

8) 고귀한 죽음 전통과 신약성경 이해에서 그 중요성에 대한 최근 연구는 다음을 참조하라. David Seeley, *The Noble Death: Greco-Roman Martyrology and Paul's Concept of Salvation*, JSNTSup 28 (Sheffield: JSOT Press, 199); Arthur J. Droge and James D. Tabor, *A Noble Death: Suicide and Martyrdom among Christians and Jews in Antiquity* (San Francisco: HarperSanFrancisco, 1992). 보다 오래된 연구로는 다음 참조. Martin Hengel, *The Atonement: The Origins of the Doctrine in the New Testament*, trans. John Bowden (Philadelphia: Fortress, 1981), 1-32.

돌봐줄 것을 요청한다. 그리고 이어서 그의 제자들과 다음의 주제로 대화가 길게 이어진다: 고통과 고난을 어떻게 참을 것인가? 죽음을 어떻게 맞을 것인가? 세계의 본질은 무엇인가? 소크라테스가 말을 마치자, 크리톤이 묻는다: "그러면 소크라테스여, 우리에게 부탁할 것은 없으십니까?": 소크라테스가 대답한다: "만약 네가 너 자신을 돌본다면, 네가 무엇을 하든, 심지어 지금 네가 아무런 약속을 하지 않는다 하더라도, 나와 나에게 속한 것들을 섬기는 것이 될 것이고, 또한 너 자신을 섬기는 것이 될 것이다. 그러나 만약 네가 너 자신을 무시하고, 우리가 지금까지 토론해온 길을 따라 한 발 한 발 살아가려 하지 않는다면, 네가 지금 약속한 것이 아무리 많고, 아무리 진심을 다해 약속했다 하더라도, 아무것도 이룰 수 없을 것이다."(*Phaedo* 115b-c [LCL]). 바로 여기에 순교자 전통의 참된 핵심이 있다: 순교자가 밟은 "길을 따라 한 발 한 발 살아가는 것." 순교자가 그의 추종자들에게 요구하는 것은 오직 한 가지, 그가 살아온 것처럼 그들도 그렇게 살라는 것, 그가 받아들인 가치들을 그들도 받아들이라는 것, 설혹 그 길이 결국 죽음에 이르게 하는 것이라 하더라도 말이다. 마침내 소크라테스는 독미나리 독약을 마시고, 죽는 바로 그 순간까지 자신의 원칙을 지키면서 평화롭게 죽는다.

소크라테스의 죽음은 고귀한 죽음의 전형적인 사례에 해당한다. 그는 "당대 모든 사람들 중 가장 최고이고, 가장 지혜롭고, 가장 의로운 사람"이었다고 파이돈은 말한다(118a [LCL]). "그는 자세에서나 말에서나 참으로 두려움 없이 당당하게 죽음을 맞이하고 있었다. 그래서 그는 죽음의 집으로 가고 있는 동안에도 신들의 보호 아래 가고 있었고, 그가 그곳에 도착했을 때 다른 사람들과 마찬가지로 잘 지낼 것이라고 나는 생각했다. 그리고 이런 이유로 애도해야 할 순간 자연스럽게 우러나올 연민조차 내게는 전혀 없었다"(*Phaedo* 58e-59a [LCL]). 소크라테스의 죽음에 대한 플라톤의 거장다운 묘사는 연민이나 애석함을 불러일으키려고 의도된 것은 아니었다. 그의 죽음은 하나의 증거, 한 순교자의 죽음에 대한 증거였다. 그 증거 속에서 우리는 사람이 어떻게 하면 고귀하게 죽을 수 있는지를 볼 수 있다. 실제로 소크라테스는 말하고 있다: "철학은 죽음의 연습이 아닌가?"(*Phaedo* 80e-81a [LCL]). 아마 항상 그렇지는 못할 것이다. 그러나 신념이 유린당할 때, 철학자의 가장 고귀한 소명은 자신의 원칙을 끝까지 고수하며 당당하게 죽는 것이다.

이것은 최소한 소크라테스의 죽음이 어떻게 헬레니즘 철학 전통 속에 편입되었는지를 우리에게 보여준다. 죽음의 문제, 그리고 어떻게 하면 위엄을 잃지 않고 죽음을 맞이할까 하는 문제는 기원후 1세기 철학적 담론에서는 어디서나 볼 수 있는 문제였다. 이것은 아마도 누구나 이해할 수 있을 것이다. 로마제국은 전체주의적이었다. 로마제국은 제국과 의견을 달리하는 사람에게 관용을 베풀지 않았고, 철학자들은 간혹 제국과 의견을 달리했다. 이럴 때 철학을 한다는 것은 실제로 죽음을 연습하는 것과 같았다. 많은 사람들이 소크라테스가 직면했던 그 선택의 기로에 서야 했다: 타협하고 살 것인가, 아니면 명예롭게 죽을 것인가. 이러한 사람들을 위해 소크라테스는 순교자가 되었고, 본보기가 되었다. 기원후 1세기 견유철학자 에피크테토스는 이렇게 기록하고 있다: "소크라테스는 (그의 원칙을 타협함으로써 죽음으로부터 도망치려 했다는) 불명예를 안고 그의 목숨을 구하려 하지 않았다. 아테네 시민들이 그와 관련하여 투표를 요구했을 때 이를 거부한 사람, 폭군을 경멸한 사람, 덕과 도덕적 탁월성에 관한 그러한 고상한 담론에 참여한 사람; 이러한 사람은 불명예에 의해 구원을 받을 수 있는 것이 아니라, 죽음에 의해, 도망감으로써가 아니라, 구원을 받는다"(*Discourses* 4.1.164-65 [LCL]). 여기에서 죽음은 재앙도 끝도 아니다. 그것은 구원이다. 이러한 전통에서 죽음은 패배에서 승리로 전환된다. 사실상 고귀한 죽음은 잘 살아온 삶의 절정, 즉 그러한 삶이 변하여 궁극적으로는 다른 사람들에게 더 유익을 끼치는 삶의 극치라고 할 수 있다.

에피크테토스는 계속 말한다: "만약 우리 삶의 방식이 유익했다면, 필요할 때 요구되는 방식으로 죽음으로써 다른 사람들에게 훨씬 더 유익하게 되지 않겠는가? 그리고 소크라테스가 죽은 지금, 그에 대한 기억은 살았을 때 못지않게 사람들에게 유익하다. 사실 이것은 어쩌면 그가 아직 살아서 행동하고 말한 것보다 훨씬 더 유익할지도 모른다"(*Discourses* 4.1.168-69 [LCL, alt.]). 에피크테토스가 볼 때, 소크라테스의 죽음은 그의 끝도 아니고 인류를 위한 혜택도 아니었다. 그의 죽음의 방식은 오히려 그를 살아생전 모습과는 다른 사람으로 만들어버렸다.

불굴의 용기와 충성심으로 고귀한 죽음을 맞겠다는 생각은 철학자들에게만 국한된 것은 아니었다. 이것은 군사적 영웅들, 즉 위엄을 잃지 않고 죽음을 맞이하도록 부름받은 이들의 이야기 속에서도 일반적인 주제였다. 이것은, 예를 들면, 유리피데스의 비극들 속에서 신들이 명한 것을—거기에는 특별히 죽음까지 포함하여—받드는 이상적인 방식으로 반복해서 나타난다.9) 실리(David Seeley)는 헬레니즘 문화 속의 '고귀한 죽음' 전통에 대한 연구를 통해, 모범적 삶을 살았던 개인들의 고귀한 죽음과 관련한 다양한 토론과 서술들을 살펴보

---

9) Sam K. Williams, *Jesus' Death as Saving Event: The Background and Origin of a Concept*, HDR 2 (Missoula, Mont.: Scholars Press, 1975), 153-61.

았다. 그 결과 그 안에는 보통 다섯 가지 핵심 내용이 포함되어 있음을 알게 되었다:10) (1) 고귀하게 죽은 사람이 자신의 원칙을 지키기 위해, 때로는 더 높은 (신적) 부름이나 명령에 복종하기 위해 죽는다. (2) 이 과정에서 영웅은 어떻게 육체적인 연약성을 극복하고, 고문과 죽음을 두려움 없이 이겨낼 수 있었는지 보여준다. (3) 영웅은 종종 군사적인 상황과 맞물려 교착상태에 빠지기도 한다. 그래서 흔히 충성심이 관건이 된다. (4) 영웅의 죽음은 그 죽음이 다른 사람에 의해 모방될 수 있는 한, 그들을 위해 대신 죽은 죽음으로 이해되기도 한다. 다른 사람을 대신해서 죽는 것은 이러한 전통에서 모방을 통해 전수된다. (5) 끝으로, 영웅의 죽음을 묘사하고 해석하는 중에 때로는 희생제물의 의미가 포함되기도 한다.

고귀한 죽음이라는 이런 개념은 당시 유대인 저술가들에게 가장 확실하게 영향을 미쳤다. 이것은 특히 니켈스버그와 여타 다른 학자들이 다룬 순교자 관련 문헌 속에서 발견할 수 있다. 가장 대표적인 사례는 그리스도교 발생 초기에 아마도 안디옥에서 기록된 것으로 보이는 헬레니즘적인 유대 작품 제4 마카비서에서 찾아볼 수 있다.11) 이 책은 외형상 이성(reason)—즉, 지혜로운 삶을 신중하게 선택하는 마음(1:15)—이 육체적인 열정을 지배할 수 있다는 생각을 옹

---

10) Seeley, *Noble Death*, 13, 83, 87-99, 기타 여러 곳.
11) 제4마카비서의 안디옥 기원 관련해서는 특히 다음을 참조하라. André Dupont-Sommer, *Le Quatrième Livre des Machabées, Bibliothèque de I'Ecole des Hautes Etudes 274* (Paris: Librairie Ancienne Honré Champion, 1939), 69-73; Moses Hadas, *The Third and Fourth Books of Maccabees* (New York: Harper & Brothers, 1953), 109-13; Williams, *Jesus' Death as Saving Event*, 248-53. 필자에게는 이 판단이 설득력이 있어 보인다. 아직 논쟁 중인 이 문제에 앤더슨도 명민하게 접근하고 있지만, 나는 동의하기 어렵다. H. Anderson, "4 Maccabees: A New Translation and introduction," in *OTP* 2.534-37.

호한다. 이것을 증명하기 위해 저자는 나이 많은 제사장 엘르아살, 경건한 일곱 형제, 그리고 그들의 어머니를 예로 드는데, 이들은 모두 기원전 2세기에 안티오쿠스 4세 에피파네스에 저항하는 유대인 자유 투쟁에 참가했다가 고문을 받아 죽었다. 끔찍한 시련에도 불구하고, 이들 순교자들은 모두 하나님에 대한 믿음을 지켰던 것이다. 2세기 전에 일어난 이들의 고귀한 죽음은 그 후 로마 치하의 유대인들에게 감화를 주었는데, 이들 또한 자기 조상들이 안티오쿠스 치하에서 직면했던 것과 동일한 도전에 수도 없이 직면해야 했었다.

우리는 제4 마카비서에서 실리(Seeley)가 말하는 '고귀한 죽음' 전통의 흔적을 분명하게 발견할 수 있다.[12] 그 이야기는 전쟁 상황, 즉 군사적인 대치상황에서 전개된다. 제4 마카비서의 전반적인 주제는 물론 순종이다. 고문하는 사람이 고령의 엘르아살을 화형시킬 불을 지피자, 그는 이렇게 말한다. "안티오쿠스여, 우리는 하나님의 율법을 따라 살아야 한다는 것을 확고하게 믿기에, 우리에 대한 어떤 강요도 율법에 순종하려는 우리의 의지를 꺾을 수는 없을 것이다"(제4 마카비서 5:16).

엘르아살은 아마도 이러한 확신을 갖고 말했을 것이다. 왜냐하면

---

12) 제4 마카비서에 대한 셸리의 분석이 가장 도움이 된다: *Noble Death*, 92-99. 하지만, 초기 그리스도교의 예수 죽음 해석의 순교자적 배경을 이해하는 데서 마카비 문헌의 중요성을 간파한 학자는 셸리가 처음은 아니다. 로제는 이것을 다음의 책에서 발전시키고 있다. Eduard Lohse, *Märtyrer und Gottesknecht: Untersuchungen zur urchristlichen Verkündigung vom sühntod Jesu Christi*, FRLANT 64 (Göttingen: Vandenhoeck & Ruprecht, 1963), 특히 66-72. 셸리가 기본으로 삼고있는 윌리엄스의 연구 *Jesus' Death as Saving Event*는 특히 제4 마카비서에 나오는 순교자 개념을 대의를 위해 자신을 희생하는 헬레니즘의 지적 전통 안에 위치시킴으로써 논의를 진일보시켰다; 유사한 연구로 다음 참조. Marinus de Jonge, "Jesus' Death for Others and the Maccabean Martyrs," in *Text and Testimony: Festschrift for A. F. J. Klijn*, ed. T. Baarda, et al. (Kampen: Kok, 1988), 142-51.

그는 두려움으로 폭군의 요구에 굴복할지 모를 자신의 육체적 연약함을 바로 이러한 결심을 통해 극복했기 때문이다. 그는 안티오쿠스와 그가 가하는 고문의 위협을 이렇게 비웃는다.

> 나는 네가 나의 눈을 파내고 나의 내장을 불태운다 할지라도, 내 조상의 엄숙한 맹세를 어기는 일 없이 율법을 끝까지 지킬 것이다. 나는 종교 문제에서 나의 이성이 그 젊은 패기를 상실할 만큼 그렇게 늙지도 않았고 남자다움을 잃지도 않았다. 그러니 고문하는 사람의 바퀴를 돌리고, 불을 지펴 활활 타오르게 하라. 나는 우리 조상의 율법이 유린당하는 것에 책임을 져야 할 어른이 된 만큼, 그렇게 후회스러울 것도 없다. 나는 나의 선생 율법을 거짓으로 대하지 않을 것이다. 나는 나에 대한 통제력을 잃는 일이 결코 없을 것이다. 나는 나의 냉철한 이성에 부끄러운 일을 하지 않을 것이고, 존경하는 제사장과 율법 지식을 부정하지 않을 것이다. (제4 마카비서 5:29-36)

이렇게 하여 저자가 그의 말에 심취해 있을 청중들을 위해 생생하게 묘사한 시련은 시작되었다. 엘르아살은 고문하는 사람들에 의해 옷이 벗겨지고, 채찍질 당하고, 능욕을 당한다. 그의 친구들이 빠져나갈 길을 제시하려고 시도한다. 그들은 "그저 돼지의 살점을 맛보는 척만 하라"고 조언한다. 그러나 엘르아살은 거절한다. 그가 맞을 죽음은 개인적인 자신만의 것이 아니었다. 이것은 공적인, 말하자면 다른 사람들을 위한 하나의 증거였다. 그는 "부정한 음식을 먹는 본보기가 되어 젊은이들에게 불경한 사람의 모델"이 되고 싶지 않았다. 이러한 의미에서 그의 죽음은 "다른 사람을 위해," 다른 사람을 대신하여 죽

은 죽음이었다: 이것은 다른 사람들에게 본받을 만한 모범을 보여준 것이었다. "그러므로, 오 아브라함의 자손들아, 너희들은 신앙을 지키기 위해 고귀한 죽음을 맞을 수 있어야 한다"(제4 마카비 6:22).

그러자 고문은 계속된다: 엘르아살에게 낙인이 찍혀진다. 악취가 나는 구정물을 그의 코에 부어넣는다. 그리고는 그를 불 속으로 던진다. 마침내 그의 숨이 끊어지기 직전, 그는 눈을 들어 하나님을 향해 이렇게 기도한다: "오 하나님, 아시지요. 저는 목숨을 구걸할 수도 있었지만, 지금 저는 율법을 지키기 위해 화형의 고통 속에 죽어가고 있습니다. 당신의 백성에게 자비를 베푸셔서, 우리들이 처형당하는 것이 그들을 위한 속죄가 되게 해 주십시오. 나의 피가 그들을 정화할 수 있게 해 주시고, 나의 삶을 그들을 위한 보속으로 삼아 주십시오"(제4 마카비 6:27-29). 이렇게 하여 엘르아살의 죽음은 또 다른 방식으로 다른 사람을 대신한 것이 되었다: 그의 죽음은 이 땅을 정화하기 위한 희생제물이 된 것이다.[13]

죽기까지 순종하는

고귀한 죽음이라는 개념은 헬레니즘 문화와, 그리스도교 초창기에 발생한 헬라주의적 유대교에서 일반적인 것이었다. 이것은 특히 마카비 가문의 순교자들에게 성지의 고향과도 같았던 안디옥에서 강하게 각인되었던 것으로 보인다. 안디옥은 바울이 예수의 추종자가

---

[13] 고귀한 죽음이 "희생제물"이 될 수 있고 속죄제물이 될 수 있다는 생각은 예수의 죽음을 희생제물로 이해했던 초기 그리스도교의 개념에서, 그리고 윌리엄스의 연구 *Jesus' Death as Saving Event*의 주제에서 중요하다. 이 중요한 주제는 다음 장에서 다룰 것이다.

된 후 초반에 상당 기간을 보냈던 곳이기도 했다. 그곳은 또한 마가복음과 요한복음을 쓴 것으로 알려진 복음서 저자들의 고향이기도 했던 것 같다. 따라서 초기 그리스도교 문헌에서 순교자 전통 및 '고귀한 죽음' 전통과 연관하여 수많은 개념들이 발견되는 것은 전혀 놀랄 일이 아니다.[14] 예수는 그리스도인들이 폭군으로 여긴 제국에 의해 고문을 받아 죽었다. 이것이 '고귀한 죽음'이라는 전통에 정당성을 부여했다. 특히 안디옥 중심의 그리스도교 공동체에서 나타난 문헌들과 전통들 속에서 예수의 죽음이 어떻게 이해되었는지 살펴보면, '고귀한 죽음'이라는 전통이 얼마나 깊이 영향을 미쳤는지 금방 알 수 있다.

바울부터 살펴보자. 그는 십자가에 처형된 메시아 예수를 보다 넓은 헬레니즘 세계에 알리는 과정에서, 예수의 다른 어떤 초기 추종자들보다 가장 적극적이고 창의적인 해석 작업을 한 것으로 인정받고 있다. 그러나 바울이 예수운동 초기부터 그의 독자적인 설교를 발전시키기 시작한 것은 아니었다. 그는 상대적으로 뒤늦게, 즉 많은 전승들이 이미 형성되고 난 후, 예수운동에 뛰어들었다. 그러한 전통들 가운데 일부는 아마도 안디옥에서 처음 접했을 것이다.

우리가 갖고 있는 가장 초기의 그리스도교 전승 가운데 하나는 바울이 빌립보 교회에 보낸 그의 편지에 인용한 그리스도 찬가이다. 이것은 혼합적 성격의 찬가인데, 여기에는 히브리 예언자들의 생각, 로마제국의 제의적 언어, 그리고 많은 고대 근동 종교들에 알려진 바이 세상에 왔다가 승천한 구원자들에 관한 신화적 양식 등이 포함되

---

14) 마카비 전통과 초기 그리스도교 전통의 본거지로서의 안디옥, 그리고 초기 그리스도교에서 이러한 개념들이 나타난 것에 대한 설명에서 이러한 지리적 일치가 갖는 중요성에 대해서는 다음을 참조하라: Williams, *Jesus' Death as Saving Event*, 233-54.

었다.15) 그러나 이 찬가의 바로 그 중심에는 순교자 전통의 중심 주제, 즉 순종이라는 주제가 담긴 한 구절이 있다.

> 그는 하나님의 모습을 지니셨으나,
> > 하나님과 동등함을 당연하게 생각하지 않으시고,
> 오히려 자기를 비워서 종의 모습을 취하시고,
> > 사람과 같이 되셨습니다.
> 그는 사람의 모양으로 나타나서서 자기를 낮추시고,
> > 죽기까지 순종하셨으니, 곧 십자가에 죽기까지 하셨습니다.
> 그러므로 하나님께서는 그를 지극히 높이시고,
> > 모든 이름 위에 뛰어난 이름을 그에게 주셨습니다.
> 그리하여 하늘과 땅 위와 땅 아래 있는 모든 것들이
> > 예수의 이름 앞에 무릎을 꿇고,
> 모두가 예수 그리스도는 주님이시라고 고백하여,
> > 하나님 아버지께 영광을 돌리게 하셨습니다.(빌립보 2:6-11)

바울은 이 전통적인 찬가를 로마의 감옥에서, 어쩌면 에베소에서, 구술하여 편지 속에 넣도록 했다. 그리고 그는 또다시 난관에 처하게 된다. 당시에 그는 자신이 살 수 있을지 죽게 될지 알지 못했다. 이때 그는 빌립보 교인들로부터 그가 세운 교회 또한 난관에 봉착했다는 말을 듣게 된다. 그들은 바울에게 전언을 넣어 묻는다: 당신은 감옥에 갇혀있고 우리는 여기 빌립보에서 고통을 받고 있다는 사실이 대

---

15) 실리의 다음 책에 나오는 분석은 유용하다. 참조. David Seeley, "The Background of the Philippians Hymn (2:6-11)," *Journal of Higher Criticism* 1 (1994), 49-72.

체 무엇을 의미하는 것입니까? 아마도 일부 사람들이 바울의 신뢰성에 문제를 제기했던 것 같다. 참된 사도라면 어떻게 그토록 큰 고난을 받을 수 있는 것인가(참조 1:15-18)? 그러나 바울은 지금 자신이 당하는 고난이 자신을 반대할 이유가 된다고는 보지 않았다. 오히려 이러한 고난은 그의 핵심 주제, 즉 "그리스도 안에" 사는 새로운 삶의 방식에 대해 증거할 수 있는 기회였다. 그래서 바울은 우리들에게 친숙한 다음과 같은 말로 빌립보 교인들에게 전한다: "나는 여러분의 기도와 예수 그리스도의 영의 도우심으로 내가 풀려나리라는 것을 압니다. 나의 간절한 기대와 희망은, 내가 아무 일에도 부끄러움을 당하지 않고 온전히 담대해져서, 살든지 죽든지, 전과 같이 지금도, 내 몸에서 그리스도께서 존귀함을 받으시리라는 것입니다. 나에게는, 사는 것이 그리스도이시니, 죽는 것도 유익합니다"(1:19-21). 바울은 고귀하게 죽음을 맞을 준비가 되어 있었다. "나는 부끄러움을 당하지 않고… 내 몸에서 그리스도께서 존귀함을 받으실 것입니다" 하고 그는 당당하게 소신을 밝힌다. 그리고는 빌립보 교인들에게도 "굳게 서서" 두려워하지 말라고 격려한다. "그리스도를 위하여 고난을 받는" 것은 그들의 특권이다(1:27-30). 바울은 빌립보 교인들에게 이미 친숙해 있을 이 찬가를 그리스도라는 대의를 위해 꿋꿋하게 견디라는 권면 속에 포함시켰다. 그리스도는 죽는 그 순간까지 순종하면서 고귀하게 죽었다. 이것은 바울의 목표이기도 했다. 예수가 하나님의 새로운 제국이라는 대의를 위해 그의 삶을 희생시켰던 것처럼, 지금은 바울 또한 그러한 새로운 실재와 희망에 충직한 사람들을 위해 그 자신의 삶을 내어놓을 것이다. 그는 "여러분의 믿음의 제사와 예배에 나의 피를 부을" 준비가 되어있다고 말한다(2:17).

    이것이 순교자 전통이 기능하는 방식이다. 순교자의 죽음은 다른 사람에게 본보기가 될 때 다른 사람을 대신한 것이 된다.16) 그 죽음의 유익은 본받음을 통해 경험된다. 예수의 죽음은 이러한 전통 속에서 순종의 예표가 되었다. 그는 더 이상 단순한 희생자가 아니었다. 그는 대의를 위해 기꺼이 고귀하게 죽었다. 죽음, "그것도 십자가 위에서 죽기까지" 순종했던 그의 순종은, 자신들 또한 감옥에 갇히고, 고문받고, 하나님의 새로운 제국이라는 대의를 위해 처형되기까지 했던 그의 추종자들에게 본보기가 되었다. 바울은 이러한 증거를 마음에 깊이 새겼다. 바울은 이제 자신을 죽음의 위협 속에서도 대의에 순종하는 하나의 희생제물로 바치고자 한다. 바울은 빌립보 교인들도 자신과 똑같이 고통받고 죽음의 위협에 당면하리라는 것을 예상하고 있었다. 예수의 죽음은 그리스도인들의 삶의 길(the Christian way of living)이 되었다. 이러한 삶의 길은 항상 죽음의 위협을 동반한다. 바울은 고린도에 있는 또 다른 교회에 편지를 쓰면서, 권력 당국자들과 끊임없이 갈등하고 충돌했던 경험을 이렇게 증언한다: "우리는 사방으로 죄어들어도 움츠러들지 않으며, 답답한 일을 당해도 낙심하지 않으며, 박해를 당해도 버림받지 않으며, 거꾸러뜨림을 당해도 망하지 않습니다. 우리는 언제나 예수의 죽임 당하심을 우리 몸에 짊어지고 다닙니다. 그것은 예수의 생명도 또한 우리 몸에 나타나게 하기 위함입니다. 우리는 살아 있으나, 예수로 말미암아 늘 몸을 죽음에 내어 맡깁니다. 그것은 예수의 생명도 또한 우리의 죽을 육신에 나타나게 하기 위함입니다"(고후 4:8-11).

자신의 원칙을 지키기 위해 당당하게 맞섰던 전통들, 즉 스토아 전통뿐 아니라,17) 유대 순교자 전통, 특히 제2, 제4 마카비서에 두드

---

16) 이것은 실리의 통찰이다. 참조. *Noble Death*, 92-94, 기타 여러 곳.
17) 스토아 전통의 유사 사례는 다음 참조. Victor Paul Furnish, *II Corinthians*,

러지게 나타나는 주제들은 바로 이것이다: 자신의 육체에 미칠 결과에 연연해하지 않는 자유, 그리고 치명적인 위협에도 불구하고 자신의 양심에 따라 행동하는 자유. 확실히 바울의 입장은 독특하다: 바울은 자신의 시련을 헤쳐나가기 위해 이성의 힘에 의존하기보다는, 질그릇 같은 자신의 몸을 통해 일하시는 하나님의 초월적인 능력에 의존한다. 그럼에도 불구하고 이러한 담론의 순교자적 지향점은 분명하다.

죽었다고 생각하라

바울은 그의 설교와 편지에서 초기 예수운동의 전통들을 따르기는 했지만, 그는 동시에 혁신적이면서도 창의적인 실천신학자였다. 예수의 죽음이 그에게나 우리에게나 다른 사람을 대신한 죽음이었다는 생각은 바울에게 흥미를 불러일으켰다. 그가 이런 순교자적 개념에 관심을 갖게 되었을 때, 그는 이미 예수가 자신의 삶에 영적 힘을 불어넣었던 자신만의 경험을 갖고 있었다. 부활의 주님이신 예수의 영은 바울을 사로잡고 있었기 때문에, 그는 아주 진지하게 이렇게 말할 수 있었다: "이제 살고 있는 것은 내가 아닙니다. 그리스도께서 내 안에서 살고 계십니다"(갈 2:20b). 마침내 그는 초기 예수운동의 전례(liturgy)를 이어받아, 특히 예수에게 헌신하고자 했던 사람들에게 세례를 베풀게 되었다. 바울이 마지막에 쓴 것으로 알려진 로마서에서, 이 모든 것들은 예수의 죽음이 갖는 의미를 가장 잘 표현한 요약문 속에 하나로 모아졌다: 로마서 6:1-11.

로마서의 이 부분에서 바울의 마음을 사로잡은 주제는 죄의 문제

AB 32A (Garden City, N.Y.: Doubleday, 1984), 281.

이다. 바울의 그리스도교 이해에서, 유대교의 율법은 예수의 추종자들을 속박할 수 없다는 것을 상기해보라. 이것은 율법을 의(righteousness)와 죄를 구분할 수 있는 규범처럼 이해했던 사람들에게 문제를 제기했다. 그러면 율법 없이 살려고 했던 바울은, 사람들이 삶 속에서 죄지을 가능성을 인정하지 않으려 했던 것인가? 이에 대해 바울은 "은혜를 더하게 하려고, 여전히 죄 가운데 머물러 있어야 하겠습니까?" 하고 오히려 수사학적으로 되물으면서(6:1), 그를 비판하는 사람들이 생각하고 있을 물음을 먼저 제기한다. 이에 대한 그의 대답은 단호하다. "그럴 수 없습니다. 우리는 죄에는 죽은 사람인데, 어떻게 죄 가운데서 그대로 살 수 있겠습니까? 세례를 받아 그리스도 예수와 하나가 된 우리는 모두 세례를 받을 때에 그와 함께 죽었다는 것을 여러분은 알지 못합니까? 그러므로 우리는 세례를 통하여 그의 죽으심과 연합함으로써 그와 함께 묻혔던 것입니다. 그것은, 그리스도께서 아버지의 영광으로 말미암아 죽은 사람들 가운데서 살아나신 것과 같이, 우리도 또한 새 생명 안에서 살아가기 위함입니다"(6:2-4).

바울에게는 세례가 그리스도의 죽음 속으로 들어가는 관문이다. 바울은 이 말을 무슨 뜻으로 사용했으며, 이러한 생각을 갖고 죄의 문제를 어떻게 다루었을까? 바울이 의미하는 바를 이해하려면, 바울에게 죄는 단순히 나쁜 행동을 가리키는 것이 아니라는 것을 알아야만 한다. 죄는 우주적인 세력, 다시 말해 우주에 만연해 있는 것으로서, 우리 연약한 인간들이 속박될 수밖에 없는 힘이다. 바울에게 죄는 인간에게 힘을 행사하는 악한 세력으로, 그 힘이 점점 커진다. 이런 생각은 현대인에게 낯설게 들리겠지만, 고대세계에서는 일반적인 사고방식이었다. 고대인에게 우주는 이러한 적대적 세력들로 가득 차 있으며, 죽을 수밖에 없는 연약한 인간들은 이에 대항할 힘이 없었다. 악한 세력으로서의 죄는, 바울의 고대 인간학에서는, 모든 욕망이 자리 잡는 육체―바울의 말로는 "죄의 몸(sinful body)"―를 통해 인간을 지배한다. 만약 그렇다면, 인간이 죄의 권세로부터 피할 수 있는 길은 결국 육체의 몸이 사라지는 죽음뿐이다. 바울은 이러한 생각이 지배하는 세상에서, 예수의 죽음을 다른 사람을 대신하여 죽은 사건으로 이해하는 새로운 길에 들어선 것이다. 만약 예수의 죽음이 동시에 그를 따르는 사람의 죽음이 된다면, 궁극적인 자유에로 가는 열쇠는 바로 그의 죽음 속에 있는 것이다: 죄의 세력으로부터의 자유.

> 우리의 옛사람이 그리스도와 함께 십자가에 달려 죽은 것은, 죄의 몸을 멸하여서, 우리가 다시는 죄의 노예가 되지 않게 하려는 것임을 우리는 압니다. 죽은 사람은 이미 죄의 세력에서 해방되었습니다. 우리가 그리스도와 함께 죽었으면, 그와 함께 우리도 또한 살아날 것임을 믿습니다. 우리가 알기로, 그리스도께서는 죽은 사람들 가운데서 살아나셔서, 다시는 죽지 않으시며, 다시는 죽음이 그를 지배하지 못합니다. 그리스도께서 죽으신 죽음은 죄에 대해서 단번에 죽으신 것이요, 그분이 사시는 삶은 하나님을 위하여 사시는 것입니다. 이와 같이 여러분도, 죄에 대해서는 죽은 사람이요, 하나님을 위해서는 그리스도 예수 안에서 살고 있는 사람이라는 것을 알아야 합니다. (6:6-11)

그러나 이것이 어떻게 가능할 수 있을까? 예수의 죽음 속에서 예수와 연합하는 것이 실제로 어떻게 가능할까? 바울은, 이것이 바로 세례의 제의적 의미라고 단언한다. 그는 주로 문학 형식에서 표현된 개념―다른 사람을 대신한 순교자의 죽음―을 채택해서, 그것에 제의적 힘을 부여한다. 그가 이렇게 할 수 있었던 것은, 예수는 그에게 순교자 이상의 존재가 되었기 때문이다. 예수는 타고난 신적인 존재, 신의 현현(顯現, epiphany), 영적인 힘이다. 예배와 제의는 예수와 더불어 "작용"한다: 사람들은 영적으로, 그리고 제의적으로 예수 그리스도와 연합할 수 있었다. 바울이 세례라는 제의를 채택하여 이러한 의미를 담으려 했던 것은 충분히 이해할 만하다. 한편 고대에는 죽음과 물이 여러 면에서 상징적으로, 그리고 신화적으로 연관되어 있었다. 유대인들 또한 오랫동안 제의적인 씻는 행위를 죄와 제의적 불결을 정화시키는 것과 관련시켜왔다. 이 모든 것이 세례의 의미에 대해 바울이 시적으로 다시 정리한 그 요약 속에 모아진 것이다.

여기에서 바울의 해석 작업과 관련하여 가장 인상적인 것은, 제의가 실제로 신앙인의 삶 속에서 어떻게 작용하고 있는지를 이해한 바울의 그 깊이이다. 어떤 제의가 아무리 힘이 있고 시적으로 호소력이 있는 것이라 하더라도, 그것이 마술은 아니다. 물론 제의는 삶을 변화시키는 실질적인 경험—이 경우에는 자유를 만끽하는 순간—을 만들어낼 수 있다. 그러나 그 제의가 끝나서 제사장들이 제의복을 벗고 제의를 위한 불을 끄고 나면, 삶이 요구하는 엄연한 현실이 문밖에서 기다린다. 바울은 이 모든 것을 잘 이해하고 있었다. 그래서 그는 세례 행위 속에서 예수와 함께 죽은 사람은 동시에 그와 함께 다시 산다고 말하지 않는다. 최종적이고 영원한 자유는 아직 미래에 있다.[18] 바울은 오히려 조심스럽게 이렇게 말한다. "그리스도께서 살아나신 것과 같이… 우리도 또한 새 생명 안에서 살아가기 위함입니다"(6:4).

---

18) "사도의 종말론이 요구하는 주의사항"을 주목하라. Ernst Käsemann, *Commentary on Romans*, trans. and ed. Geoffrey W. Bromiley (Grand Rapids: Eerdmans, 1980), 166.

삶의 현실은 아직 거기에 있어, 앞으로 나아갈 준비를 하고 있다. 세례가 이러한 현실을 변화시킨 것은 아직 아니다. 우리는 아직 죽지 않았다! 그래서 그는 이렇게 주장한다. "여러분도 죄에 대해서는 죽은 사람이라고 간주해야 하며, 하나님을 위해서는 예수 그리스도 안에서 살고 있는 사람이라는 것을 알아야 합니다"(6:11). 자유의 미래는 아직 구축된 것이 아니다. "그러므로 여러분은 죄가 여러분의 죽을 몸을 지배하지 못하게 해서, 여러분이 몸의 정욕에 굴복하는 일이 없도록 하십시오.… 오히려 여러분은 죽은 사람들 가운데서 살아난 사람답게, 여러분을 하나님께 바치십시오"(6:12-13).[19] 우리가 몸을 입고 있는 한, 우리는 여전히 순교자의 도전, 즉 순종 앞에 서 있다. 예수의 죽음은, 다른 사람들이 예수의 삶과 죽음을 그들 자신의 것으로 받아들이는 한에 있어서만, 다른 사람들을 위해 다른 사람들을 대신하여 죽은 죽음이 된다.

죽는 순간까지 초지일관하는 사람

고귀한 죽음(Noble Death) 전통에서 끌어온 이 생각, 즉 순교자의 죽음은 다른 사람을 위해 대신 죽는 효과를 가져올 수 있다는 생각은 강력한 것이었다. 바울이 이 함의를 제의 속에서 풀어내고 있었을 때, 다른 사람들은 순교자에 대한 문학적 전통을 이어가면서, 예수의 이야기를 삶과 죽음을 통해 본받도록 초청하는 방식으로 전개하고

---

19) 바울이 여기에서 직설법과 명령법 사이의 균형을 맞추었다는 것은 지속되는 인간 상황과 관련하여 그가 현실주의적 입장을 취하고 있음을 뒷받침한다. Günther Bornkamm, "Baptism and New Life in Paul (Romans 6)," in *Early Christian Experience*, trans. Paul L. Hammer (New York: Harper & Row, 1969), 71-86.

있었다. 마가복음이 바로 이러한 문학적 노력의 한 결과였다.[20]

예수가 순교자라는 생각은 첫 번째 복음서인 마가복음 저자에게 명백한 타당성을 갖고 있었다. 마가복음은 로마로부터의 독립을 위한 유대전쟁 기간(기원후 66-70) 중에, 혹은 바로 그 직후에 기록되었다. 마가복음 저자(이하 마가)는 예수를 메시아로 믿고 있던 유대인으로서, 아마도 로마에서는 위안을 찾지 못했을 것이다. 하지만 예수에 대한 그의 믿음은 대부분의 유대인들과도 불화하게 만들었던 것 같다. 왜냐하면 (전쟁 때 예루살렘 성전이 파괴되어 더 이상 희생제사, 특히 유월절 제사와 속죄일 제사를 드릴 수 없게 되어, 어떻게 하나님을 예배하며 또한 죄를 용서받을 수 있을까 하는 매우 심각한 신학적인 위기 상황에서—옮긴이) 유대 전통에 대한 연대의식과 충성심이 한껏 요구되던 당시에 예수는 이단에 해당했기 때문이다. 마가는 전쟁으로 인해 분열된 세상에서 양측 사이에 끼어 있었던 것이다. 그는 이러한 불안정한 상황 속에 있던 한 공동체에 속해 있었다. 그와 그의 공동체는 무엇이 참 길인지 물어야만 하는 순간에 봉착하게 되었다. 우리가 가고 있는 이 길은 옳은 길인가, 아니면 잘못된 길인가? 예수를 따른다는 것은 우리가 지금 직면해 있는 이 위험을 감수해야 할 만큼 가치 있는 일인가? 당시에 충직성과 충성심은 마가복음 전반에 흐르는 쟁점이었다.

우리는 이미 수난설화가 하나님의 의인으로 박해받다가 죽었던 예수의 죽음 문제를 어떻게 다루고 있는지 살펴보았다. 마가는 이러한 초기 자료를 알고 있었다. 그러나 그는 그의 수난설화에서 예수가 불의한 죽음을 맞았다는 설명 이상의 것을 원했다. 그는 그의 청중을

---

[20] 마가복음의 이러한 순교자적인 측면들은 다음 책에서 특히 강조되고 있다. Mack, *Myth of Innocence*, 특히 320-21, 340-49.

끌어들여, 그들의 운명을 예수의 운명과 연결시킬 수 있는 그런 수난설화를 만들기 원했다. 그래서 마가는 수난설화를 채택하되, 그것을 활용하여 자기 자신의 예수 이야기를 써내려갔다. 그는 자신의 예수 이야기 속에서, 그가 집필하면서 염두에 두고 있던 사람들의 삶에 대해 그 순교자가 묻는 질문에 초점을 맞추어 정교하게 대본을 만들고, 그 속에 수난설화를 끼워 넣었다. 순교자가 항상 묻는 질문은 "당신은 역경 한가운데서도 충직성을 잃지 않을 수 있는가?" 하는 것이다.

마가의 작업방식은, 노만 페린이 여러 해 전에 우리에게 관심을 촉구했던, 설화 양식(a narrative pattern)을 만드는 것이었다.[21] 페린은 마가복음에서 세례 요한과 예수의 운명은 근본적으로 동일했다고 하는 점에 주목했다. 마가는 세례 요한을 "선포(설교)하는" 사람으로 소개하고 있는데, 그러한 그가 적들에게 "넘겨진다(*paradidonai*)"(1:14). 그 후 예수도 세례 요한과 마찬가지로 "선포(설교)하는" 것으로 그의 사역을 시작한다(1:14). 예수의 운명은 어떻게 되었는가? 예수 역시도 "넘겨져야"만 한다(*paradidonai*, 9:31; 10:33). 마가는 수난설화 작업을 하면서, 그는 예수가 예루살렘에서 배신당하고 죽임을 당할 것이라고 예고하는 연속적인 장면들을 만들어 넣는다. 그런데 제자들은 예수가 하는 말을 이해하지 못하거나 아니면 받아들이지 못한다. 베드로는 예수에게 항의하기까지 한다(8:32). 제자들은 예수가 한 말의 의미를 이해할 수가 없다(9:32). 야고보와 요한은 장차 올 영광에 대해서만 말할 뿐이다(10:37). 결국 예수가 그들에게 묻는다: "내가 마시는 잔을 너희가 마실 수 있고, 내가 받는 세례를 너희가 받을 수 있느냐?"

---

[21] Norman Perrin, *The New Testament: An Introduction* (New York: Harcourt, Brace, Jovanovich, 1974), 144-45; "The Evangelist as Author," in *Parable and Gospel*, ed. K. C. Hanson, FCBS (Minneapolis: Fortress Press, 2003), 58.

(10:38). 명백히 순교를 암시하는 말이다. 그들은 "할 수 있습니다"라고 대답한다. 그러나 정말 할 수 있을까?

이처럼 무대를 설정한 마가는 본격적으로 수난설화로 진입한다. 예수는 당국자들을 자극하고(11:15-17), 그들은 예수를 죽일 모의를 시작한다(11:18). 예수가 예고했던 일들이 현실화되기 시작한다. 마가는 고조되고 있는 긴장을 한층 더 끌어올린다. 예수는 자신의 권한을 묻는 사람들에게 맞서 변호한다(11:27-33). 비유를 들어 예루살렘에 대해 예언을 한다(12:1-12). 세금을 바쳐야 하느냐 하는 질문에 도발적인 대답을 한다(12:13-17). 서기관들을 꾸짖는다(12:38-40). 뭔가 불길한 일이 예수에게 일어날 것이라는 점을 사람들은 감지할 수 있을 것이다. 그러나 예수는 점점 더 위험해지는 상황에서 흔들리지 않고, 자신의 대의를 굳게 지키며, 문제의 한가운데로 더 깊이 들어간다.

이어서 마가는 그의 전체 설화에서, 적어도 그의 청중에게는, 절정이라 할 수 있는 대목, 즉 묵시종말론(the apocalypse)으로 나아간다. 여기에서 예수는 미래에—대략 한 세대 후—일어날 일에 대해 예언한다(13:30). 그때는 언제인가? "황폐하게 하는 가증스러운 물건이 서지 못할 곳에 선 것을 보거든, (읽는 사람은 깨달아라) 그 때에는 유대에 있는 사람들은 산으로 도망하여라"(13:14). 여기에서 마가는 그의 청중과 이심전심의 교감을 갖고, 예루살렘 성전의 임박한 파멸에 대해 언급한다. 그는 지금 청중들 주변에서 실제로 일어나고 있는 그 현실적인 전쟁을 말하는 것이다. 언제 이 모든 일이 일어날까? '지금!'이라고 마가는 말한다. 지금 일어나고 있다! 이 이야기를 읽고 있는 사람들에게 이것은 무엇을 의미하는 것일까? 예수는 과거에 근거를 두고 미래에 대해 말하면서, 지금 그들 앞에 전개되고 있는 것을 말한다.

너희는 스스로 조심하여라. 사람들이 너희를 법정에 넘겨줄 (paradidonai) 것이며, 너희가 회당에서 매를 맞을 것이다. 또 너희는 나 때문에 총독들과 임금들 앞에 서게 되고, 그들에게 증언할 것이다. 먼저 복음이 모든 민족에게 전파되어야 한다. 사람들이 너희를 끌고 가서 넘겨줄(paradidonai) 때에, 너희는 무슨 말을 할까 하고 미리 걱정하지 말아라. 무엇이든지 그 시각에 말할 것을 너희에게 지시하여 주시는 대로 말하여라. 말하는 이는 너희가 아니라 성령이시다. 형제가 형제를 죽음에 넘겨주고, 아버지가 자식을 또한 그렇게 하고, 자식이 부모를 거슬러 일어나서 부모를 죽일 것이다. 너희는 내 이름 때문에 모든 사람에게서 미움을 받을 것이다. 그러나 끝까지 견디는 사람은 구원을 받을 것이다. (13:9-13)

분명한 것은 이것이다: 요한은 선포했고 넘겨졌다. 예수도 선포했고 넘겨졌다. 이제 마가의 독자들은 자신의 운명을 돌아볼 차례다. 그들은 선포하도록 부름을 받을 것이고, 그들 또한 넘겨지게 될 것이다.[22] 이들은 이러한 두려운 전망을 어떻게 마주할 것인가? 마가는 바로 이 지점에서 그 순교자의 이야기가 원래 의도한 대로 작동되기를 기대한다. 처형된 의인 예수는 그들의 본보기가 될 것이다. 제자들은 도망할 것이다(14:50). 그러나 예수는 끝까지 충직성을 지킬 것

---

22) *paradidonai*라는 용어의 사용은 제2 이사야서의 종의 노래에 나오는 용법을 반영하는 듯 보인다. 참조. Joel Marcus, *The Way of the Lord: Christological Exegesis of the Old Testament in the Gospel of Mark* (Louisville: Westminster John Knox, 1992), 188-89. 종의 노래가 이사야서에 대한 유대인들의 주석에서 집단적인 의미를 가질 수 있었다는 것은 (Marcus, *Way of the Lord*, 190-93), 마가에게 요한, 예수, 그리고 이들을 따르는 사람들을 이사야서의 고난받는 의로운 종과 동일시해도 좋은 시적인 자격을 부여하는지도 모르겠다.

이다. 마가는 죽는 그 순간까지 자신의 대의를 지켜냈던 예수의 한결같은 충직성을 그의 독자들이 본받아야 한다고 주장한다. 이것을 해낼 수 있는 사람에게는 보상이 주어질 것이다: "그러나 끝까지 견디는 사람은 구원을 받을 것이다"(13:13b).

이 마지막 권고는 소크라테스의 죽음과 관련한 에피크테토스의 말들을 회상시켜준다: "도망가는 것이 아니라, 죽는 것이 그를 구원할 것이다." 마가는 그의 독자들이 도망가지 않도록 확신을 심어줄 수 있기를 기대한다. 죽음이 그들 앞에 놓이게 될지 모르나, 이것을 두려워해서는 안 된다. 죽음을 두려워해서는 안 된다는 이러한 생각이 '고귀한 죽음' 전통의 핵심이다. 세네카는 바로 이것이, 소크라테스가 도망갈 기회가 있었음에도 불구하고 죽음과 맞닥뜨리려고 했던 진짜 이유였다고 주장한다. 그는 루실리우스에게 보낸 편지에서 이렇게 기록하고 있다(『죽음을 경멸함에 대하여』): "감옥에 있던 소크라테스는 담화를 마치고, 어떤 사람들이 그에게 도망갈 기회를 제공했을 때 도망가기를 거절했다. 그가 그곳에 남았던 것은 사람들이 가장 견디기 힘든 두 가지 일, 즉 죽음과 감옥에 대한 두려움에서 해방되도록 하기 위함이었다"(*Ep.* 24:4 [LCL]).

이 주제는 실제로 마가와 그의 청중에게 시의적절하다. 그들은 두려움(fear)의 시대에 살고 있다. 마가복음 전반에 걸쳐 두려움은 예수를 믿었던 사람들을 사로잡고 있다. 마가에게 두려움은 믿음(faith)의 대극점에 있는 적에 해당한다. "두려워하지 말고 믿기만 하여라." 예수는 자신이 치유한 통치자의 딸이 이미 죽었다고 두려워하고 있는 사람들에게 그렇게 말한다(5:36). "왜들 무서워하느냐? 아직도 믿음이 없느냐?" 예수가 바다를 잠잠케 한 능력 있는 행동에 대해 두려움을 갖는 제자들에게 예수는 이렇게 묻는다(4:40).

마가복음의 이야기가 전개됨에 따라, 제자들의 두려움은 점점 더 커진다. 이러한 두려움은 마가가 제자들과 함께 하는 예수의 마지막 만찬 모습을 그리는 데서 정점에 이르는데, 이 장면은 확실히 소크라테스 전통을 상기시킨다. 만찬을 하는 동안, 예수는 그의 가장 가까운 친구들을 불러, 그와 더불어 하나의 빵을 나누어 먹고, 하나의 잔을 나누어 마신다. 여기에서 마가는, 최소한 사도 바울에까지 소급되는 그리스도인들의 제의 용어를 사용하는데, 이 제의를 통해 나누어진 빵은 예수의 몸과 동일시되며, 그 잔 속의 포도주는 예수의 피와 동일시된다.[23] 그리고 마가는 우리에게 다소 친숙한 이사야의 종의 노래에 나오는 대목을 원용하여 이 전통을 확대한다: 이 포도주는 "많은 사람들을 위해 흘리는" 예수의 피다(14:24).[24] 하나님의 고난받는 종의 임박한 죽음이 강조된다. 제자들은 하나의 잔에 담긴 포도주를 나누어 마시며, 하나의 계약, 즉 예수의 피로 봉인한 약속을 한다. 이제 이들은, 예수를 따르다가 설혹 죽게 된다 하더라도, 그와 함께 할 준비가 되어있다. 그러나 전적인 동참을 뜻하는 이러한 상징에 이들이 참여했다 하더라도, 그 다음 장면은 배신과 두려움의 주제로 점철되어 있다. 유다는 이미 예수를 넘겨줄(14:10-11; *paradidonai*) 계획을 세웠고, 예수는 이를 알고서 이 내용을 만찬 의식 중에 말하게 되고 (14:17-21), 제자들은 의심과 의혹으로 가득 차게 된다. 만찬이 끝날 무렵, 예수는 이 작은 계약 행위가 실은 모두 물거품이 될 것을 암시한 것으로 보인다. 그런 계약은 별 의미가 없다. 결국 그들은 끝까지 따르지는 못할 것을 예수는 예감했기 때문이다: "너희가 모두 걸려서 넘어질 것이다"(14:27).[25]

---

23) 고린도전서 11:23-25를 보라.
24) 이사야서 53:12.

그리고 그들은 실제로 그렇게 되었다. 겟세마네 동산에서 유다가 예수를 당국자들에게 넘겨주자, 다른 제자들은 겁에 질려 모두 도망간다(14:50). 수난설화 속에서는 베드로만 남아있지만, 그 남아있던 시간도 두려움 속에서 무너진다는 것이 실제로 무엇을 의미하는지를 보여줄 뿐이다. 그는 예수에게 이렇게 약속했다. "내가 선생님과 함께 죽는 한이 있을지라도, 절대로 선생님을 모른다고 하지 않겠습니다"(14:31). 그러나 예수는 베드로가 자신을 부인할 것이라고 하면서, 그것도 한 번이 아니라, 닭이 두 번 울기 전 세 번 그렇게 할 것이라고 예언한다(14:30). 그리고 이 예언은, 예수가 심문받던 대제사장 저택 밖에서 이를 몰래 지켜보고 있던 베드로가 대제사장 하녀와 이름을 알 수 없는 곁에 섰던 사람으로부터 예수의 제자가 아니냐는 이중적인 질문을 받고 겁에 질리게 되었을 때, 현실이 되었다(14:66-72). 사적인 공간에서 한 용감한 약속들은 거기까지였다. 한편, 예수는 홀로 고난받는 의인의 운명을 감당한다: 거짓 고발, 정죄, 그리고 구타와 침뱉기(14:53-65; 참조. 이사야 50:4-9).

두려움은, 예수를 따랐던 남자들과는 대조적으로, 아무도 도망가지 않았던 여성들에게도 찾아왔다. 그들은 남아서, 안식일이 지난 후 예수의 시신을 돌보려 무덤을 찾아간다(16:1-8). 무덤이 빈 것을 확인했지만, 그것 때문에 용기가 생기지는 않는다. 지키고 있던 천사가 그들에게 가서 제자들에게 지금 본 것을 말하라고 지시한다. 그러나 그들은 하지 못한다. 왜냐하면 그들은 할 수 없었기 때문이다. "그들은 아무에게도 아무 말도 못하였다. 그들은 무서웠기 때문이다"—

---

25) 마가복음에 나오는 마지막 만찬의 순교자적 측면들은 특히 다음 책에서 도움을 받았다. Dennis Smith, *From Symposium to Eucharist: The Banquet in the Early Christian World* (Minneapolis: Fortress Press, 2003), 247-53.

ephobounto gar(16:8). 마가는 이처럼 뭔가 마무리되지 않은 구절로 그의 이야기를 아주 느슨하게 종결짓는다. 그리고는 은연중 묻는다: "누가 이 이야기를 전할 용기가 있을까? 누가 이것을 증거할까? 누가 순교자가 될 것인가?"

죽음의 영광

생존, 공포, 그리고 충직성에 대한 이러한 관심들은 여러 면에서 요한복음 저자(이하 요한)의 관심이기도 했다. 제4 복음서 저자인 요한은 마가복음 이후 상당 기간이 지나 복음서를 썼지만, 그 역시도 그 자신과 그의 교회를 위협했던 위기에 당면하게 되었다. 당시는 유대인들과 그리스도인들이 서로 다른 길을 가고 있던 때였다. 예수를 따랐던 유대인들은 그들이 살고 있던 보다 큰 공동체의 안전과 이제 막 형성되고 있던 교회라는 매우 위험한 실험 사이에서 선택해야만 했다. 요한은 예수를 메시아로 믿는 믿음을 선언하면서, 과감히 그의 공동체에 소속했던 사람들은 죽음에 직면할지도 모른다고 단언하기조차 한다(16:2). 요한의 교회에 속해 있던 사람들이 느꼈을 압박감은 매우 컸을 것이다. 실제로 어떤 사람들은 그들의 신앙을 포기하기조차 했던 것 같다(16:1; 9:22).[26]

마가와 마찬가지로, 요한도 순교자적인 전통으로 돌아가, 그의 청

---

[26] 요한복음의 상황과 순교 문제에 관한 표준이 될 만한 연구로 다음을 참조하라. J. Louis Martyn, *History and Theology in the Fourth Gospel*, rev. ed. (Nashville: Abingdon, 1979); *The Gospel of John in Christian History: Essays for Interpreters*, Theological Inquiries (New York: Paulist, 1978), 90-121. 하지만 명심해야 할 것은, 이 시기 혹은 이보다 늦은 시기에 유대인들에 의한 그리스도인 대박해의 증거는 없다. 요한의 경험은 지역적인 경험이고, 우리가 이에 대해 알고 있는 것은 단지 그가 인지하고 제시한 것을 통해서일 뿐이다.

중들의 열심을 북돋우려고 시도한다.27) 요한은 예수의 죽음을 순교자의 죽음으로 제시하면서, 마가가 사용한 것과 동일한 기본 요소들을 채택한다. 그는 아마도 마가의 수난설화와 비슷한 것을 갖고 있었던 것 같은데, 이 또한 하나님의 고난받는 의인이라는 개념에 기초하고 있다. 그는 마가와 똑같이 안디옥 출신의 유대인으로, 마카비 가문의 순교자 전통을 알고 있었음에 틀림없다. 그는 또한 자신의 대의에 충실하면서 어떻게 죽는 것이 고귀하게 죽는 것인가 하는 것을 놓고 철학적 토론을 벌였던 보다 넓은 헬레니즘 세계에 속해 있었다.

그러나 예수에 대한 그 자신의 이야기를 독창적으로 만들려고 했던 요한은 단순히 마가를 모방하지는 않았다. 여기에는 여러 이유가 있을 것이다. 요한복음은 좀 복잡한 책이다. 하지만 한 가지 이유는 분명하다. 요한은 예수에 대해 다른 방식으로 생각했다. 마가와는 다른 그리스도론을 갖고 있었던 것이다. 마가복음에서 예수는 세례 요한에게 세례를 받을 때 하나님의 아들로 지명된 인간 존재, 사람의 아들(the Son of man)이다(마가 1:9-11). 그러나 요한복음에서 예수는 인간 존재가 아니다. 그는 "지상을 걸어 다니는 하나님의 아들(the Son of God), 혹은 하나님"이다.28) 그는 태초부터 하나님과 하나이신 하나님의 로고스(the Logos of God), 하나님 자신의 말씀이다. 예수 없이는 피조물 중 그 어느 것도 존재할 수가 없었다(요한 1:1-5). 바로 이러한 "위로부터의" 그리스도론(high Christology)은, 부분적으로 요한복음 안

---

27) 요한복음 안의 주제와 이슈의 복잡성은 그렇지 않으면 아주 분명했을 것들을 간혹 모호하게 만들고 있다. 요한복음의 순교자적 측면들은 거의 언급되지 않고 있으나, 이 문제를 예리하게 잘 다룬 다음 책은 주목할 만하다. Paul Minear, *John: The Martyr's Gospel* (New York: Pilgrim, 1984).
28) Wilhelm Bousset, *Kyrios Christos: A History of the Belief in Christ from the Beginnings of Christianity to Irenaeus*, trans. John E. Steely (Nashville: Abingdon, 1970) 217.

에서 예수가 어떻게 삶의 마지막 날들을 마주할 수 있었는지에 대해 설명해 줄 수 있을 것이다. 요한복음서의 마지막 장들을 보면, 겟세마네에서의 체포와 심문 장면까지, 최종적으로는 십자가에 처형되는 순간까지, 예수는 그 모든 것을 통제한다. 예를 들면, 겟세마네에서 유다는 예수를 체포하기 위해 로마 군인 전체 보병대(*speiran*, 약 600명)를 데려온다(18:3). 그러나 하나님의 아들이 하는 한마디 말—("내가 그 사람이다.*egō eimi*")—로 군인들은 땅에 고꾸라져 예수 앞에 무력화된다(18:6). 요한복음에서 '에고 에이미(*egō eimi*)'라는 이 말은 무심코 사용된 말이 아니다. 이 말은 육체를 입고 이 세상에 오신 하나님이 자기를 스스로 드러내는 신적 현현의 언어이다. 요한복음에서 예수는 로마의 정의에 희생된 평범한 사람이 아니다. 그는 체포되기는 했지만, 힘이 있었고 의도를 갖고 체포된 것이며, 거대한 계획에 따라 그 자신의 죽음을 지휘하고 있었던 것이다.

얼핏 보면, 이것은 다른 사람들에 대한 증거로서 예수의 죽음이 갖는 힘을 축소시키는 것처럼 보일지 모른다. 하나님의 로고스인 예수가 하는 일들은 평범한 사람이 할 수 있는 것이 아닌 초인적인 것들이었다. 요한은 이러한 결론을 감수한다. 그러나 순교자가 스스로의 선택으로 죽음을 받아들이고, 더 나아가 그 결과까지 스스로 통제하는 것은 선례가 없는 것이 아니다. 소크라테스는 자신을 아테네에서 빼내려는 친구들의 계획을 거절했다. 대신 그는 고귀하게, 자진해서, 죽는 순간까지 자기 통제 아래 죽음을 선택한다. 그리스도교 전통 자체에서도, 죽음을 선택하고, 죽음을 꿈꾸고, 죽음을 계획하는 것은 가장 높은 순교자적 열정의 표현이 되었다. 3세기 그리스도교의 순교자 관련 문헌 중에 한 유명한 장면이 나오는데,[29] 거기에 보면 겨우 십대를 넘긴 젊고 아름다운 소녀 페르페투아(Perpetua)가 거의 초인적이다 싶게 결의에 찬 모습으로 집행관을 마주한다. 그녀의 집행관은 젊은 검투사였는데, 그의 손은 너무 떨던 나머지 차마 그의 칼로 마지막 집행을 할 수 없었다. 그러자 페르페투아는 그에게 다가가, 그의 손을 잡고, 칼날을 자신의 목구멍에 넣게 하여, 모여 있던 군중들을 놀라게 했다.[30] 이것이 순교자의 열정이었다.

자신들은 포위당했다고 느끼고 있던 공동체가 예수는 위기 상황을 완전히 통제할 수 있는 분이라고 생각하는 것은 의심의 여지없이 중요한 일이었다. 그렇기는 하지만, 요한은 예수의 행위를 묘사하면서, 하나님의 우주적인 로고스 예수와 지극히 인간적인 삶 속에서 예수를 따를 수 있는 길을 찾고 있던 평범한 사람들 사이에 지나치게 큰 간격을 설정한다. 이 때문에 요한은, 수난설화 속의 예수가 위기 상황을 통제하고, 심지어는 죽음의 극적인 전개과정을 지휘하는 듯 보이고 있음에도 불구하고, 여전히 순교자적인 주제와 개념을 사용하여, 예수의 운명을 청중의 운명과 연결시키려고 노력한다. 한 예로, 요한이 수난설화의 중심 무대였던 예루살렘에서 예수의 마지막 날들에 일어난 일들을 어떻게 다루고 있는지 살펴보자. 예수와 제자들은 승리의 행진을 하며 예루살렘에 도착한다. 여기까지는 수난설화에 속한다. 그러나 그가 도착하자, 그에게는 이미 어두운 그림자가 드리워져 있다. 당국자들을 자극하기 위해 굳이 어떤 돌발행동이 필요하지도 않다. 그는 지금까지 내내 분노를 유발시킬 말들로 그들을 자극해 왔다. 죽음의 위협은 이미 그를 덮치고 있다(참조. 예를 들면, 5:18; 7:19,

---

29) *The Martyrdom of Saints Perpetua and Felicitas*, 번역본은 다음 참조. Herbert Musurillo, *The Acts of the Christian Martyrs* (Oxford: Oxford Univ. Press, 1972), 106-31.

30) *Perpetua and Felicitas* 21.

25, 32, 44; 8:59; 10:31; 11:45-53). 그래서 요한은 수난설화에서 다음 장면에 등장하는 성전 난동사건을 복음서의 시작에 해당하는 2장으로 옮겨, 마치 이 사건이 자극적인 행동의 첫 번째 사례인 양 사용한다 (2:13-22). 하지만 예수는 지금까지 내내 논쟁하고 문제를 일으켜왔다. 나중에는, 그의 기적들조차 예수를 죽이려고 음모를 꾸미기 시작한 당국자들을 자극한다. 그런데 역설적이게도, 곧 닥칠 예수의 죽음이 보통 사람들의 처형방식과 다를 것이라고 처음 암시를 준 이는 대제사장 가야바이다. 대제사장은 다른 사람을 위해 죽는 헬레니즘의 '고귀한 죽음' 전통을 상기시키는 말로써, 예수의 죽음을 다른 사람을 위해 대신 죽는 순교자의 죽음으로 묘사한다.[31] "한 사람이 백성을 위하여 죽어서 민족 전체가 망하지 않는 것이, 당신들에게 유익하다는 것을 생각하지 못하고 있소"(11:50).

이처럼 긴장을 유발시킨 결과, 예수는 마침내 마지막 예루살렘 방문에서 그를 기다리고 있던 죽음에 직면하게 되는데, 이때 했던 말들은 순교자 전통에서 우리에게 친숙한 개념들을 상기시킨다.

> 인자(the Son of man)가 영광을 받을 때가 왔다. 내가 진정으로 진정으로 너희에게 말한다. 밀알 하나가 땅에 떨어져서 죽지 않으면 한 알 그대로 있고, 죽으면 열매를 많이 맺는다. 자기의 목숨을 사랑하는 사람은 잃을 것이요, 이 세상에서 자기의 목숨을 미워하는 사람은 영생에 이르도록 그 목숨을 보존할 것이다. 나를 섬기려고 하는 사람은 누구든지 나를 따라오너라. 내가 있는 곳에는, 나를 섬기는 사람도 나와 함께 있을 것이다. 누구든지

---

31) Hengel, *Atonement*, 14-15.

나를 섬기면, 내 아버지께서 그를 높여주실 것이다. (12:23-26)

요한은 이 구절들을 통해 많은 것을 말하고 싶었다. 즉 죽음에서 삶은 변화된다는 것, 참된 삶을 얻으려면, 목숨을 포기할 수 있어야 하고, "이 세상에서 자기의 목숨을 미워"해야 한다는 것, 예수를 섬기려고 하는 사람은 그를 따르되, 죽음에 이르게 되더라도 끝까지 따라야 한다는 것 등이다. 이 모든 생각들은, 이미 살펴본 대로, 순교자 전통에서 발전된 것이다. 이 전체 생각들을 감싸고 있는 것은, 결국, 예수의 죽음은 두려워할 위기나 재앙이 아니라는 것이다. 예수의 죽음은 그가 영광 받을 순간이다. 그리고 죽는 순간까지 그를 따르는 사람들은 하나님께서 영광스럽게 높여주실 것이다.

이것은 우리가 바울이나 마가에서 보았던 것과는 다르다. 이들에게 예수의 죽음은 순교자적인 죽음으로 중요성을 갖고 있긴 했지만, 여전히 예수 이야기에 있어 최악의 순간으로 이해되고 있기 때문이다. 오히려 예수의 죽음은 위엄을 갖고 직면해야 할 위기이다. 요한복음에서 예수의 죽음은 예수 이야기의 절정으로, 예수가 영광스럽게 되는 순간이다. 그리고 예수만 혼자 영광스럽게 되는 것이 아니다. 이 죽음 속에서 하나님도 영광스럽게 된다: "지금 내 마음이 괴로우니, 무슨 말을 하여야 할까? '아버지, 이 시간을 벗어나게 하여 주십시오' 하고 말할까? 아니다. 나는 바로 이 일 때문에 이때에 왔다. 아버지, 아버지의 이름을 영광스럽게 드러내십시오. 그때에 하늘에서 소리가 들려 왔다. '내가 이미 영광되게 하였고, 앞으로도 영광되게 하겠다'"(12:27-28). 여기에서 요한은 역사 속에서 하나님 신앙을 지키며 순교했던 유대인들에 대한 기억을 불러일으킨다: "내가 이미 영광되게 하였고, 앞으로도 영광되게 하겠다." 순교자로 죽는 것은 하나님을 영광되게 하는 것이다. 우리는 이것을 마카비 문헌에서 발견할 수 있다(예, 제4 마카비서 1:12; 18:23). 이렇게 죽는 것은 자신을 명예롭게 하고 영광되게 하는 것이다—이 또한 순교자적인 주제이다(예, 제4 마카비서 7:9). 순교자의 죽음은 모든 면에서 영광스러운 것이다. 이것이 바로, 요한이 반복적으로 예수의 죽음을 영광스럽게 되는 것으로 언급하는 이유이다.

이러한 흐름을 타고, 요한은 수난설화로 눈길을 돌려, 계속해서 이어지는 마지막 만찬, 겟세마네, 그리고 끝으로 예수의 체포와 심문 이야기를 우리가 따라가 주기를 기대한다. 그러나 이 이야기로 들어가기 바로 직전, 요한은 잠시 멈춰 선다. 요한의 수난설화에서, 예수는 이제 제자들과의 마지막 사적인 대화를 위해 그들과 함께 물러난다. 그 멈춰 선 시간—13장에서 17장까지—은 길었고, 이 시간에 예수는 제자들이 서로를 어떻게 돌보아야 하는지, 자신에 대해서는 어떻게 이해하는 것이 올바른 것인지, 그리고 제자들이 살고 있는 세상은 어떠한 세상인지 가르친다. 이때 예수는 제자들에게 마지막 한 가지 계명을 준다: "이제 나는 너희에게 새 계명을 준다. 서로 사랑하여라. 내가 너희를 사랑한 것같이, 너희도 서로 사랑하여라. 너희가 서로 사랑하면, 모든 사람이 그것으로써 너희가 내 제자인 줄을 알게 될 것이다."(13:34-35). 그리고 잠시 뒤 다시 한 번 말한다. "내 계명은 이것이다. 내가 너희를 사랑한 것과 같이, 너희도 서로 사랑하여라. 사람이 자기 친구를 위하여 자기 목숨을 내놓는 것보다 더 큰 사랑은 없다. 내가 너희에게 명한 것을 너희가 행하면, 너희는 나의 친구이다"(15:12-14).

여기에 바로 순교자 전통의 기본 개념들이 있다. 순교자의 운명은 살아서나 죽음에서나 예수를 따르려는 사람들과 하나가 된다. 예수가 사랑했던 것처럼, 그들도 사랑해야 한다. 예수가 죽었던 것처럼, 그들도 서로를 위해 기꺼이 죽을 수 있어야 한다. 그의 죽음은 그들에게 하나의 증거이자, 본받아야 할 행동이다. 이러한 생각의 타당성은 예수의 담화가 계속되면서 분명해진다.

> 세상이 너희를 미워하거든, 세상이 너희보다 먼저 나를 미워하였다는 것을 알아라. 너희가 세상에 속하여 있다면, 세상이 너희를 자기 것으로 여겨 사랑할 것이다. 그러나 너희는 세상에 속하지 않았고 오히려 내가 너희를 세상에서 가려 뽑아냈으므로, 세상이 너희를 미워하는 것이다. 내가 너희에게 종이 그의 주인보다 높지 않다고 한 말을 기억하여라. 사람들이 나를 박해했으면 너희도 박해할 것이요, 또 그들이 내 말을 지켰으면 너희의 말도 지킬 것이다.… 내가 너희에게 이 말을 한 것은, 너희를 넘어지지 않게 하려는 것이다. 사람들이 너희를 회당에서 내쫓을 것이다. 그리고 너희를 죽이는 사람마다, 자기네가 하는 그러한 일이 하나님을 섬기는 일이라고 생각할 때가 올 것이다. (15:18-20; 16:1-2)

요한복음에서 예수의 고별담화는 요한의 전형적인 신학에 대한 긴 설명에 해당한다: 하나님의 로고스는 그가 본래 있던 곳으로 되돌아갈 것이다. 그러나 요한은 이 내용을 담고 있는 장들을 분명 순교자 전통에서 끌어온 것으로 보이는 개념들과 연결함으로써, 예수가 세상의 일과 무관한 초월적 존재로 표류하지 않도록 지켜준다. 로고스인 예수는 또한 선생이고 순교자이다. 예수의 삶과 죽음은 어떻게 살고 어떻게 죽을 것인가에 대한 하나의 증거로서 제시된다. 예수가 제자들과 함께 물러나 이런 것들을 제자들에게 가르치는 것을 보면,

소크라테스와 그의 동료들이 가졌던 마지막 모임을 생각하지 않을 수 없다. 또 예수가 다락방에서 내려와 위엄 있게 체포에 직면하고, 결의에 찬 말로 그를 체포하려는 사람들에 대응하고, 빌라도 자신에게까지 맞서는 것을 보면, 고문 도구를 가졌어도 자신을 무릎 꿇릴 수는 없다며 폭군에 맞섰던 엘르아살의 영웅적인 증거를 생각하지 않을 수 없다. 마지막 죽음 장면에서는, 마가복음에서 보여준 것과 같은, 고뇌에 찬 울부짖음이 없다. 십자가에 매달려서는 어머니의 장래를 조용히 준비한다. 그는 쓴 포도주 한 사발을 마신다(이 또한 소크라테스의 마지막 행동을 은근히 암시한다). 그리고는 마지막 한 마디를 남긴다: "다 이루었다(*tetelestai*)." 이러한 고귀한 죽음은 불명예가 아니다. 이것은 완성의 순간, 영광의 순간이다.

예수와 함께 살고 죽는 것

예수의 초기 추종자들에게 예수의 죽음은 단순히 희생자의 죽음이 아니었다. 예수는 순교자로서 죽었다. 순교자(*martys*)는 하나의 "증거/증언"이다. 예수의 초기 추종자들에게 예수의 죽음은 이중적 의미에서 하나의 증거였다. 한편으로, 자신의 대의에 대한 예수의 충직성은, 세상에는 목숨 바쳐 죽을 가치가 있는 일들이 있다는 명제에 대해 증거한다. 예수는 하나님의 새로운 제국, 즉 그의 말과 행동으로 본을 보이려 했던 이 세상에서의 새로운 존재 방식을 위해 죽었다. 그의 죽음은 그가 살았던 삶을 살아보라고―정말로 감히―다른 사람들을 부르는 초대이다. 다른 한편, 예수의 죽음은 이러한 죽음을 고귀하게 두려움 없이 마주할 수 있다는 사실에 대해 증거한다. 순교자의 죽음은 궁극적으로 자유의 행위이다: 두려움으로부터의 자유이다.

일단 두려움 없이 죽음을 마주했던 사람은 실제로 두려울 것이 없다. 세네카가 그의 친구 루실리우스에게 말한 것처럼, "죽음은 두려울 것이 없기 때문에, 이 세상에 두려워해야 할 것은 아무것도 없다."[32] 예수의 죽음은 순교자의 죽음으로서 사람들을 두려움으로부터—죽음의 두려움만이 아니라, 인간의 삶과 관계성에 대한 예수의 독특한 사고방식을 받아들이지 못하게 만드는 그 두려움으로부터—자유롭게 한다. 이러한 의미에서 죽음의 힘, 그리고 그 도구들을 휘두르는 사람들의 힘은 사라지게 된다.

제국과 제국의 길들에 대한 예수의 반체제적 입장을 받아들였던 그리스도인들에게, 이런 의미의 자유를 갖는 것은 매우 중요하다. 예수가 거짓 고발, 체포, 고문, 그리고 죽음, 심지어 십자가 위에서의 죽음까지도 두려움 없이 마주할 수 있었다면, 그가 목숨 바쳐 지켜낸 하나님 제국의 꿈을 예수와 똑같이 추구하는 그 추종자들을 제압할 힘이 무엇이겠는가? 바울은 로마 중심부에 살고 있던 예수의 추종자들에게 이렇게 말하고 있다.

하나님이 우리 편이시면, 누가 우리를 대적하겠습니까? 자기 아들을 아끼지 않으시고, 우리 모두를 위하여 내주신 분이, 어찌 그 아들과 함께 모든 것을 우리에게 선물로 거저 주지 않으시겠습니까? 하나님께서 택하신 사람들을 누가 감히 고발하겠습니까? 의롭다 하시는 분이 하나님이신데, 누가 감히 그들을 정죄하겠습니까? 그리스도 예수는 죽으셨지만 오히려 살아나셔서 하나님의 오른쪽에 계시며 우리를 위하여 대신 간구하여 주십니다. 누가 우리를 그리스도의 사랑에서 끊을 수 있겠습니까? 환난입니까,

---

32) *Ep.* 24.11.

곤고입니까, 박해입니까, 굶주림입니까, 헐벗음입니까, 위협입니까, 또는 칼입니까? 성경에 기록한 바 '우리는 종일 주님을 위하여 죽임을 당합니다. 우리는 도살당할 양과 같이 여김을 받았습니다' 한 것과 같습니다. 그러나 우리는 이 모든 일에서 우리를 사랑하여 주신 그분을 힘입어서, 이기고도 남습니다. 나는 확신합니다. 죽음도, 삶도, 천사들도, 권세자들도, 현재 일도, 장래 일도, 능력도, 높음도, 깊음도, 그 밖에 어떤 피조물도, 우리를 우리 주 예수 그리스도 안에 있는 하나님의 사랑에서 끊을 수 없습니다. (로마서 8:31-39)[33]

이것이 순교자의 죽음이 갖는 힘이다: 순교자의 죽음은 사람들로 하여금 하나님께 충직하게 살 수 있도록 만들고, 도전 행위의 결과에 대한 두려움으로부터 자유롭게 할 수 있다. 순교자의 죽음은, 죽음이라는 것은 두려울 것이 없다는 것을 보여줌으로써, 죽음 자체의 힘을 무력화하는 행위이다. 사람들이 순교자의 죽음을 가능한 것으로 받아들이게 될 때, 순교자의 삶 또한 가능한 것이 된다. 이것이 결국 예수를 순교자로 이해하는 핵심 요지이다. 순교자는 사람들에게 순교자의 죽음을 어떻게 죽을 수 있는지 보여줌으로써, 사람들을 온갖 죽음의 두려움으로부터 자유롭게 하여, 순교자의 삶을 살 수 있게 한다. 순교자 전통은 예수의 반체제적 삶의 방식과 하나님의 새로운 제국에 대한 예수의 대의를 수용한 사람들을 위해, 예수의 죽음을, 두려운 것이기는 하지만, 힘의 원천으로 활용할 수 있는 길을 초기 그리스도인들에게 제공했다.

---

[33] 본문, 특히 시편 43:23에서 인용한 부분의 순교자적인 성향과 관련해서는 다음을 참조하라. Käsemann, *Romans*, 245-52, 특히 249-50.

그러면 예수와 그의 죽음이 의미 있는 삶을 묻고 있는 우리에게 어떤 중요성이 있을지 이해하기 위해, 지금 그리스도교의 옛 뿌리로 돌아가려는 우리들은 어떨까? 순교자 전통은 오늘날에도 의미 있는 것으로 입증될 수 있을까? 목숨을 바칠 만한 가치 있는 일들이 있을까? 우리의 삶을 내맡길 만한 가치 있는 대의들이 있을까? 이러한 것들은 확실히 고대 순교자 전통이 제기했던 물음들이다. 그러나 초기 그리스도인들은 이러한 식의 추상적인 언어로 질문하지는 않았다. 그들은 예수의 말과 행동 속에서 보게 된, 하나님 앞에 사는 인간 실존의 구체적인 대의, 구체적인 비전을 마음에 두고 있었다. 그들은—일부는—이러한 비전을 위해, 즉 하나님의 제국을 위해 기꺼이 목숨을 바치려 했다. 그러나 순교자 전통은 때로, 이러한 비범한 삶의 비전에 비해 전혀 고귀하지 않은 것, 전혀 가치가 없는 것들을 위해 사람들을 죽게 만드는 데 사용되기도 했다. 고대에서 현대에 이르기까지, 우리는 이런 일들을 그리스도교 역사에서 반복해서 보게 된다. 순교자와 총알받이 사이에는 분명한 차이가 있다. 전쟁에서 순교를 믿지 않는 사람이 전쟁에 나가겠는가? 이름 모를 승객들로 가득한 버스를 폭파시킨 자살폭탄 테러범이 순교자인가?

그렇다면 순교자 전통을 갖고 우리는 무엇을 할 수 있을까? 대의를 위한 죽음이라는 이념에 대해 역사는 우리를 극단적으로 냉소적이게 만들었을까? 아마도 그랬을지 모른다. 하지만 순교자 전통은 여전히 중요하다. 왜냐하면 이 전통은 고전적인 속죄 이론들과는 전혀 다른 이해, 즉 예수의 죽음은 "다른 사람을 대신하여" "우리를 위한" 죽음이라는 이해를 제공하기 때문이다. 순교자 전통에서 예수의 죽음은 철저히 그의 삶과 연관된다. 즉 그는 그의 대의에 순종하여 죽었다. 이런 죽음에 의해 영향을 받는다는 것은 바로 그 죽음에로 이끌었던 삶에 의해 영향을 받는다는 것을 의미한다. 이러한 죽음에 의해 구원을 받는다는 것은 그 삶을 나의 것으로 받아들이지 못하게 막는 두려움으로부터 자유롭게 되는 것을 뜻한다. 순교자의 삶과 죽음은, 이를 증거하는 사람들이 아무런 변화가 없을 때, 무의미한 것이 된다. 순교자의 삶과 죽음은 우리가 과감히 순교자처럼 살아내려고 할 때, 그리고 우리가 위험을 감수하고 순교자처럼 죽을 준비가 되어있을 때, 바로 그런 때에만 "우리를 위해" 우리를 대신한 것이 된다.

우리는 우리가 가장 확고하게 믿는 것을 위해 죽는 일에 단 한 번도 부름받는 일이 없을지 모른다. 그러나 알아야 할 것은, 순교자의 죽음은 순교자의 삶에서 단지 마지막 행위일 뿐이다. 자신의 확신을 위해 죽을 수 있는 용기는 자신의 확신을 살아낼 수 있는 용기가 있을 때만 비로소 가능하다. 순교는 궁극적으로 죽음에 관한 것이 아니다. 순교는 삶을 의미 있게 사는 것, 자신이 가장 확실하게 믿고 있는 것에 전적으로 헌신하는 삶을 사는 것, 그리고 늘 이러한 용기를 가로막는 크고 작은 다양한 두려움으로부터 자유로운 삶을 사는 것에 관한 것이다. 예수를 순교자로 말한다는 것은, 예수의 삶과 죽음이 지향하는 가치, 이념, 원칙들과 그것들 안에 살아계신 하나님께 주의를 집중하는 것이고, 우리가 살아갈 삶 속에서 그 하나님이 다시 한 번 살아 있게 하려면 어떻게 해야 하는지 묻는 것이다. 이렇게 하는 데 치러야 할 희생은 무엇일까? 그런 희생은 치를 가치가 있는 것일까? 그리고 그런 희생은 모든 것이 다 가치가 있는 것일까?

3장

희생제물

끊임없는 희생이 없다면, 세상은 곧 무너질 것이다.
−Stanley K. Stowers, "Greeks Who Sacrifice and Those Who Do Not"

한 사회의 종교의례들에 자신을 일치시키려고 하지 않거나
일치시킬 수 없는 사람은 그 사회 안에서 기회를 얻지 못한다.
−Walter Burkert, *Homo Necans*

오늘날 그리스도인들에게는 예수의 죽음을 희생제물(a sacrifice)로 언급하는 것이 일반적이다. 그러나 이렇게 말할 때, 우리가 의미하는 것은 무엇일까? 희생제물은 우리 문화의 어법에서는 쉽게 사용할 수 있는 은유가 아니다. 예를 들면, 현대 미국에서 실제로 동물의 희생제사 장면을 목격하는 경우가 얼마나 될까? 대부분의 사람들에게 이것은 생각하는 것 자체가 혐오스럽다. 심지어 동물을 희생제물로 사용하는 행위는 미국 대부분의 주(州)에서 불법적이지 않나 싶다. 이처럼 우리 문화 속에서 희생제물이 거의 완벽히 사라졌다고 하는 것은 이러한 개념을 신학적으로 사용하는 것을 어렵게 한다: 우리는 희생제물이 의미하는 바에 대한 공통적인 문화적 이해를 갖고 있지 않다. 이 때문에 우리가 예수의 죽음을 희생제물로 언급할 때 그 의미하는

바가 무엇이냐고 묻는다면, 당연히 여러 대답들이 나올 수밖에 없다. 아마도 그 중 상당수는 근대의 후기-프로이드적인(post-Freudian) 죄의식 경험, 그리고 죄의식으로부터 벗어나려는 개인적 추구와 관련이 있을 것이다. "우리의 빚은 지불되었다"는 터무니없는 설득에 할 말을 잃어버린 우리에게, 불의한 세상은 저항의 한마디라도 할 것을 요구하고 있지만, 그리스도의 희생제물은 이 경우 불의한 세상을 무사태평하게 돌아다니게 해줄 자유통행증 같은 것이 된다. 이것이 이른바 '신용카드 신학(credit-card theology)'인데, 이러한 신학에서는 항상 아버지가 자식의 밀린 대금을 대신 지불해준다.

우리는 지금 희생제사가 사라진 세상에 살고 있지만, 그리스도교가 발생했던 고대 세계에서는 희생제사가 만연했었다. 예컨대, 사도 바울이 주중에 돌아다녔을 고대 고린도의 중심부를 거닐다 보면, 사람들은 크고 작은 신전들에서 동물들이 제사 담당자의 도끼에 살해되는 끔찍한 광경을 목도했을 것이다. 신전의 높은 제단 주위에 자리 잡은 여성들은, 제사장이 제물에 결정적 타격을 가하기 위해 손을 높이 올리는 순간, 공기를 찌를 듯한 괴성으로 제의의 절정을 알리는 노래를 불렀을 것이다. 내장을 굽고 살점을 끓이는 향긋한 냄새는 공기를 가득 채우고, 전문적으로 요리된 그 희귀한 고기 맛은 침샘을 자극했을 것이다. 희생제사는 고대 그리스 도시 어디에서나 그 중심에 있었다. 이것은 헬레니즘 세계의 공적인 생활에서 중심적인 주제였다. 또한 이것은 로마제국 시대 전체를 통틀어서 끊임없이 지속되었다. 희생제사의 이런 섬찟한 경험은 고대 세계에 항상 존재했었다. 이러한 문화적 배경 속에서 예수의 죽음을 희생제물로 언급한다는 것은 과연 무엇을 의미했던 것일까?

고대의 희생제물

고대 세계에서 희생제물이 갖는 의미에 대해 우리는 얼마나 알고 있을까? 놀랍게도, 알고 있는 것이 거의 없다. 과거 문화유산을 형성했던 많은 것들이 그렇듯이, 희생제물의 의미 또한 당시에는 너무 자명해서, 굳이 이것을 해명할 필요가 없었던 것으로 보인다.[1] 그렇다면 어디서부터 출발하면 좋을까? 아마도 신화론이 적절할 것이다. 그리스인들은 어떻게 신들에게 희생제물을 바치게 되었을까? 가장 기본이 될 만한 신화는 헤시오드의 『신들의 계보학』(Theogony)에 나타난다.[2] 여기에서 우리는, 프로메테우스가 황소를 죽여 신들과 인간들에게 나누어주면서, 속임수와 간계를 써서 인간들을 위해서는 동물의 먹을 만한 부위—살점과 내장—를 확보하고, 신들에게는 단지 뼈들만 남겨주는 장면을 보게 된다. 이 때문에 프로메테우스는 신화에서 그의 몫으로 주어진 고통, 즉 프로메테우스 바위에 묶이는 고통을 당하게 된다. 하지만 이 이야기를 듣는 사람들은 오히려 그의 행동 때문에 감사하게 생각한다. 결국 이 이야기는, 신들과 같지는 않지만, 동물보다는 아직 특권을 갖고 있던 인간들이 어떻게 육류를 먹게 되었는가에 대해 전해주고 있다. 희생제물의 중요성은 무엇보다도 육류를

---

1) 인류학은 희생제사 의미에 대한 이러한 미연구 분야에 관심을 기울이지 않았다. 이에 관한 이론들은 인상적이기는 하지만, 상당 부분 상상력에 기초해 있다. 참조. William Robertson Smith, *The Religion of the Semites* (1889; 재판, New York: Schocken, 1972); Emile Durkheim, *The Elementary Forms of Religious Life*, trans. Joseph W. Swain (New York: Macmillan, 1915); Henri Hubert and Marcel Mauss, *Sacrifice: Its Nature and Function*, trans. W. D. Halls (Chicago: Univ. of Chicago Press, 1964); Walter Burkert, *Homo Necans*, trans. Peter Bing (Berkeley: Univ. of California Press, 1983); René Girard, *Violence and the Sacred*, trans. Patrick Gregory (Baltimore: Johns Hopkins Univ. Press, 1977).

2) *Theogony* 535ff.

먹는 것에 있었던 것이다.3)

이 이야기가 다소 실망스러울지 모르니, 소작농 사회에서 육류를 먹는 것의 중요성에 대해 살펴보자. 우선 이런 사회에서 육류를 먹는 것은 드문 일이었다. 육류를 먹을 수 있는 사람은 어떤 사람이었을까? 육류 중에서도 가장 좋은 부위를 먹을 수 있었던 사람은 누구였을까? 그리고 이것은 어떻게 분배되었을까? 그리스인들에게, 그리고 헬레니즘 세계의 희생제사 문화에 참여할 수 있었던 사람들에게는, 이 모든 것이 희생제사의 관행을 따르고 있었다. 희생제사는 육류를 먹는 것에 관한 것이었다. 사실상 헬레니즘 도시에서 소비되는 모든 붉은 살코기는 희생제사에서 나온 고기였다.4) 그리스에서 "희생제사를 드린다"는 것은 또한 "축제를 연다"는 것을 뜻했다. 그리스에서 "도살을 한다는 것"은 또한 "희생제사를 드린다"는 것을 의미했다.5) 그래서 제단에서 제물을 죽이는 일을 한 '마게이로스(*mageiros*)'는 "도

---

3) 이런 통찰과 이에 기초한 시도로서는 Center for Comparative Research on Ancient Societies의 동료들이 쓴 다음 논문집을 참조하라. Ed. by Marcel Detienne and Jean-Pierre Vernant, *The Cuisine of Sacrifice among the Greeks*, trans. Paula Wissing (Chicago: Univ. of Chicago Press, 1989).

4) Marcel Detienne, "Culinary Practices and the Spirit of Sacrifice," in ibid., 11. 보다 작은 생물들, (통상) 닭이나 물고기 같은 것들의 고기만은 희생제물로 드려지지 않았다.

5) Jean-Pierre Vernant, "At Man's Table: Hesiod's Foundation Myth of Sacrifice," in Cuisine of Sacrifice, 25-26. 이것은 다음 책에서 인용. Jean Casabona, *Reserches sur le vocabulaire des sacrifices en grec, des origins à la fin de l'époque classique* (Aix-en-Provence: Ophrys, 1966). *hierō*는 호메로스나 고전적인 용법에서 "살해하다" 혹은 "희생제물을 바치다"는 뜻을 의미할 수 있다. 후에 *thyō*라는 용어는 "희생제물을 바치다," "축연을 베풀다," 혹은 "살해하다"는 것을 의미했을 수 있다(LSJ, s.v. *thyō*). 희생제사와 축제가 하나가 된 것과 관련해서는 다음을 참조하라. Dennis E. Smith, *From Symposium to Eucharist: The Banquet in the Early Christian World* (Minneapolis: Fortress Press, 2003), 67-69.

살자"이자, "요리사"이자, "희생제물을 바치는 자"였다.6) 이처럼 한 단어에 여러 뜻이 내포된 것은, 그리스인들에게 희생제사는 요리행사였고, 육류를 먹는다는 것은 종교적인 행사였다는 점을 강조하고 있다. 그러면 희생제사는 얼마나 중요한 것이었을까? 음식은 또한 얼마나 중요한 것이었을까? 국민의 90%가 생존에 허덕였던 소작농의 살림살이에서, 음식은 가장 절실한 문제였다. 누가 음식을 얻을 수 있고, 얼마나 얻을 수 있으며, 언제 얻을 수 있는가? 이 모든 것은 헬레니즘 세계의 희생제사 관행을 통해 정해지는 문제들이었다.

헬레니즘 도시에서 열리는 전형적인 공식 축제를 살펴보자. 희생제사는 도시의 엘리트 집단, 즉 "일등 시민"에 의해 조직되고, 재정적으로 뒷받침되었을 것이다. 집례하는 제사장들 또한 이 계급에서 나왔을 것이다. 축제는 많은 음악, 행렬, 기념행사와 함께, 제사장, 희생제물, 그리고 참가자들의 행진으로 시작된다. 희생제물이 될 동물은 끌고 간 것이 아니라, 살살 달래어 따라가게 만든다. 이 동물은 곧 있을 도살에 묵시적으로 동의하면서, 자기 발로 가야 했을 것이다. 참가자들이 신전에 도착하여 희생 동물에게 몇 움큼의 곡물을 마지막 선물로 주면, 그 동물은 또다시 이러한 행위에 동의한다. 이 동물이 몸을 흔들어 몸에 붙은 작은 검불들을 털어내면, 이 또한 동의한다는 행위로 간주된다. 이어 기도를 올리고, 약간의 털을 동물로부터 잘라내어, 기다리고 있는 불 속에 던져 넣는다.―이것이 첫 제물의 바침, 희생제사의 시작(*aparchē*)이다. 마침내 희생 동물은 제단 앞에서 머리를 낮추어 그 앞에 놓인 물을 들이킴으로써 다시 한 번 동의한다. 이렇듯 자발적인 희생제물은 자신을 도살하는 데 복종하는 듯 보

---

6) Detienne, "Culinary Practices," 11.

인다. 이것은 저항하려면 할 수 있는 폭력적인 행위 같은 것이 아니다. 이것은 사물의 질서에 속한다. 이것은 피할 수가 없다. 도끼를 들어 올리면, 행렬을 둘러싸고 있던 여성들의 목소리가 들리는데, 이들은 오늘날 서양인들이 섬뜩하면서도 짜릿하게 느끼는 독특한 고음으로 떨리듯 노래한다. 도끼로 내리치면, 일은 신속하고도 간단하게 끝난다(여기에서 실수를 하는 것은 매우 나쁜 징조일 것이다). 짐승이 쓰러진다. 피―그 동물의 생명―가 흘러나오겠지만, 재빨리 모아져 흩뿌려지거나 제단에 부어진다. 거두어진 생명은 곧바로 신들에게 돌아간다. 이제 내장이 능숙하게 제거된다. 간은 징조를 알아보는 데 사용된다. 그리고 이 모든 맛있는 부위들―간, 심장, 허파, 지라, 콩팥―은 구운 후, 축제 참가자 중 핵심층에 속한 사람들이 먹는다. 희생 동물의 나머지 부분은 잘 갈라내어 요리를 한다―통상 부드럽게 만들기 위해 끓인다. 뼈들은 추려서 희생 동물의 골격을 재구성한 후, 기름으로 싸서 제단 불에 태워지게 되는데, 말하자면 희생 동물의 허접한 부분을 신들에게 바치는 셈이다.[7]

마지막으로, 요리된 고기는 분배되고, 축제는 시작된다. 현대 인류학은 도살행위를 희생제사의 가장 중요한 순간으로 보고, 여기에 초점을 맞추려는 경향이 있지만,[8] 먹는 것이 항상 문제가 되고, 특별

---

[7] 그리스 희생제사에 대한 이 기본적 설명은 버커트(Burkert)의 *Homo Necans*, 3-7에서 온 것이며, 세부사항들은 호메로스와 그리스 비극작가로부터 수집한 것이다. 도움이 될 만한 세부사항들과 통찰들은 다음 논문에서도 발견할 수 있다. Jean-Louis Durand, "Greek Animals: Toward a Typology of Edible Bodies," in *The Cuisine of Sacrifice among the Greeks,* ed. by Marcel Detienne and Jean-Pierre Vernant, 87-118 (Chicago: Univ. of Chicago Press, 1989).

[8] 이러한 비판에 대해서는 다음 논문을 주목하라. Stanley K. Stowers, "Greeks Who Sacrifice and Those Who Do Not," in *The Social World of the First Christians: Essays in Honor of Wayne A. Meeks*, ed. L. Michael White and O. Larry Yarbrough (Minneapolis: Fortress Press, 1995), 297-98.

히 고기 먹는 일이 드물었던, 생존에 허덕이는 고대인들에게는 이런 분배가 모든 사람들이 진심으로 기다렸던 순간이었을 것이다. 고대 그리스에서 이러한 분배는 줄을 선 사람들에게 공평하게 진행되었고, 여기에 참가한 각 시민들은 똑같은 양의 고기를 받았다고 한다.9) 그러나 계급주의적인 후견체제와 권력체계가, 특히 제국의 제의형태에서, 헬레니즘 세계의 정치적 삶의 지형도를 바꾸어놓았던 로마 후기에 오면, 분배는 그 당시 일반적이었던 하향식 브로커 체제를 반영하게 된다.10) 도시의 일등 시민들은 가장 크고도 질 좋은 부위를 받았고, 두 번째 계급의 관리들은 보다 일반적인 부위를 받았다. 이러한 사회적 먹거리 사슬을 더 내려가면, 나누어진 몫은 더 작고 더 질이 떨어졌다. 중심축의 바깥에는 대략 여성, 비시민권자, 아이들, 그리고 외국인이 있었다. 이들의 몫은 이들을 공동체의 사회적, 정치적, 종교적 삶에 연결시켜 주었던 사람들을 통해 주어진다. 즉 그들의 남편,

---

9) Detienne, "Culinary Practices," 13. 플라톤은 *geras*, 즉 "고기 특권"(*Phaedrus* 265e; *Politicus* 287c)에 대해 언급하고 있는데, 이에 따르면 참석한 고위급이 먼저 동물의 좋은 부위를 선택한다. 그러나 그 이전의 고대 관습은 엄격한 평등주의를 채택하여, 추첨에 의해 고기의 똑같은 양을 모두에게 분배했다.

10) 이에 관한 논의는 특히 다음 논문을 참조하라. Stowers, "Greeks Who Sacrifice," 323-29. 스토워스의 관점은 헬레니즘의 희생제사 관습을 시민들이 희생제사 고기를 동일하게 나누는 호메로스적 이상주의의 관점에서 보려는 사람들의 생각을 교정해준다. 그러나 제국주의 시대 초기에 변화가 있기 이전에도, 고기 부위의 분배는 엄격하게 평등한 것은 아니었다. 일반 부위를 모인 군중들에게 분배하기 이전에, 좋은 부위를 다양하게 선택한 것들은 도시공직자와 제의담당자에게 돌아갔다. 4세기 후반 한 고미다락방 비문에는 다음과 같이 수혜자들과 그들이 받을 몫에 대해 언급하고 있다: "다섯 조각은 각각 지사급에게/다섯 조각은 각각 아홉 집정관에게/한 조각은 각각 여신의 출납관에게/한 조각은 각각 축제 운영자들에게/일반적인 부분들은 나머지 사람들에게"(SIG 271). 이는 다음 저술에 재인용됨. Royden Keith Yerkes, *Sacrifice in Greek and Roman Religions and Early Judaism* (New York: Scribner's, 1952), 107-8.

아버지, 그리고 후견인들을 통해서이다. 결국 희생제사는 가장 기본적인 인간적 욕구, 즉 먹는 것을 통해 공동체의 질서를 표현하고 다시 각인시킨다. 언제 어디서나 그랬듯이, 여기에서도 우리가 먹는 것이 우리의 존재를 결정한다.

그러므로 외형상 신들에게 바쳐지는 희생제사는 동시에 제단을 둘러싼 공동체에 큰 영향을 미치게 된다. 첫째로, 희생제사는 공동체의 경계선을 설정한다. 다른 어떤 가시적 행위보다 고대 세계에서 함께 드리는 희생제사는 여기에 참여한 사람이 해당 공동체 안에, 그것이 가정이든, 단체이든, 도시이든, 더 나아가 제국이든, 소속해 있음을 표시해준다. 둘째로, 희생제사는 공동체를 위해 사회적인 구분, 즉 사회적인 지도를 제공한다. 참가자들의 중심층이 모두 남성인 한, 남녀의 구별은 다시 각인된다. 제단에 여성이 참여하게 되면, 제단을 오염시키게 될 것이다.[11] 그리고 그물처럼 짜여진 사회적 지위, 위치, 그리고 위계질서는 음식이 해당 등급과 질서에 따라 분배될 때 확인이 된다. 희생제사의 하루가 끝날 때쯤이면, 모든 사람들은 어떻게 그런 위계질서가 세상에 존재하는지 알게 될 것이고, 희생제사에 참가한 사람들은 제의와의 관련 속에서 만들어지고 질서가 잡힌 이러한 세상에 수긍하게 될 것이다. 헬레니즘 시대에 문화가 그 일관성을 유지할 수 있었던 것은 바로 희생제사를 통해서였다. "그리스인의 삶에서 이러한 본질적인 행위는 세상이 신들의 통제 아래 있게 되는 순간이다."[12]

---

11) 원칙과 주목할 만한 예외규정에 대해서는 다음을 참조하라. Detienne, "The Violence of Wellborn Ladies: Women in the Thesmophoria," in *Cuisine of Sacrifice*, ed. Detienne and Vernant, 129-47.

12) Durand, "Greek Animals," 104.

희생제사 의식의 상세한 부분은 문화에 따라, 심지어는 도시에 따라 다양했지만, 이런 기본적 그림은 초대교회 시대를 통틀어 지중해 유역 대부분의 민족에게서 동일하게 나타난다. 다양한 문화적 경계선을 넘어 상당 부분이 공유되었던 것이다. 즉 신성한 제사장 제도, 소중하게 여기는 동물의 도살, 곡물과 포도주 헌물, 그리고 제사음식의 분배 등이 공유되었다. 이런 것들은 그리스와 로마의 희생제사 의식에서 기본적인 요소들이었다. 반면 유대교의 제의는 오직 한 가지 점에서 이들과 달랐다. 유대교의 기본적 희생제사는 번제(*olah*)로서, 이 제사에서는 제물을 야웨를 만족시킬 향기로운 선물로 드리기 위해 제단 불에 완전히 태웠다. 이러한 희생제사는 전승에 따르면 처음에는 시내산에서(출애 24:1-11), 그 후 성전이 있던 시대에는 성전에서 매일 드려지고 있었는데(출애 29:38-46), 바로 이것이 이스라엘을 하나의 민족으로 만들어주고 유지시켜 주었다. 여기에는 인간에게 가장 좋은 부위를 떼어주기 위한 프로메테우스의 계략 따위는 없다. 모든 것은 "연기가 되어 올라간다." 하나님에게로. 그러나 이것이 유대인의 희생제사 방법 중 유일한 것은 아니었다. 보다 일반적이면서도 지중해 연안 대부분 지역의 제의와 비슷한 것으로 "화목제(*zebach shelamim*)"라는 것이 자주 드려졌는데, 이는 길들여진 가축을 도살하여 바치는 제사이다(레위 17:1-9). 레위기는 모든 도살된 동물을 희생제물로 삼았기 때문에, 실제로 모든 소비 가능한 고기를 제물로 바쳤던 헬레니즘 도시들의 상황과 매우 비슷하다. 여기에서도 우리는 그리스어에서 본 것처럼, 제사 관습 및 음식 준비와 관련하여 히브리어의 다의성을 발견하게 된다. '제바흐(*zebach*)'는 "희생제사를 드리다"는 뜻과 "도살하다"는 뜻을 동시에 갖고 있고, '미즈베아흐(*mizbeach*)'는 "제단"이라는 뜻과 "도살장"이라는 뜻을 동시에 갖고 있다. 이에 따라 고기의 소비는 제사장들과 성전을 통해 중재되었다. 다시 한 번 말하지만, 생존에 허덕였던 소작농 문화에서 이것은 결코 작은 일이 아니었다.

또 다른 종류의 희생제사들에서는 공동체 생활의 경계선을 표시하고 규정하는 제사장의 역할이 훨씬 더 두드러졌다. 그것들은 율법을 어기고 부정을 행하여 오염이 된 공동체를 정화하기 위해 고안된 희생제사들이다. 이스라엘에서 여기에 포함된 희생제사들로는 속죄제(*chatta'i*)와 속건제(*'asham*)가 있다. 속죄제는 계명을 의식적으로 위반한 죄를 용서하기 위한 제사이고(레위 4:1-5:13), 속건제는 무의식적이거나 실수로 계명을 위반한 죄를 용서하기 위한 제사이다(5:14-6:7). 각각의 경우 그에 적합한 동물이 제사장에게 넘겨지면, 어떤 때는 불에 태우고, 어떤 때는 제사장 자신들이 먹는다(6:17-23). 어느 경우이든, 소작농들에게는 기존 질서를 위반한다는 것이 아주 소중한 것, 즉 먹을 것을 희생제물로 바쳐야 한다는 것을 의미했다.

이와 비슷한 관행은 로마인들 사이에서도 존재했다. 로마인들은 특히, 자신들이 지금까지 알고 있던 정상 범위를 넘어선 특이한 사건들—이른바 불가사의들—로 골머리를 앓았다.13) 예를 들면, 동상이 땀을 흘리는 것처럼 보인다. 염소에게서 양털이 자란다. 야생동물이 뜬금없이 도시를 관통한다. 까마귀들이 "목이 졸린 것처럼" 이상한 소리로 울어댄다.14) 이런 일들이 발생하면, 이는 원로원에 보고되고, 원로원은 이런 징조들이 신들의 불만을 알리는 진짜 표징인지 그 여부를 판단했다. 만약 원로원이 그렇다고 판단하게 되면, 이 일은 점

---

13) 현상에 대한 논의는 다음 참조. Mary Beard, John North, and Simon Price, *Religions of Rome*, vol. 1: *A History* (Cambridge: Cambridge Univ. Press, 1998), 37-38; 사례에 관해서는 다음 참조. vol. 2: *A Sourcebook*, 172-74.

14) Pliny, *Natural History* 10.33 (LCL).

쟁이들에게 이관되어 이를 해결할 적절한 희생제사를 결정하도록 했고, 이런 결정은 제사장들(이들은 모두 원로원 수준의 직급)에 의해 실행되었다. 불가사의로 알려진 것들은 보통 정치적, 군사적, 경제적 위기와 연관이 되어 있었고, 위기의 근원, 즉 신의 불만을 가리키는 것으로 간주되었다. 문제를 규명하고, 대책을 강구하고, 그리고 마지막에 질서와 정상상태를 회복하기 위해 권력을 동원하는 일은 로마의 지배 엘리트, 즉 원로원의 손에 확실하게 맡겨진 특권에 해당했다.

그런데 만약 재앙이 너무 큰 규모여서, 통상적인 희생제사로는 신이 세운 세상 질서를 회복하는 데에도, 신들을 달래는 데에도, 그리고 확실하게 다가올 파멸에서 민중을 구출하는 데에도 충분하지 않을 경우, 이 경우에는 어떻게 되는가? 이럴 경우에는 때때로 인신제사(a human sacrifice)를 드리곤 했다. 고대 그리스의 많은 지역에서는, 한 사람을 선택하여—보통 극빈자들과 사회적으로 밑바닥 계층에 있는 사람들로부터 선택한다—백성들의 죄와 범법행위에 대한 책임을 대신 지도록 하고, 의식에 따라 도시에서 내쫓음으로써, 신들을 화나게 했던 모든 것들을 그가 대신 지고 나가게 하는 제의적 관습이 있었다. 그런 사람을 '파르마코스(*pharmakos*)'라고 부르는데, 이 용어는 중성명사 '파르마콘(*pharmakon*)'과 밀접히 연관이 있는데, 이 말은 약이나 치료제, 심지어는 "부적"의 뜻을 갖고 있다. '파르마코스'는 치료제, 즉 도시를 괴롭혔던 문제를 해결해 주는 수단이었다.[15] 물론 유대인들도 비슷한 관습을 갖고 있었으나, 이들은 부랑자들 대신 염소

---

15) 관련 논의는 다음을 참조하라. Martin Hengel, *The Atonement: The Origins of the Doctrine in the New Testament*, trans. John Bowden (Philadelphia: Fortress Press, 1981), 24-28; Adela Yarbro Collins, "Finding Meaning in the Death of Jesus," *HR* 78 (1998) 185-87.

를 활용했다(레위 16:20-22). 로마 시대에 범죄자의 처형은 아마도 이러한 희생제사적인 의미를 함축하고 있었을 것이다.16)

이보다 더욱 고귀한 것은 한 사람이 그의 백성을 위해 자발적으로 희생제물이 되는 것이었다. 우리는 '고귀한 죽음'과 순교라는 고대 전통을 다룬 앞장에서, 이것이 어떻게 예수의 추종자들 사이에서 예수의 죽음을 해석하는 데 핵심적 역할을 했는지 살펴보았다. 그러나 이제 우리는 여기에서 한 발 더 나아가, 대의를 위해, 혹은 보다 일반적으로, 자신이 속한 도시나 백성을 위해 고귀한 죽음을 택했던 고대 전통이 때로는 속죄제의 성격도 띤다는 점을 덧붙이고자 한다.17) 헬레니즘 문학에서 인기가 있었던 이 주제는 그 소재로서 특히 처녀나 장군을 선호한다. 처녀인 딸들은 대개 둘씩 짝을 지어 제물로 바쳐진 것으로 보인다. 예를 들면, 에렉테우스(Erechtheus)의 전설적인 딸들은 포세이돈의 화를 풀기 위해 제물로 바쳐졌고,18) 테베의 안티포이오스(Antipoios)의 딸들인 안드로클레이아(Androcleia)와 알키스(Alcis)는 그들의 도시를 구하기 위해 자진해서 자신을 제물로 바쳤다고 한다.19) 장군들의 경우는 데키(Decii) 가문의 아버지, 아들, 손자를 포함하여 그 사례가 많이 있는데, 전설에 의하면, 이들은 모두 로마 백성을 구출하기 위해 전쟁에 나아가, 자신들을 신들에게 속죄제물(*devotio*)로 바쳤다고 한다.20) 로마 역사가 리비(Livy)의 말을 빌리면,

---

16) 참조. Hengel, *Atonement*, 19, n. 65.
17) 이어지는 논의와 사례 관련해서는 다음 참조. Hengel, *Atonement*, 19-24.
18) Lycurgus, *Oratio in Leocratium* 24.
19) Pausanius, *Description of Greece* 9.17.1.
20) 아버지에 관해서는 다음 참조. Livy, *Roman History* 8.9; 아들에 관해서는 다음 참조. Livy, *Roman History* 10.28; 손자에 관해서는 다음 참조. Plutarch, *Pyrrhus* 21; Dionysus of Halicarnassus, *Roman Antiquities* 20.1.

아들 데시우스(Decius)는 자기 가문의 정신적 유산을 이렇게 요약한다: "우리가 국가를 위험으로부터 구출하기 위해 우리 자신을 속죄제물로 바치는 것은 우리 가문에 부여된 특권이다." 이어 그는 갈리아인들과의 전쟁에 자진해서 출전하면서, 다음과 같은 말을 남겼다. "나는 이제 나 자신과 함께 적의 군단들을 텔루스(Tellus)와 디 마네스(Dii Manes) 신에게 희생제물로 바칠 것이다."[21] 그는 이 말을 남기고 기도를 한 후, 말을 달려 적진 한가운데로 들어가, 전사를 한다. 로마의 내전에 대한 서사시에서 루칸(Lucan)이 쓴 감동적인 구절에도 나타나듯, 이것이 전쟁에서 죽음을 불사한 사람들이 카토(Cato)의 죽음을 보는 방식이기도 했다: "나의 피로써 나라를 구하고, 나의 죽음으로써 로마의 부패로 인한 모든 형벌을 면케 하라," 카토의 말이다. "나의 피, 오직 나의 피만이 이탈리아 백성에게 평화를 가져오고, 그들의 고통을 멈추게 할 것이다."[22] 그에게 이러한 자기희생의 본보기가 된 사람은 데시우스(Decius)였다: "데시우스가 자신의 생명을 바쳤을 때 적의 무리가 데시우스를 덮쳤던 것처럼, 양쪽 군대가 나의 몸을 찌르고, 라인강의 야만인들은 그들의 무기를 나에게 겨누게 될 것이다."[23]

우리가 앞장에서 보았듯이, 유대인들에게는 그들만의 순교자들이 있었는데, 그들은 순교자의 죽음을 바로 이러한 방식의 희생제물로 이해하게 되었다. 초기 유대교 전통에서 마카비 문헌에 등장하는 위대한 영웅들은—나이 많은 제사장 엘르아살, 일곱 형제와 그들의 어머니, 이들은 모두 마카비 혁명 초기에 안티오쿠스 4세 에피파네스에

---

21) *Roman History* 10.28 (LCL).
22) *Civil War* 2.314-15 (LCL).
23) *Civil War* 2.305 (LCL).

의해 고문으로 죽임을 당한다—이러한 발전을 보여주는 가장 잘 알려진 사례에 해당한다. 이러한 사례는 보다 초기의 마카비 문서 가운데 하나인 제2 마카비서에 이미 나타난다(기원전 2세기). 여기에 보면, 일곱 형제 중 제일 마지막에 죽은 이가 이렇게 고백한다: "우리[히브리인]는 우리의 죄 때문에 고통을 받고 있다"(7:32). 일곱 형제와 그들의 어머니는 그들의 죽음으로 이스라엘을 위해 하나님의 자비를 얻게 되고, "나라 전체에 내려진 전능하신 분의 진노가 멈추게 되기를" 희망한다(7:37-38). 이러한 영웅들이 속죄의 죽음을 죽었다는 관념은 그 후에도 지속되어, 로마제국 시대에 또다시 시의성을 갖게 된다. 마카비 가문의 순교자들은 로마제국 당시 안디옥에 있던 유대인들 사이에서 다시 한 번 기억 속에 되살아났다. 기원후 1세기경에 쓰여진 제4 마카비서에서, 이들의 죽음은 하나의 희생제물, 즉 백성들의 죄를 위한 속죄제물로 간주된다. 그래서 나이 많은 제사장 엘르아살은 죽기 전에 짧게 이렇게 기도한다: "당신의 백성에게 자비를 베푸셔서, 우리의 형벌이 그들을 위한 보속이 되게 하소서. 나의 피로 그들을 정결하게 하시고, 나의 생명이 그들을 위한 대속이 되게 하소서"(제4 마카비서 6:28-29).[24] 그와 그의 형제들, 그리고 그들 어머니의 죽음에 대해, 이 본문의 해설자는 이렇게 결론짓는다: "이들 의로운 사람들의 피를 통해, 그리고 그들 죽음의 화해(propitiation, *hilastērion*)를 통해, 하나님의 섭리가 지금까지 부끄럽게 여겨졌던 이스라엘을 구하셨다"(제4 마카비 17:22).

이런 죽음들은 물론 사람들이 선택할 수 있는 극단적인 희생제물의 사례들이다. 그러나 이런 죽음들은, 그 목적에서나, 때로는 심지어

---

24) H. Anderson, trans., in *OTP* 2.552.

그 형식에서나, 크고 작은 공식적 제단들에서 바쳐졌던 희생제물들과 다를 바 없다. 우리가 아테네를 말하든, 로마를 말하든, 예루살렘을 말하든, 이러한 고대 공동체들의 존재는 희생제사에 기반을 두고 있다. 지중해 연안의 고대 세계에서, 공동체라는 것은 제단을 중심으로 모인 집단이다. 신들은 각각의 지역에서 세상에 질서를 부여하고, 민족을 창시했다. 각 지역의 중심에는 제단, 즉 신들과 인간들이 함께 모여 음식을 제공받고 소비하는 식탁이 있다. 희생제사를 드린다는 것은 바로 이러한 장소에서 신들과 함께 한다는 것을 뜻한다. 그러나 그 장소는 신들에게 어울리는 곳이어야 한다. 그곳은 거룩한 곳이어야 한다. 이 또한 희생제사를 통해 이루어지는, 질서를 세우는 일에 속한다. 유대교에서는 희생제물의 피가 신성하게 만드는 힘이 있었다. 제단에 뿌려진 피는 죄로 더럽혀진 장소를 깨끗하게 하는 힘이 있었다.25) 이 피는 더러운 것―더글라스(Mary Douglas)의 말을 인용하면, "부적절한 것"―을 제거했다.26) 희생제사는 사물의 질서를 바로 잡아준다. 희생제사는 사물이든 사람이든 각각 적합한 장소에 놓이도록 한다. 희생제사는 모든 문제를 해결해준다. 공동체가 분열되어 해체될 위기에 처하면, 해결 방법은 하나뿐이다. 희생제사가 그것이다. 이것이 카토(Cato)가 로마 공화국의 이상을 위해 자신의 생명을 던진 이유이다. 아우구스투스가 이로부터 몇 년 뒤에, 개인 차원의 이상하

---

25) 희생제물의 피를 뿌리는 것이 어떻게, 죄인을 깨끗하게 하는 것이 아니라, 제의가 행해지는 지성소를 깨끗하게 하는 행위로 작용하는지에 대한 이 기본적 이해는 다음 책의 통찰에 힘입었다. Jacob Milgrom, "Israel's Sanctuary: The Priestly 'Picture of Dorian Gray,'" *RB* 83 (1976) 390-99; 이 내용은 동일 저자의 다음 책에도 게재되어 있다. *Studies in Cultic Theology and Terminology*, SJLA 36 (Leiden:Brill, 1983), 75-84.

26) *Purity and Danger: An Analysis of the Concepts of Pollution and Taboo* (London: Routledge and Kegan Paul, 1966), 35.

고 건방진 온갖 종교 단체들은 금지시키고, 오직 고대 로마의 유서 깊은 콜레기움(collegium, 로마 정부가 법적으로 인정한 사제집단)들만 합당한 희생제사를 드릴 수 있게 한 것은 바로 이 때문이었다.[27] 그리고 엘르아살이 이스라엘 율법 준수의 중요성에 대한 한 증거로서 고문과 죽음조차 감수했던 것도 바로 이 때문이었다. 이 모든 희생제사의 목표는 오직 하나, 사물의 질서를 바로잡는 것이다. 모든 것이 정상으로 돌아오면, 희생제사는 그것을 유지하도록 지켜준다. 화덕이 불타오른다. 동물들을 들여보낸다. 모든 사람들이 먹는다. 신들이 만족을 얻고, 사람들 또한 만족을 얻는다.

희생제물 예수

이 모든 것을 감안할 때, 예수의 추종자들이 그의 죽음을 희생제물로 언급하기 시작했다는 것은 무엇을 뜻하는 것일까? 첫 번째 가장 중요한 것은, 이러한 언급은 우리가 예측하기로, 예수운동 가장 초기의 공동체 형성 과정과 밀접히 연관되었을 것이라는 점이다. 희생제물이라는 이미지는 당시 개인적 삶의 차원과 연관된 이미지가 아니라, 공적이든 사적이든, 집단적 삶의 영역과 연관된 이미지이다. 이것이 바로, 우리가 초기 그리스도교의 용법 속에서 이 이미지를 탐구해야 하는 이유이다. 공동체가 형성되는 상황 속에서 말이다. 예수운동의 초기 모임들에서는 예수의 죽음을 어떻게 희생제물로 언급하기

---

[27] 관련 논의는 다음을 참조하라. Wendy Cotter, "The Collegia and Roman Law: State Restrictions on Voluntary Associations, 64 b.c.e.-200 c.e.," in *Voluntary Associations in the Graeco-Roman World*, ed. John S. Kloppenborg and Stephen G. Wilson (London: Routledge, 1996), 74-89.

시작했을까?

당신이 고린도와 같은 도시에서 이러한 초기 그리스도인들—예수의 추종자들—의 모임에 가게 되었다고 상상해보라. 이들은 아직 한 집단으로서 확고한 정체성을 갖고 있지는 않았을 것이다. 이들은 같은 목적을 가진 다른 집단들과 마찬가지로, 주말에 모여서 함께 먹고 함께 이야기를 나눈다.[28] 먼저 음식을 먹고, 다음에 이야기를 나눈다. 이야기의 주제는, 지금은 죽어서 우리와 함께 있지 않지만, 이 모임에 기초를 마련하신 분에 관한 것이다. 그들은 그분이 말하고 행동했던 것, 그리고 그분이 지향하고 가치를 두었던 것에 대해 이야기한다. 그리고 화제는 그의 죽음에로 이어진다. 이야기의 화제는 예수가 어떻게 해서 죽게 되었는가 하는 것이다. 아마도 이것—하나님이 의롭게 여기는 사람의 죽음—은 우리에게 익숙한 이야기가 될 텐데, 그는 계략에 걸려들고, 친구들에게 배신당하고, 고문에 의해 죽임을 당하지만, 죽는 순간까지 충직성을 잃지 않고, 마침내 그의 충직한 증거 때문에 하나님에 의해 높임을 받는다. 우리는 이것을 유대 전통의 순교자 이야기로 알고 있기도 하고, 더 나아가면 그리스인들의 고귀한 죽음 이야기로 알고 있기도 하다. 이제는 이것이 또한 예수의 이야기로 들려지고 있다. 그렇다면, 이것은 실제로 무엇을 의미하는 것인가? 이야기는 저녁때까지 계속 이어진다. 아마 누군가가 다음과 같이 말했을 것이다.

---

28) 초기 예수 운동 안에서 식사의 중요성에 대해서는 다음 참조. Burton L. Mack, *A Myth of Innocence: Mark and Christian Origins* (Minneapolis: Fortress Press, 1988), 80-83; Hal Taussig and Dennis E. Smith, *Many Tables: The Eucharist in the New Testament* (Philadelphia: Trinity, 1990), 48-50; Dennis Smith, *From Symposium to Eucharist*, 173-80. 특히 바울 전통에서 식사의 중요성에 관해서는 마지막 책을 참조하라.

우리가 아직 약할 때에, 그리스도께서는 제 때에, 경건하지 않은 사람을 위하여 죽으셨습니다. 의인을 위해서라도 죽을 사람은 거의 없습니다. 더욱이 선한 사람을 위해서라도 감히 죽을 사람은 드뭅니다. 그러나 우리가 아직 죄인이었을 때에, 그리스도께서 우리를 위하여 죽으셨습니다. 이리하여 하나님께서는 우리들에 대한 자기의 사랑을 실증하셨습니다. 그러므로 지금 우리가 그리스도의 피로 의롭게 되었으니, 그리스도로 말미암아 하나님의 진노에서 구원을 얻으리라는 것은 더욱 확실합니다. 우리가 하나님의 원수일 때에도 하나님의 아들의 죽으심으로 말미암아 하나님과 화해하게 되었다면, 화해한 우리가 하나님의 생명으로 구원을 얻으리라는 것은 더욱더 확실한 일입니다. (로마서 5:6-10)

물론 이것은 사도 바울이 한 말이다. 여기에서 바울은 한편으로 메시아의 자발적인 죽음—한 순교자의 죽음—에 대해서도 말하지만, 동시에 예수의 죽음이 그를 따르는 사람들에 미치는 화해의 효과에 대해서도 말하고 있다. 이런 이야기는, 우리가 살펴본 것처럼, 그리스도교가 탄생했던 헬레니즘 환경에서는 매우 시의적절했다. 순교자의 죽음은 어떤 대의를 위한 죽음인 것만은 아니다. 그것은 또한 죄인들을 하나님과 화해시키는 희생제물일 수도 있다. 이것이 바로 루칸이 카토의 죽음을 이해했던 방식이다. 이것이 바로 안디옥의 유대인들이 엘르아살의 죽음을 이해했던 방식이다. 이것이 또한 예수의 추종자들이 예수의 죽음을 이해하게 되었던 방식이기도 하다.[29]

---

29) 예수의 초기 추종자들이 주로 유대교 및 더 넓은 헬레니즘의 순교자 전통을 통해 예수의 죽음을 희생제물로 이해하게 되었다는 주장에 대해서는 다음 책이 가장 인상적으로 전개하고 있다. Sam K. Williams, *Jesus' Death as Saving Event: The Background and Origin of a Concept*, HDR 2 (Missoula, Mont.:

그러나 오늘날 바울의 이러한 구절들을 읽게 되면, 이 본문의 순교자적인 측면들을 쉽게 간과할 수 있다. "예수가 우리의 죄를 위해 죽었다"는 말이 순전히 희생제물을 가리키는 관점에서 이해될 수 있다는 말이다. 그러나 이런 이해는 이런 생각을 갖게 되었던 상황, 그리고 이런 생각이 갖는 힘의 원천이 되었던 상황을 놓치고 있다. 순교자의 죽음이 갖는 구원의 측면은, 그의 삶이 갖는 본보기적인 측면들로부터 분리될 수가 없다. 순교자의 생애가 일정 부분 다른 사람을 대신한 것일 수 있는 것은, 그것이 다른 사람을 위한 본보기가 될 때에만 가능하다.30) 이와 관련하여 바울이 예수의 죽음이 갖는 화해의 힘에 대해 언급하기는 하지만(로마 5:10절 전반), 그의 추종자들이 구원을 받는 것은 바로 예수의 삶(life)에 의해 가능하다는 점에 주목할 필요가 있다(로마 5:10절 후반).

바울의 이 대목은, 우리가 알기로, 예수 죽음의 의미를 이런 방식으로 설명한 첫 번째 사례에 해당하기는 하지만, 그렇다고 바울이 이렇게 설명한 유일한 사람이거나, 이렇게 설명한 첫 번째 사람인 것은 아니었다. 바울은 로마서의 보다 앞부분에서 이미 위와 동일한 방식으로 순교자 전통과 희생제물 개념을 모두 포함하는 초기 그리스도교 (바울 이전의) 전통을, 세련되지는 않지만, 사용하고 있다(현대의 번역 전통은 이것을 파악하는 데 다소 어렵게 만들고는 있다). 우선 해당 본문을 NRSV로 인용해보자.

Scholars Press, 1975). 다음도 참조. Rowan Williams, *Eucharistic Sacrifice: The Roots of a Metaphor* (Bramcote: Grove, 1982), 13-15.

30) 이 점은 다음 책에서 강조되고 있다. David Seeley, *The Noble Death: Greco-Roman Martyrology and Paul's Concept of Salvation*, JSNTSup 28 (Sheffield: JSOT Press, 1990), 특히 87-94.

그러나 이제는 율법과는 상관없이 하나님의 의가 나타났습니다. 그것은 율법과 예언자들이 증언한 것입니다. 그런데 하나님의 의는 예수 그리스도를 믿는 믿음(faith in Jesus Christ)을 통하여 오는 것인데, 모든 믿는 사람에게 미칩니다. 모든 사람이 죄를 범하였습니다. 그래서 사람은 하나님의 영광에 못 미치는 처지에 놓여 있습니다. 그러나 사람은, 그리스도 예수 안에서 얻는 구원으로 말미암아, 하나님의 은혜로 값없이 의롭다는 선고를 받습니다. 하나님께서는 이 예수를 속죄제물로 내주셨습니다. 그것은 그의 피를 믿을 때에 유효합니다. 하나님께서 이렇게 하신 것은, 사람들이 이제까지 지은 죄를 너그럽게 보아주심으로써 자기의 의를 나타내시려는 것이었습니다. 하나님께서 오래 참으시다가 지금 이 때에 자기의 의로우심을 나타내신 것은, 하나님은 의로우신 분이시라는 것과 예수를 믿는(faith in Jesus) 사람은 누구나 의롭다고 하신다는 것을 보여 주시려는 것입니다. (로마 3:21-26)

종교개혁 전통의 그리스도교 신앙 이해에서 이 구절보다 더 중요한 구절은 생각하기 어려울 것이다. 이것은 불행한 일이다. 왜냐하면 이 구절은 영어로 표현했을 때 가장 이해하기 어려운 구절들 가운데 하나이고, 거기에다가 그리스어로는 믿기 어려울 정도로 신비화되어 있기 때문이다. 여기에서 사도 바울은―자주 그랬듯이―그 구문이나 문장 형식에 주의를 기울이지 않은 채, 자기 생각의 단편과 전통적인 신앙고백을 불쑥 내뱉고 있다. 더욱이 그가 사용하는 단어들은 가장 결정적인 대목에서 모호하다. 영어 성경 NRSV는 영어권 독자들을 위해 이런 부분들을 모두 매끄럽게 만들었지만, 이렇게 함으로써 바울의 단편적인 생각들과 모호한 부분들 전체를 일관성 있는 문장으로 바꾸는 무리수를 두어야 했다. 신약성경 어디서나 마찬가지겠지만, 여기에서 번역은 해석의 일차적 행위이며, 이 때문에 번역의 이러한 중요성은 아무리 강조해도 부족함이 없다.

이러한 모호한 부분들 중에서도 가장 중요한 대목은, 본문에 "예수를 믿는 믿음(faith *in* Jesus, 예수에 대한 믿음)"으로 번역된 문구이다(22절과 26절). "이신칭의(以信稱義)," 곧 "믿음으로 의롭다는 인정을 받는다(justification by faith)"라는 말을 당연하게 생각해온 신앙인들에게는 이 문구가 아주 자연스럽다. 그러나 '예수를 믿는 믿음'은 아마도 여기에서 의도된 뜻은 아닐 것이다. 이 구절에 대한 보다 적절한 해석은 "예수**의** 믿음 (faith *of* Jesus)"일 것이다.31) 그러면 예수의 믿음(26절)—혹은 충직성—에 의해 의로워지고, 구출되고, 구원받는 일은 어떻게 가능한 것일까? 그리고 예수의 믿음(22절)을 통해 드러나는 하나님의 의에 대해서는 어떻게 말할 수 있을까? 예수의 희생적 죽음을 이해하는 데 중요했던 순교자적인 맥락은, 지금 여기에서 바울이 말하려고 하는 바를 이해하는 데서도 또다시 결정적으로 중요하다. 하나님의 의가 드러나고 하나님의 자비가 다시 베풀어지는 것은 항상 순교자의 충직성(faithfulness)을 통해서다. 하나님의 눈으로 볼 때, 백성을 구원하는 것은 순교자의 충직성, 더 나아가서는 죽음을 불사하는 순교자의 충직성이다. 이것이 위 본문의 전반부가 갖고 있는 의미이다. 이것을 이렇게 다시 번역할 수 있을 것이다.

그러나 이제는, 율법과 예언자들이 이에 대해 증언했음에도 불구

---

31) 관련 논의 및 문헌에 관해서는 다음을 참조하라. Richard B. Hays, *The Faith of Jesus Christ: An Investigation of the Narrative Substructure of Galatians 3:1-4:11*, SBLDS 56 (Chico, Calif.: Scholars Press, 1983), 170-74.

하고, 율법과는 상관없이, 하나님의 의로우신 본성이 분명해졌습니다. 하나님의 의로우신 본성은 예수의 충직성(the faithfulness of Jesus)을 통해 그러한 믿음을 가진 모든 사람에게 (분명해졌습니다). 왜냐하면 거기에는 아무 차별이 없기 때문입니다. 모든 사람이 죄를 범하였고, 하나님의 영광에 못 미치는 처지에 놓여 있습니다. 그러나 그들은 그리스도 예수 안에서 얻는 구원을 통하여, 하나님의 은혜로, 값없이 의롭다는 선고를 받았습니다.(21~24절)

바울의 생각이 아직 선명하지는 않다. 왜냐하면 바울은 말을 더듬듯 하면서 전승을 활용하려 하면서며, 시종일관 그 전승을 손질하며 설명하려 애쓰고 있기 때문이다. 그러나 바울은 헬레니즘 시대에 일반적이었던 생각, 즉 한 사람의 충직성은 신들로부터 자비를 불러일으킬 수 있다는 생각을 갖고 작업을 하는 것으로 보인다. 바울의 그 다음 구절을 보면, 이것은 더욱 분명해진다.

하나님께서는 이 예수를 희생제물로 계획하셨습니다(proposed). 그것은 그의 피를 희생한 그[예수]의 충직성(faithfulness) 때문입니다. 하나님께서는 사람들이 이제까지 지은 죄를 너그럽게 보아주심으로써 자신의 의로우신 본성을 나타내셨습니다.(로마 3:25)

여기에서 하나님이 마치, 영어성경 NRSV에서 번역한 것처럼 ("하나님께서 내주셨다. God put forth…"), 희생제물로 쓸 목적으로 그의 아들 예수를 세상에 보낸 것처럼 표현한 것은 적절하지 않은 것 같다.32) 오히려 하나님은 예수의 충직성을 관찰한 후, 그의 피가 속죄의 희생제물이 되도록 제안하셨다. 순교자가 희생제물이 된 것이다. 그래서 바울은 이러한 자신의 생각을 이렇게 끝맺고 있다.

> 지금 이 때에 자기의 의로우신 본성의 증거로, 하나님은 자신이 의로우신 분이시라는 것, 그리고 예수의 믿음에 의거하여 의롭게 된 사람을 의롭다고 선언하신다는 것을 보여주시려는 것입니다.
> (로마 3:26)

마지막 문장 중 "예수의 믿음에 의거하여(from the faith of Jesus)" 부분을 나는 바울 자신이 그랬던 것처럼 모호한 채로 남겨두었다. 이 대목은, 한편으로, 예수가 죽음에 이르기까지 충직했고, 그래서 그를 따르는 사람들의 죄를 속죄할 수 있었기 때문에, 결국 예수의 추종자들이 의로운 사람으로 선언되었다는 것을 의미할 수 있다.[33] 그러나 다른 한편으로 이 말은, 만약 예수의 추종자들이 예수가 보여준 것과 동일한 믿음을 내보일 수 있다면, 그들 또한 의로운 사람으로 선언될 수 있다는 것을 뜻할 수도 있다.[34] 후자는 전통적인 개혁신학과 충돌하기는 하지만, 바울의 주장에는 더 잘 맞는 것으로 보인다. 실제로 바울은 로마서의 다음 장에서 아브라함을 그의 (그 자신의!) 충직성에 의해 의롭게 된 사람의 본보기로 제시하고 있다. 후자의 해석은 바로 이러한 생각들을 담고 있는 순교자적인 틀에 더 잘 어울리는 것

---

32) 로마서에서 바울은 예수가 그의 부활에 의해 하나님의 아들로 지명되었다고 한 점(1:4)에 주목하라.
33) So Hays, *Faith of Jesus Christ*, 173; 굿인업(Goodenough)의 논문을 평한 n. 135도 참조할 것.
34) 이것은 다음 책의 접근방식과 더 가깝다. E. R. Goodenough and A. T. Kraabel, "Paul and the Hellenization of Christianity," in *Religions in Antiquity: Essays in Honor of Erwin Ramsdell Goodenough*, ed. Jacob Neusner, SHR 14 (Leiden: Brill, 1968), 45.

으로 보인다. 순교자의 죽음은 속죄적이고, 그래서 하나님을 만족시킨다. 그러나 이 죽음은 또한 본보기적 성격을 갖고 있기 때문에, 다른 사람을 대신하는 것이기도 하다. 이 죽음은 하나님을 기쁘시게 하는 충직성을 보여주고 있고, 그래서 본받을 필요가 있다.

우리가 헬레니즘 세계—초기 유대교를 포함해서—에서 살펴본 것을 놓고 볼 때, 순교자 예수가 어떻게 희생제물 예수가 되었는가 하는 것을 상상하는 일은 전혀 어려울 것이 없다. 그리고 고대인의 삶에서 희생제물이 일반적이었던 것을 고려하면, 이러한 생각이 어떻게 그리스도인 집단들에서 꽃을 피울 수 있었고, 그 자체로서 생명력을 가질 수 있게 되었는가 하는 것 또한 쉽게 그려볼 수 있다. 그러나 예수운동에 동참했던 사람들이 예수를 희생제물이라는 개념을 통해 성찰하기 시작했을 때, 항상 명시적으로 순교자적인 틀 속에서만 보았던 것은 아니었다. 예를 들면, 바울은 로마서 8장 3절에서 하나님이 자신의 아들을 "속죄제물(a sin offering, *hamartia*)"로 보내셨다고 말함으로써, 희생제물을 그 순교자적인 맥락으로부터 분리시켜, 하나님이 보내신 강림하고/승천하는 구원자(redeemer) 개념과 연결시키고 있다. 그는 고린도후서 5:21에서도 비슷하게 말하고 있다. "하나님께서는 죄를 모르시는 분에게 우리를 위한 속죄제물(a sin offering)로 만드셨습니다(한글 표준새번역에는 "우리 대신으로 죄를 씌우셨습니다"). 그것은 우리가 그리스도 안에서 하나님의 의가 되게 하시려는 것입니다." 여기에서 보면, 희생제물의 제의적 맥락이 영향을 미치고 있는 것을 알 수 있다. 이제 예수는, 하나님의 분노를 풀기 위해 바쳐진 모든 희생자들과 마찬가지로, 흠이 없고 죄가 없는 완벽한 희생제물이다. 이 모든 것은 유대인, 그리스인, 로마인, 그리고 그리스도교와 접촉했던 사람이라면 누구나 쉽게 이해할 수 있었을 것이다. 이러한 은유는 삶

자체만큼이나 일반적이었다.

왜 희생제물인가?

그러나 이것은 초기 그리스도인들이 어떻게 예수를 희생제물로 언급하게 되었는가 하는 질문에 대답을 제공한다: 그것은 아마도 예수의 죽음을 순교자의 죽음으로 이해한 것과 연관이 있을 것이다. 하지만 이것은 여전히 아직 대답되지 않은 많은 질문들을 남기고 있다. 왜 이러한 희생제물의 은유는, 예수의 추종자들이 예수의 폭력적인 죽음 뒤에 자신들의 존립 문제를 놓고 씨름할 때, 그렇게 힘이 있었던 것일까?

이 질문을 좀 더 깊이 탐구하려면, 다시 한 번 고린도에 모였을 초기 그리스도교 공동체로 돌아가, 그곳에서 누가 무엇을 언급했는지 깊이 주의를 기울일 필요가 있다. 희생제물은 먹는 것에 관한 것이기 때문에, 이러한 모임의 식사시간에 희생제물과 관련하여 몇 가지 흥미로운 점들이 언급되고 있는 점은 놀랄 것이 없다. 식사가 시작되면, 이 식사는 무엇인가 기념하는 식사라는 것을 알게 된다. 먼저 빵을 떼게 되면, 누군가 이렇게 말한다: "주 예수께서 잡히시던 밤에, 빵을 들어서 감사를 드리신 다음에, 떼시고 말씀하셨습니다. '이것은 너희를 위하는 내 몸이다. 이것을 행하여 나를 기억하여라'"(고전 11: 23-24). 떼어진 몸은 "너를 위하여" 주는 것이다. 순교자적인 주제가 희생제물의 함의와 함께 분명하게 나타난다.[35]

그리고 빵을 떼고 나면, 이어지는 포도주잔과 관련해서도 누군가

---

35) Smith, *From Symposium to Eucharist*, 188-91.

한마디 한다: "이 잔은 내 피로 세운 새 언약이다. 너희가 마실 때마다 이것을 행하여, 나를 기억하여라"(고전 11:25). 여기에서 희생제물의 함의는 보다 그 뜻이 분명하게 드러난다. 예수 피의 희생제물은 유대교의 계약과 관련된 희생제물, 즉 이스라엘 백성과 야웨 사이에 유대 관계를 만들어줌으로써 이스라엘을 하나의 민족이 되게 했던 시내산의 희생제사와 연관하여 이해될 수 있거나, 그것이 아니면 "새로운 계약"에 관한 이야기는 아마도 예언자적인 갱신 전통을 반영할 것이다(예레미야 31장). 여기에 나오는 용어들은 분명 유대교 전통을 생각나게 하지만, 희생제사가 한 민족을 창시하고 규정하고 묘사한다는 생각은, 이미 우리가 살펴본 것처럼, 유대교에만 고유한 것은 아니다. 이것은 헬레니즘 세계에서 희생제사의 기본적인 기능에 해당한다. 즉, 희생제물은 공동체를 창조한다. 그러한 의미에서 예수를 희생제물로 언급한다는 것은, 무엇보다 이런 새로운 공동체가 자신의 존립 근거를 발견하게 되는 곳은 바로 예수 안에서라는 것을 깨닫는 것이다. 그의 죽음은 그들을 하나로 묶어준다. 그렇다면 어떻게 그렇게 할 수 있을까?

우리가 방금 바울 서신에서 살펴본 표현들은 마가복음에서 거의 글자 그대로 반복 사용되고 있다. 여기에서 이러한 표현들은 마가가 실감 있게 묘사한 마지막 식사 장면, 즉 예수가 전통적인 유월절 만찬을 위해 예루살렘 밖에서 가장 가까운 추종자들과 마지막 식사를 하는 대목에서 발견된다(마가 14:12-31, 특히 22-25절). 이 설화의 배경을 살펴보면, 이 표현들은 더욱 설득력을 갖게 된다: 유월절은 이스라엘의 탄생, 즉 새로운 민족의 창시를 기념한다. 다른 세부 내용들은 이를 보완해주는 역할을 한다: 예수와 함께 모인 사람들의 숫자는, 이스라엘의 열두 부족과 마찬가지로, 열두 명이다. 마가는 이러한 열두 명의 모임을 새로운 민족이 태어나는 순간으로 보고 있다. 그러나 이 새로운 민족은 "그 열둘"로만 구성되는 것은 아니다. 그리고 이러한 상징적 식사는 마가복음에 나오는 두 번의 식사에서, 즉 다양한 종류의 대규모 군중이 광야에 모여 굶주리고 있을 때 예수가 이들을 기적적으로 먹이는 이야기에서, 전조(前兆)처럼 나타난다(6:30-44; 8:1-10). 마가에게 예수는 새로운 모세(a New Moses)로서, 속박으로부터 자유에 이르는 길을 다시 한 번 열어 준다.36) 여기까지는 모든 것이 매우 분명하다.

그러나 이런 구절들에서 마가가 말하려고 하는 것을 충분히 파악하려면, 마가의 이야기에 어떠한 사람들이 등장하는가에 눈을 돌려야 한다. 이 새로운 공동체에 누가 참여하며, 누가 예수와 함께 동행하느냐 하는 것이다. 마가의 이야기 속에는 수많은 평범한 사람들—항상 존재하는 "군중들"—이 등장한다. 그러나 그 안에는 마가가 한 명 한 명 구체적으로 거명하며, 특별히 관심을 불러일으키는 다른 사람들도 있다: 나병환자, 귀신들린 사람, 외국인, 여성—심지어는 월경 중인 여성 등이다. 이 식탁, 이 식사, 이 희생제물은 "부정한 손"(마가 7:2)으로 감히 음식을 먹으려 했던 불결한 사람들을 위한 것이다. 예수가 예루살렘에 다가가 마지막 식사를 하면서, 그는 자신이 지금까지 해온 것 때문에 죽을 수밖에 없을 것이라고 예고한다. 어떤 곳에 이르러서는, 한 어린아이를 데려다 껴안아 주면서 이렇게 말한다. "누구든지 내 이름으로 이런 어린이들 가운데 하나를 영접하면, 그는

---

36) Mack, *Myth of Innocence*, 216-19, 222-24; Reginald H. Fuller, *The Foundations of New Testament Christology* (New York: Scribner's, 1965), 171; Ferdinand Hahn, *The Titles of Jesus in Christology: Their History in Early Christianity*, trans. Harold Knight and George Ogg, Lutterworth Library (London: Lutterworth, 1969), 379.

나를 영접하는 것이요, 누구든지 나를 영접하는 사람은, 나를 영접하는 것보다, 나를 보내신 분을 영접하는 것이다"(마가 9:37). 예수가 죽기를 각오한 이 식탁에는 어린이들조차 초대된다. 지금 마가가 열거하는 이 모든 것들은 하나하나가 매우 중요하다. 왜냐하면 이런 식탁(this table)이 하나의 제단(an alter)으로 바뀌게 되면, 그 제단은 주변부의 불결하고 별 볼일 없는 사람들을 위한 희생제사에 중심적 역할을 할 것이기 때문이다.

내가 볼 때 이것은, 예수의 죽음을 희생제물로 생각하는 것이 왜 그 추종자들에게 그렇게 중요했었는지를 이해하는 데 결정적이다. 예수의 죽음은, 희생제물이 그랬던 것처럼, 예수 자신과 똑같은 것에 헌신했던 그 추종자들을 하나의 공동체로 만들어주었다. 예수의 순교는 이런 방식으로 하나의 희생제물로 생각되었을 것이고, 그의 죽음을 기념하는 식사는 희생제물을 나누는 식사로 간주되었을 것이다. 그러나 한 가지 덧붙여져야 할 것이 있다: 이들은 예수의 죽음을 계약을 위한 희생제물(a covenant sacrifice)로만 생각한 것은 아니었다. 이것은 또한 속죄의 희생제물(an atoning sacrifice)이기도 했다. 이러한 희생제물은 불결한 사람들의 오점을 제거하고, 죄인들의 죄를 사해준다. 예수의 이름으로 모인 초기 공동체의 구성원들을 한 번 생각해보라. 거기에는 나병환자, 귀신들린 사람, 외국인, 여성, 그 외에도 성매매 여성, 세리, 그리고 죄인들이 있었다. 이러한 초기 공동체의 이야기 속에는 실로 다양한 형태의 불결한 사람들이 등장한다. 여기에는, 예를 들면, 무두장이도 있었고, 노예들 또한 이 부류에 속했다. 바울은 고린도교회 공동체에게 이렇게 말한다: "형제자매 여러분, 여러분이 부르심을 받을 때에, 그 처지가 어떠하였는지 생각하여 보십시오. 육신의 기준으로 보아서, 지혜 있는 사람이 많지 않고, 권력 있는 사람이 많지 않고, 가문이 훌륭한 사람이 많지 않았습니다"(고전 1:26). 이 말을 보면, 고린도교회 공동체 중에는 실제로 부유하고 권력 있는 사람들이 일부 있었던 것 같다. 그러나 바울이 강조하고 싶었던 것은, 이 공동체를 구성하는 대부분은 그렇지 못했다는 것이다. 그들은 이 세상에서 "비천하고," "멸시받고," "아무것도 아닌 것들(nothings)"이었다(고전 1: 27-28). 그리고 "가문이 훌륭한 사람들"은 "이 세상에서 비천하고 멸시받는" 사람들과 매우 의도적으로 유대관계를 맺음으로써, 자발적으로 자신의 사회적 특권을 내려놓았다. 바울은 아마도 그 가장 대표적인 사례일 것이다. 그는 아마도 재력가이고, 교육받은 사람이고, 어쩌면 로마 시민이었을 것이다. 그러나 그는 소문이 안 좋은 종교운동에 자발적으로 참여함으로써, 그 자신의 표현을 빌면, "이 세상의 쓰레기"가 되었다(고전 4:13). 바로 이처럼 "아무것도 아닌 것들"을 위해, 그리고 이들과 자발적으로 연대한 사람들을 위해, 예수의 죽음은 이들을 "어떤 것(something)"이 되게 하는 희생제물이 되었다: 정결한 사람, 구원받은 사람, 하나님이 입양한 자녀들 공동체의 일원이 되게 만들었다(로마 8:14-17).

예수를 따랐던 한 성매매 여성을 상상해보라. 그녀는 이 운동에 동참하고, 식탁에서 환영받고, 새로운 공동체의 일원이 된다. 불결한 성매매 여성이었던 그녀는 난생 처음 정결한 사람으로 대우받는다. 예수의 동료들과 함께 있는 그녀는 이제 한 인간이다. 그녀는 더 이상 소모성 고깃덩이 한 조각도 아니고, 성매매 여성도 아니다. 바로 이때 예수가 범죄자로 십자가에 처형되어 죽게 된다. 이제 그녀는 결단해야만 한다. 즉 그녀가 경험했던 것들은 이제 끝났는가, 아니면 여전히 현실적인가? 그녀 자신에게 실체로서 계속될 만큼 현실적인가? 그녀는 정결한가, 아닌가? 그녀는 성매매 여성인가, 아닌가? 그녀를 알고 있는 도시는 그녀에게 아무런 도움을 주지 못한다. 성매매 여성을 그 지위에 맞게 취급하려는 후원자는 이렇게 말한다: "너는 성매매 여성이다. 너는 아니라고 생각하는가? 예수가 너를 정결하다고 했다 해서, 네가 정결하다고 생각하는가? 그것은 농담이야! 그는 죽었고, 너는 성매매 여성이야. 너는 지금까지 항상 그랬고, 앞으로도 항상 그럴 거야, 인간쓰레기."

여기에 그녀의 도전이 있다. 그래서 그녀가 말한다: "나는 성매매 여성이 아니다. 나는 불결하지도 않다. 네가 내 죄를 이유로 원하고 있는 것은 무엇인가? 나를 속죄하기 위한 희생제물을 원하는가? 예수가 나의 속죄제물이다. 그의 죽음은 '나를 위한' 것이었다. 그의 피는 내가 행한 모든 것을 속죄하고, 네가 내게 행했던 모든 것을 속죄한다. 너는 그가 살해되었다고—불결한 일반 죄수로서 처형당했다고—생각하겠지만, 나는 말한다. 그의 죽음은 나를 위한 희생제물이었다." 그래서 그녀는 주말이면 예수를 알고 있던 다른 사람들과 함께 모임을 갖는다: 나병환자, 무두장이, 생선 장수, 세리, 노예, 동반자가 없는 여성, 어쩌면 거리의 일부 부랑아들과 더불어 말이다. 그들은 예수 생전에 그와 함께 식사했던 것처럼, 음식을 나누고, 예수가 무엇을 위해 죽었는지 기억하고, 이러한 모든 것이 진실이라는 점을 다시 한 번 확인한다. 그의 죽음은 그들을 정결하고 온전하게 만든 희생제물, 그리고 그들을 식탁—지금은 "제단"—에 나와 하나님 앞에서 음식을 나누어도 되는, 가치 있는 존재로 만들어준 희생제물이 된 것이다.

우리는 먹지 않는다!

초기 그리스도인들의 식사는 자연스럽게 희생제물에 관한 이야기로 꽃피웠을 것이다. 결국 고대 세계에서 희생제물에 관한 이야기는 성스러운 식사의 중심 주제가 되었다. 그러나 여기에서 우리는 이런 초창기 식사에서 아주 특이한 점 한 가지에 주목할 필요가 있다. 사실 희생제물에 관한 이 모든 이야기는 자칫하면 이러한 모임들에서 가장 획기적이었던 점, 그러나 고대인의 관점에서는, 가장 납득하기 힘들었을 한 가지 점으로부터 우리의 주의를 쉽게 분산시킬 수가 있다: 그것은 초기 그리스도교 예배에서는 실제로 희생제사가 없었다는 점이다. 어떤 동물도 살해되지 않았다. 신주(神酒)를 제단에 따르지도 않았다. 제단도 없었다. 희생제사가 없는 종교였다. 헬레니즘 세계에서 이것은 이례적인 것일 뿐만 아니라, 체제전복적이기까지 하다.

초기 그리스도인들의 예배에서 희생제사가 없었다는 이 엄청난 변화의 중요성을 이해하려면, 앞서 희생제사와 관련하여 언급되었던 모든 것, 그리고 희생제사가 헬레니즘 문화 속에서 가졌던 그 중심적 역할을 다시 한 번 생각해보아야 한다. 이것은 단순히 종교적 감수성, 종교적 양식, 혹은 종교적인 기호의 문제가 아니었다. 현대 서구적 삶의 지형도를 보여주는 성(聖)과 속(俗)의 엄격한 분리를 넘어서 생각해보아야 한다. 이런 분리는 고대인들에게는 존재하지도 않았다. 희생제사는 고대인들의 종교생활을 보여주는 가장 중요한 표현이기도 했지만, 당시 사회정치적 세계는 바로 이러한 희생제사를 통해 그 분명한 형태와 조직을 갖출 수 있었다. 이런 관념 속에서 세상은 신적으로 질서가 잡히고 유지되었으며, 이렇게 신적으로 균형 잡힌 세상 속에서 인간의 역할은 희생제사를 드리는 것이었다. "지속적으로 희생제사를 드리는 일이 없다면, 세상은 무너지고 말았을 것이다."37)

실천적인 면에서 말한다면, 희생제사가 이러한 기능을 할 수 있었던 것은, 특정 장소를 희생제사를 위한 장소로 만들고, 이것을 운용함으로써 가능했다. 무엇보다도 제단이 공동체적 삶을 위한 장소, 그 중심지가 되었다. 한 사람이 구체적으로 한 장소, 한 중심지와 연관을 맺는다는 것은, 그 문화 속에 자리를 잡고, 정체성을 갖게 되었다는 것을 의미한다. 물론 한 사람이 여러 정체성을 다중적으로 갖고, 하나의 문화 속에 자리 잡을 수도 있다. 어떤 사람은 한 폴리스(polis)의 한 시민으로 도시에 자리 잡을 수 있다. 어떤 사람은 제국에 속한 로마 시민일 수 있다. 사람들은 대부분 가족이 있으면서, 다른 장소에 살고 있다. 게다가 한 사람이 서로 다른 다양한 신전과 종교단체에 속할 수도 있다. 이러한 각각의 "장소들"은, 가정의 사당으로부터 도시의 중심지, 더 나아가서는 로마나 아우구스투스 같은 신들에게 봉헌된 대규모 제국 신전들에 이르기까지, 정기적으로 희생제물을 드리는 제단을 그 중심축으로 삼았다. 한 제단에 모인다는 것은 그 제단에 모인 사람을 특정 장소에 속한 것으로 인증하는 것을 의미했다.

이것은 지리적인 의미에서뿐 아니라, 사회적 신분의 관점에서도 사실이었다. 모든 사람이 아테네에 있는 아테네 대신전에 접근할 수 있는 것은 아니었다. 사회정치적으로 그 신분이 다양한 사람들이 모인 모임에서, 사회적 계급은 그 종교의식에 반영되었고, 무엇보다도 고기를 분배하고 고기를 먹는 데 반영되었다. 희생제사 관행을 통해 전체 세계는 장소로 분류되었고, 각각의 사람들은 그 안의 어딘가에 위치가 정해졌다. 이것은 특히 로마제국 시대에 결정적이었다. 왜냐

---

37) Stowers, "Greeks Who Sacrifice," 328.

하면 전체주의적이면서도 강력한 위계질서에 기초한 체제 속에서는 각 사람이 각각의 장소를 갖고 있고, 실제로 바로 그 장소 속에 존재한다는 사실을 아는 것이 무엇보다 중요했기 때문이다. 제국의 권력 유지와 지배의 성공 여부는 철저히 여기에 달려 있다. 로마 역사가인 비어드(Beard), 노드(North), 그리고 프라이스(Price)는 제국의 희생제사 관행에서 가장 중요한 것을 이렇게 요약하고 있다.

> 황제들, 총독들, 그리고 도시 엘리트 집단의 성패를 좌우한 것은 제국의 사회를 하나로 묶어준 사회적, 정치적, 위계질서적 전제들의 전체 그물망이었다. 희생제사와 기타 종교의식들은 권력 관계를 규정하고 확립하는 일과 관련되어 있었다. 황제, 신들, 엘리트, 그리고 서민들 사이의 관계성 속에서 자신의 위치를 잡지 못한다는 것은 사실상 자신이 전체 세계의 주류 바깥에 있다는 것을 의미했고, 로마인들이 공유하고 있던 세상 안에서의 인간의 위치에 대한 이해 범위 바깥에 있다는 것을 의미했다. 로마인들에게는 사회질서의 유지가 이러한 합의된 상징체계들의 유지에 달려 있는 것으로 보였으며, 이런 상징체계들은 서로 다른 위치에 있는 사람들에게 각각의 역할을 부여했다.[38]

최초의 그리스도인들은 희생제사를 드리지 않기로 함으로써, 자신들이 "제국의 사회를 하나로 묶어준 사회적, 정치적, 위계질서적 전제들의 그물망" 안에 자리 잡는 것을 거부했다. 그들은 그들 자신의 종교생활에서 희생제사를 생략함으로써 이렇게 할 수 있었다. 이

---

38) Beard, North, and Price, *Religions of Rome*, 1.361.

처럼 그들은 자신들을 어떤 "위치"에 자리 잡는 것을 거부했다. 그러나 무엇보다 중요한 것은, 그들이 이렇게 할 수 있었던 것은 희생제사와 관련된 삶의 모든 공적, 사적 체제에 참여하기를 거부했기 때문이라는 점이다. 그들은 지역의 신전에서 드려지는 희생제사에 참여하지 않으려 했다. 그들은 황제나 황제의 신들에게 희생제사를 드리려 하지 않았다. 그중에서도 가장 중요한 것은, 그들이 신들에게 희생제물로 바친 동물의 고기를 먹지 않으려 했다는 것이다.[39]

희생제물로 드려진 고기를 먹는 이 문제는 좀 더 깊이 들여다볼 필요가 있다. 왜냐하면 초기 그리스도인 공동체 안에서 이 문제는 큰 논쟁거리가 되었기 때문이다. 그런 고기를 먹는 것이 왜 관건이었는지를 이해하게 되면, 그리스도인들이 이것을 왜 금지했는지 그 중요성을 더 잘 이해할 수 있을 것이다.

세 가지 점을 회상해보는 것으로 시작해보자. 첫째, 농사 중심의 소작농 문화에서 고기를 먹는 것은 드문 일이었다. 생존에 허덕이며 살던 사람들은 고기를 많이 먹을 수 없었다. 그래서 생계를 위해 이러한 풍부한 자원을 얻을 수 있는 기회는 매우 소중했고, 크게 축하할 이유가 되었다. 둘째, 고기의 소비, 즉 어느 부분을, 얼마나 많이, 얼마나 자주 먹을 수 있느냐 하는 것은 직접적으로 그 사람의 사회적 지위와 관련되어 있었다. 고기는 비쌌다. 그래서 누가 고기를 먹을 수 있느냐 하는 것은 간단한 문제였다. 타이센은 랍비 문헌(*b. Hullin*

---

[39] Williams, *Eucharistic Sacrifice*, 6. 하지만 윌리엄스는, 순교자 유스티누스와 같은 후기 그리스도교 변증론자들이 성만찬을 "정상적이고 수용 가능한 전통적 경건의 형태"로 이해해야 할 일종의 희생제사로 묘사함으로써, 성만찬이 전복의 함의가 있다는 비난을 피하려 노력했다는 점을 강조하고 있다(8). 그러나 여기에서 우리는 유스티누스가 국가를 전복하려는 것으로 이해되고 인식된 관습을 지키기 위해 그가 할 수 있는 최선의 노력을 기울이고 있다는 점을 이해해야 할 것이다.

84a)을 인용하여 바로 이런 점을 지적하고 있다: "1 마네(*maneh*)를 갖고 있는 사람은 그의 바구니에 채소 1 리트라(*litra*)를 살 수 있을 것이다. 만약 10 마네를 갖고 있다면, 생선 1 리트라를 살 수 있을 것이다. 만약 50 마네를 갖고 있다면, 고기 1 리트라를 살 수 있을 것이다."40) 곡식이 가장 싸다. 여기에서 한 단계 위가 채소다. 생선은 사치에 해당한다. 고기는 그 자체로서 별도의 등급에 속한다. 마지막으로, 이런 현실을 고려해볼 때, 사실상 헬레니즘 세계에서 고기의 소비는 항상 특별한 경우에만, 즉 희생제사가 있는 중요한 시기에만 가능했다는 것은 쉽게 이해할 수 있다. 이미 살펴본 대로, 헬레니즘 세계에서 소비되는 모든 고기는 실제로 희생제사에서 비롯되었을 것이다. 주요 경축일들을 기념하기 위해 수많은 축하행사들이 열렸는데, 그때마다 공식적인 희생제사가 드려졌다. 제국 혹은 개별 도시의 신성한 달력에는 정기적인 행사들이 표시되어 있었다. 운동경기가 있었고, 각종 경연대회가 있었다. 보다 작은 규모의 종교 모임과 콜레기움(collegium, 공통의 이해관계를 지닌 사회적 클럽, 또는 종교 집단)들이 있었다. 대신전과 그에 딸린 연회장에 "초대받은 자들만" 갈 수 있는 사적인 모임들도 있었다.41) 이 모든 것들이 고기를 먹을 수 있는 기회였다. 그 각각의 모임은 희생제사로 시작했고, 희생제사 후에는 고기가 분배되었다. 만약 제단이 참가자의 장소를 표시해준다면, 그 사람을 가까이 끌어당겨 자리에 앉게 하는 것은 희생제사의 고기였다.

---

40) Gerd Theissen, "The Strong and the Weak in Corinth," in *The Social Setting of Pauline Christianity: Essays on Corinth*, trans. John H. Schütz (Philadelphia: Fortress Press, 1982), 126.

41) 이에 대한 간결한 요약으로 다음 논문을 참조하라. Theissen, "The Strong and the Weak," 127-28; 보다 최근의 포괄적인 연구로 다음 책을 참조하라. Dennis Smith, *From Symposium to Eucharist*, 13-172.

놀랄 것도 없이, 희생제사에서 나온 고기를 먹어도 되느냐 하는 문제는 초기 그리스도인들에게 중요한 문제로 떠올랐다. 고기를—공개적으로—먹는다는 것은 사회생활과 정치생활의 전체 그물망 속에 자신의 몸을 담는다는 것을 의미했고, 그 모든 것을 지탱하는 종교적 둥지에 터를 잡는 것을 의미했다. 이것은, 통상 그렇듯이, 추상적이거나 순수 이론적인 종교 문제로서의 우상숭배와는 다른, 그 이상의 문제였다. 고기를 먹는다는 것은 세상에, 제국에, 그리고 제국이 대변하는 모든 것에 참여하는 것을 의미했다. 그 제국은 예수를 일반 죄수로 처형했던 제국이었다. 그 제국은 예수의 추종자들이 그토록 소중하게 간직한 새로운 제국의 꿈을 짓밟는 제국이었다. 고기를 먹는다는 것은 넘지 말아야 할 선을 넘는 것을 의미했고, 지금까지 결별해 있던 세상에 "다시 발을 들여놓는 것"을 의미했다. 고기를 먹는다는 것, 희생제사에 참여한다는 것은 세상을 현재 상태 그대로 유지하려는 거대한 문화 프로젝트에 동참하는 것을 의미했다. 만약 예수의 추종자들이, 이러한 세상과는 구별되는, 전혀 다른 세상의 도래를 기대하고 있었다면, 어떻게 이것을 행할 수 있었겠는가?

하지만 이것이 여러 그리스도교 공동체 안에서 논쟁거리가 되었다는 기록을 보면, 일부 사람들은 분명 자기 길을 찾았던 것 같다. 타이센의 분석은 그 이유를 밝혀준다.[42] 소작농들에게, 그리고 이들 공동체에 속한 주변부의 소모적인 사람들에게는 더욱더, 음식 먹을 수 있는 기회를 거절한다는 것은 결코 쉽지 않은 결정이었을 것이다. 만약 당신이 이미 배고픈 상태에 있었다면, 불에 구운 달콤한 고기 냄새를 마다하라는 것은 거의 무리한 요구였을 것이다. 그리고 만약

---

42) Theissen, "The Strong and the Weak," 125-32.

당신이 이들 공동체에 속한 일부 재산가들 중 하나였다면, 그 고기를 거절한다는 것은, 지금까지 당신을 양육해주고 그렇게 잘 예우해준 사회정치적 그물망에 당신을 안전하게 연결해주었던 모든 연결고리들과 관계를 끊겠다는 것을 의미했다. 그것은 모든 후원체제, 모든 동료 모임, 그리고 지원받을 수 있는 모든 제도적 자원으로부터 스스로 결별하는 것을 의미했을 것이다. 이런 사람에게 장소의 상실은 다방면에서 자신에게 혜택을 제공해온 그런 장소와의 결별을 의미했을 것이다. 희생제사의 고기를 먹는다는 것, 그것은 소비 이상을 의미했고, 단순한 예배 이상을 의미했다. 그것은 연회, 친교, 그리고 공동체를 의미했다.

우리는, 바울이 고린도교회에 보낸 처음 편지 속에서, 희생제사 고기를 먹는 것이 처음으로 문제가 되었던 것을 발견할 수 있다. 우상에게 바쳤던 고기를 먹는 관행에 대해 바울이 그토록 강한 반응을 보인 것을 보면 다소 놀라울 정도이다. 사실 유대인들은 보통 이교도의 신에게 바쳐진 고기를 먹지 않았지만,[43] 바울은 유대인과 그리스인 사이의 교류를 막았던 유대인의 식습관을 폐지하려 했다(갈라디아 2:11-14). 하지만 지금의 이 경우, 고린도교회 교인들은 희생제사 고기를 먹어서는 안 된다고 바울은 완강한 입장을 취한다. 이 상황은 설명을 필요로 한다.

고린도교회 공동체의 일부 교인들은 분명 다음과 같은 근거로 희생제사 고기를 먹는 것을 정당화했던 것 같다: 희생제사를 받는 신들은 실제로는 신들이 아니다. 그러므로 희생제사 고기를 먹는 데 참여하는 것은 한 분 참되신 하나님에 대한 예배를 위태롭게 하는 것일

---

43) Alan F. Segal, *Paul the Convert: The Apostolate and Apostasy of Saul the Pharisee* (New Haven: Yale Univ. Press, 1990), 231-32.

수 없다(고전 8:4-6). 바울은 이 말이 이론상 맞는 것이라고 인정하고 있었지만, 이러한 설명을 받아들이지는 않았다. 이것은 궁극적으로 이론적인 문제가 아니라는 것을 바울은 알고 있었다. 오히려 그는 이러한 행위가 공동체 전체에 미치는 결과에 관심을 갖고 있었다. 그는 이렇게 묻는다: "만약 당신이 우상의 신당에 앉아서 먹고 있는 것을 당신처럼 복잡한 이론적 이해를[44] 갖지 못한 어떤 사람이 본다면, 이렇게 생각하지 않겠습니까? 그가 그렇게 하는 것이 옳다면, 왜 나라고 못할 것인가?"(8:10, 사역). 여기에서 바울은 현실주의적이다: 고기는 끄는 힘이 있다는 것, 고기를 금하는 그의 대항문화적인 공동체로부터 사람들을 이탈하게 할 수 있을 만큼 힘이 있다는 것을 알고 있었다. 그래서 그는 이렇게 결론 맺는다: "음식이 내 형제를 걸려서 넘어지게 하는 것이라면, 나는 평생 고기를 먹지 않겠습니다"(8:13). 바울은 그의 문화 안에서 고기를 먹는다는 것이 무엇을 뜻하는지 분명하게 알고 있었다: 그것은 공동체 안에서 자신의 위치를 찾는 것과 관련이 있다. 그것은 참여에 관한 문제이다. 식탁에 앉는다는 것은 같은 식탁에 앉은 사람들과 하나가 되는 것이다. 그래서 바울은 편지의 후반부에 자신들의 식사와 관련하여 이렇게 말한다: "우리가 축복하는 축복의 잔은, 그리스도의 피에 참여함이 아닙니까? 우리가 떼는 빵은, 그리스도의 몸에 참여함이 아닙니까? 빵이 하나이므로, 우리가 여럿일지라도 한 몸입니다. 그것은 우리가 모두 그 한 덩이 빵을 함께 나누어 먹기 때문입니다"(10:16-17).

이처럼 성례전을 통해 음식을 먹는 것은 자신의 위치, 즉 자신이

---

[44] *synedeisis*를 "양심(conscience)"이 아닌 "의식(consciousness)"으로 해석한 것과 관련해서는 다음을 참조하라. Richard A. Horsley, "Consciousness and Freedom among the Corinthians: 1 Cor 8-10," *CBQ* 40 (1978) 581-85.

어떤 한 공동체에 소속해 있다는 것을 표현하는 것과 관련이 있다. 그래서 바울은 성례전에 함께 하는 사람들은 동역자들이라고 주장하면서, 이교도의 신들이 실제로 신들이 아니고 귀신들이라 할지라도, "여러분이 귀신과 친교를 가지는 사람이 되는 것을 나는 바라지 않습니다"라고 말한다(10:20b). 여기에서 바울은 (예를 들어 신들의 육체를 먹음으로써) 하급 신들과의 신비적 혹은 육체적 합일을 염려하고 있는 것이 아니다. 오히려 그는 헬레니즘의 희생제사 관습을 반영하는 방식으로 말하고 있다. 희생제사의 식사에 참여한다는 것은, 식사에 현존하는 신을 포함하여, 자신이 선택한 동료들과 한 식탁에 앉는 것(koinōnoi)을 의미한다. 이러한 식사에서는 통상 고기의 일정 부분을 떼어서 신의 식탁, 즉 '트라페자(trapeza)'에 올려놓는다—그래서 보통 이렇게 떼어놓은 부분을 '트라페조마타(trapezōmata)'라고 부른다.45) 그래서 바울은, "여러분은, 주님의 식탁(trapezēs)에 참여하고, 아울러 귀신들의 식탁(trapezēs)에 참여할 수는 없습니다"라고 강조하고 있다(20:21b). 그의 문화권 사람들은 누구나 알고 있었듯이, 바울 또한 고기를 먹는 일은 자신의 소속 관계에 대한 공적인 선언에 해당한다는 것을 분명히 알고 있었다. 주목할 것은, 바울이 계속 이 문제를 풀어나가면서, 개인적으로 고기를 먹는 일에 대해서는 관심을 기울이지 않았다는 것이다. 개인적으로 고기를 먹는 문제는 원칙과 관련된 순수하게 이론적인 문제가 될 수 있기 때문이다(10:23-27). 그가 염려한 것은 오히려, 고기를 먹는 것이 하나의 선언처럼 비쳐질 때의 공개적인(public) 경우들이었다(10:28-29). 그런 경우, 자신의 선언은 분명해야 하고, 명백해야 한다는 것이다: 우리는 먹지 않는다!46)

---

45) David Gill, "*Trapezomata*: A Neglected Aspect of Greek Sacrifice," *HTR* 67 (1974) 123-27.

이러한 문제에 대한 바울의 신중한 접근은 요한계시록을 기록한 초기 그리스도교 예언자에게는 우유부단하고 유약한 것처럼 보였을지 모른다. 요한계시록 초반부에 첨부된 편지들을 보면, 이 편지들을 보낸 서방 소아시아 교회들 안에서도 희생제사의 고기를 먹는 것이 문제가 되었다. 이것은 특별히 두 개의 편지, 즉 버가모교회(2:14)와 두아디라교회(2:20)에 보낸 편지 속에 나타난다. 각각의 경우, 예언자의 태도는 단호하다: 희생제사의 음식을 먹는 이러한 사람들에 대해 하늘에 계신 그리스도는 "내 입에서 나오는 칼을 가지고"(2:16) 싸울 것이다. 두아디라교회에서는 분명하게 희생제사의 고기를 먹는 관습이 어떤 여자 예언자에 의해 허용되었던 것으로 보이는데, 요한은 그 여자 예언자를 "이세벨"이라는 이름으로 모욕을 주면서, "그녀의 자녀들을 반드시 죽게 하겠다"—이 자녀들은 아마도 그 여자 예언자의 추종자들을 가리키는 것으로 보인다—고 공언한다. 여기에서의 극단적인 표현들은 요한계시록 전체의 문맥 속에서 이해되어야 할 것이다. 요한계시록은 그 저자인 예언자 요한을 1세기 말에 교회들의 정체성을 흔들었던 문화적인 대박해에 대항한 가장 적극적인 교회 옹호자로 묘사하고 있다. 이러한 대박해는 도미티아누스 치하에서 이루어졌던 것으로 보인다. 도미티아누스 황제는 대로마제국을 끊임없이 위협했던 혼란을 막을 방도로 질서와 문화적인 획일성을 집요하게 강요했다. 지역의 제사의식에 참여하지 않는 그리스도인들은 그 시대의 모든 반체제인사들과 함께 박해를 받았고 순교를 당했다.[47] 그러

---

46) 고린도전서의 이 문제에 대한 호슬리의 접근방식은 탁월하다. 참조. Richard A. Horsley, "1 Corinthians: A Sase Study of Paul's Assembly as an Alternative Society," in *Paul and Empire: Religion and Power in Roman Imperial Society*, ed. Richard A. Horsley (Harrisburg: Trinity, 1997), 242-52, 특히 247-49.
47) 이 시기에 그리스도인들이 일반적으로 박해를 받았다고 볼 증거는 없다. 그

나 예언자 요한은 이러한 극단적인 상황 한가운데서도 일체의 문화적 타협을 용납하지 않았다. 요한계시록 말미에 이르면, 우리의 결론은 한 가지, 순교는 로마라는 동물에 굴복하여 "이 동물에 예배하는" 사람들이 맞게 될 비극보다는 훨씬 낫다는 것이다.

우리는 다행스럽게도 비슷한 시기에 그리스도교 반체제인사들과 로마제국 사이에 바로 이 같은 충돌을 보여주는 기록을 갖고 있다. 그 기록은 제국 자체의 관점에서 기록되긴 했지만, 요한계시록에서 보여준 모습과 상당히 비슷하다. 플리니(Pliny the Younger)는 기원후 2세기 초엽에 폰투스-비투니아(Pontus-Bithynia)라는 로마 식민지를 통치했다. 그가 로마 황제 트라야누스에게 보낸 편지 중에, 이교도 문서에서는 처음으로 그리스도인들을 언급하는 대목을 발견할 수 있다. 그리스도인들은 불법적인 "정치 단체들"을 만들었다는 이유로 플리니의 관심을 끌게 되어 조사를 받게 되었다. 그는 이 단체에 속한 일부 구성원들을 체포했지만, 발견할 수 있었던 것은 한 가지뿐이었다.

> 그들은 일정한 날 밤에 만나는 습관이 있었다. 이날이 되면, 그들은 신에게 하듯 그리스도에게 한 구절씩 번갈아가며 노래로 찬양했다. 또한 어떤 악한 일도 하지 않고, 사기, 절도, 간음도 하지 않고, 거짓말도 절대 하지 않고, 맡겨진 재물을 돌려달라고 하면 거절하지 않고 내어주겠다고 엄숙한 맹세를 했다. 그 후에는 습관처럼 흩어졌다가는 다시 모여 음식을 나누었다—그러나 그 음

럼에도 불구하고, 이들은 제국에 저항한 모든 반체제인사들이 받았던 것과 동일한 정도의 박해를 받았고, 어떤 곳에서는 다른 곳에서보다 더 심한 박해를 받았을 것이라고 보아야 할 것이다. 참조. Frederick J. Murphy, *Fallen is Babylon: The Revelation to John, New Testament in Context* (Harrisburg: Trinity, 1998), 5-17.

식은 평범하고 단순한 것이었다. (*Ep.* 10.96 [LCL])

이러한 모습은 플리니가 이 운동의 지도자 중 두 명을 고문하여 "진실을 규명하려고" 시도했을 때 확인되었는데, 그 둘은 모두 여성 노예들이었다. 그들은 무해한 사람들이었을까, 아니면 선동적인 위험 인물들이었을까? 플리니는 이를 시험할 아이디어를 고안해냈다: 고발 당한 사람들로 하여금 반복해서 신들에게 기원을 드리게 하고, 황제와 신들의 형상에 예배를 드리게 하고, 그리고 마지막에는 그리스도를 저주하게 했다. 많은 사람들이 그렇게 했다. 그러나 굴복하지 않은 사람들도 있었다. 플리니는 후자를 택한 사람들을 처형하도록 명령을 내렸다. 선동 여부를 시험하는 가장 확실한 것은 이것이었다: 황제와 신들에게 희생제사를 드리는가, 드리지 않는가? 왜 그럴까? 플리니가 편지 후반부에 일부 언급하고 있듯이, 그가 개입하기 전에는 지역의 신전들이 거의 문을 닫았고, 축제들은 무시되었고, 희생제사 동물들을 "구매하려는 사람들도 거의 없었다." 이것이 문제였다. 그리스도인들의 희생제사 거부는 헬레니즘 문명의 중심축을 흔들었고, 그 축 위에 세워진 로마제국 체제에 일격을 가했다. 제단, 희생제사, 고기 같은 것들이 없다면, 헬레니즘 세계는 혼란에 빠질 것이다. 로마가 가장 두려워했던 것이 한 가지 있다면, 그것은 혼란이었다.

그러므로 희생제사가 공식적인 종교생활과 정치생활의 중심으로 남아있는 한, 그리스도인들의 희생제사 거부는 제국과의 갈등 지점으로 남을 수밖에 없었다. 우리는 이러한 갈등의 또 다른 사례를 데시우스(Decius, 기원후 249-251) 통치 기간 중 처음으로 조직적인 대박해가 한창이던 시기에 발견하게 되는데, 놀랄 것도 없이, 그의 치하에서 수많은 반체제인사들이 순교를 당했다. 이 당시 어떤 그리스도인

혐의자가 자신을 해명하는 한 파피루스 문서를 보게 되면, 바로 이러한 문제들이 다루어지고 있다. 일종의 증명서 형태로 된 이 문서는 기원 후 250년 경 이집트 파염(Fayum) 지역에서 만들어진 것으로서, 이에 따르면, 그리스도인들은 지역 당국자 앞에 출두하여 요구되는 희생제사를 드림으로써 황제의 칙령을 준수하도록 강요받고 있었다. "희생제사 증명서"의 내용은 이렇게 되어 있다.

> 알렉산더의 아일랜드(Alexander's Island) 마을에서 희생제사 감독 임무를 맡은 분들에게; 72세로 오른쪽 팔꿈치에 흉터가 있는 사바투스의 아들, 알렉산더의 아일랜드 마을 아우렐리우스 디오게네스(Aurelius Diogenes) 드림. 저는 항상 신들에게 희생제사를 드려왔습니다. 그리고 저는 이제 칙령의 규정에 따라 당신의 면전에서 희생제사를 드렸고, 신주(神酒)를 올렸고, 희생제물을 (먹었습니다). 저는 당신에게 이에 대한 증명을 요청합니다. 안녕히 계십시오. 아우렐리우스 디오게네스가 이 청원서를 제출합니다.48)

이 내용에서 우리는 칙령이 요구하는 사항이 무엇인지 유추할 수 있다: 신들에게 희생제사를 드릴 것, 포도로 만든 신주(神酒)를 올릴 것, 희생제사 고기를 먹을 것이다. 이러한 것들은 전체 제국체제를 하나로 묶는 데 필요한 가장 근본적인 종교 행위들이었다. 여기에서 황제 숭배에 대해서는 전혀 언급이 없다는 점에 주목할 필요가 있다.

---

48) Ludwig Mitteis and Ulrich Wilcken, *Grundzüge und Chrestomathie der Papyruskunde*, 1, 2 (Leipzig: Teubner, 1912), no. 124. 이는 다음 책에서 번역하여 인용됨. Beard, North, and Price, *Religions of Rome*, 2.165.

충성심 그 자체는 문제의 핵심이 아니었다. 중요한 것은, 지금 잘 돌아가고 있고 모두가 인정하고 있는 제국의 종교생활과 사회생활에 네가 동참하고 있느냐 하는 것이었다. 비어드, 노드, 그리고 프라이스가 이에 대해 언급한 것을 보자.

> 데시우스는 희생제사를 받을 신들이 어떤 신들인지 특정하지 않았다—지방의 신들도 특별히 로마의 신들과 마찬가지로 인정했던 것으로 보인다. 이 경우 그리스도인들에게 요구되는 것은, 반드시 로마의 신들에게 예배해야 한다는 것이 아니라, 향을 피우고 신주(神酒)를 올리고 희생제사 고기를 먹는 이 모든 것의 총체로서 희생제사 제도에 동참해야 한다는 것이다. 여기에서 희생제사는 (구체적인 신들이나 축제들이 아니라) 로마의 진정한 백성들이 누구인지 정해주고 보여주었다.[49]

떠남

교회 초창기의 많은 그리스도인들은 자신들이 로마의 진정한 백성들이라고 생각하지 않았다. 그들은 또 다른 제국, 즉 하나님의 제국에 대한 예수의 선포를 회상하고 있었고, 그들이 경멸해온 제국이 파멸될 날을 기다리고 있었다. 이것이 희생제사에 대한 그리스도인들의 거부를 이해할 수 있는 정신적 기초이다. 왜 이러한 정신이 초기

---

49) Beard, North, and Price, *Religions of Rome*, 1.239. 하지만, 로마의 제의가 구체적으로 확립되고 두드러진 곳에서는, 그리스도인들의 모욕이 무엇보다 특히 로마의 종교관습을 향하고 있었다는 점에 주목하라. 참조. Beard, North, and Price, *Religions of Rome*, 1.239-41.

그리스도인들 사이에서 그토록 강했던 것일까?

스미스(Jonathan Smith)는 이러한 반체제적 분위기를 보다 분명히 이해하는 데 도움이 될 헬레니즘 세계 안의 종교 형태들에 주목해왔다. 그는 고대 세계에는 두 종류의 종교가 있다고 말한다: 이른바 "장소적(locative)" 형태와 "유토피아적(utopian)" 형태가 그것이다.[50] 장소적 형태에서 중요한 것은 장소(*locale*)라는 개념이다. 전통을 중시하는 고대의 이러한 종교들은 장소, 즉 도시, 제단, 가정 등에 중심을 둔다. 그러나 이 종교들은 또한 장소를 제공하기도 한다. 이 종교들은 사람들을 특정 장소에 향하게 하여, 신적으로 질서 잡힌 세상 안에서 각각의 장소를 배정해줌으로, 자리를 잡게 한다. 우리가 살펴본 대로, 희생제사는 "장소적" 종교의 전형적 표현이었다. 희생제사가 로마에서 중요했던 이유, 로마가 지방의 제사의식을 인정하고 부추겼던 이유, 그리고 로마가 그 자체의 희생제사 전통을 발전시키고, 제국 전체에 보급시키고, 황제라는 인물을 이러한 희생제사 유산에 통합시켰던 이유도 바로 여기에 있었다. 결국 세상에 질서를 부여한 것은 황제였고, 각각의 사람들은 황제의 덕으로 현존하는 세상 속에서 각자의 자리를 잡을 수 있었다.

그러나 이렇게 잘 정돈된 제국의 세상 안에서 상당수 사람들은 자신의 장소를 좋아하지 않았다. 그런 세상은 노예들의 등 위에서 번창했던 세상이었다. 그것은 장애인, 노동하기엔 너무 어린 버려진 아이들, 남성의 세계에서 내쳐진 여성들, 병자, 유약한 사람들, 그리고 정신질환자들에게는 거의 쓸모없는 세상이었다. 이처럼 "장소"에 고

---

[50] Jonathan Z. Smith, *Map Is Not Territory: Studies in the History of Religions*, SJLA 23 (Chicago: Univ. of Chicago Press, 1993), xi-xv와 67-207, 기타 여러 곳; 동일 저자, *Drudgery Divine: On the Comparison of Early Christianities and the Religions of Late Antiquity* (Chicago: Univ. of Chicago Press, 1990), 121-25.

착된 세상에서는 특히 "쫓겨날(dis-place)" 가능성이 컸다. 전쟁, 사회적 대변혁, 경제적 억압 등은 수많은 사람들의 개인적 삶을 붕괴시켰고, 갈 곳 없이 방치하거나, 가정과는 다른 새롭고 낯선 곳으로 이동하게 만들었다. 이러한 사람들에게 장소적인 종교들은 쉽게—때로는 갑자기—그 정당성을 잃어버릴 수밖에 없다. 자신이 서 있는 장소가 기뻐할 이유가 없다면, 왜 그 장소에서 즐거워하겠는가? 이러한 사람들에게 장소에 대한 새로운 경험은 "우주에 대한 철저한 재평가"를 요청하게 된다.51) 스미스는 이때 나타나게 되는 것이 "우주적 편집증"(cosmic paranoia)이라고 말한다. 자신에 대해 철저히 등을 돌리는 세계에 대해 고대 노예들이 경험한 것을 "편집증"이라 부르는 것이 적절한지는 잘 모르겠다. 여하튼 이때 이러한 사람들 사이에서 새로운 종교의 길이 나타난다. 스미스는 이것을 "유토피아적인(utopian)" 길이라고 부르는데, 이것은 이 단어의 그리스어 본래 의미에 기초한 것이다: "장소가 없는(no place)" 길이다. 이러한 종교의 길은 장소에 중심을 두지 않고, 떠남(leave-taking)에 중심을 둔다. 이 길은 흩어지고, 움직이고, 이동한다. 보다 추상적으로 말하면, 이 길은 현존하는 세상으로부터의 이탈을 생각한다: 이 길은 보다 나은 장소를 희망한다. 이런 형태의 종교들은 "구원자(savior)" 종교들로서, 여기에서는 대개 구원자가 하늘의 영역에서 지상으로 내려와, 세상에서 패배한 사람들을 새롭고 더 좋은 장소, 그들의 참된 궁극적인 "집(home)"으로 인도한다.

    헬레니즘 세계에서는 "장소 없음"의 경험에 응답했던 이러한 종교들, 즉 보다 오래된 장소적 종교에서 갈라져 나온 분파들이 많이 있

---

51) Smith, *Map Is Not Territory*, 138.

었다. 그리스도교는 그중 하나였다. 그리스도교 자체의 기원을 회상해보면, 예수를 따랐던 사람들은—마을, 가정, 가족으로부터—철저히 떠났던 사람들이다. 초기 지도자들 중 상당수는 바울처럼 떠돌이였다. 예수를 따랐던 이들의 계층과 부류들 가운데에는 노예, 성매매 여성, "죄인," 불결한 사람, 장애인, 미혼여성, 그리고 이러한 볼품없는 무직자들과 연관됨으로 지금껏 소중하게 생각해온 장소들을 떠나야 했던 수많은 사람들이 포함되어 있었다. 물론 이러한 초기 그리스도인들 모두가, 혹은 상당수가, 문자 그대로 집과 가정을 떠났던 것은 아니었다. 그러나 이들의 반감은 어쩌면 부랑하는 걸인들의 떠돌이 삶보다 훨씬 더 위협적인 형태로 나타났다. 이들은 제단을 떠났던 것이다. 로마 총독 플리니에게 이것은 위기였다. 그리고 이러한 장소로부터의 이탈을 이끈 지도자가 누구였던가? 두 명의 여성 노예였다. 고대 세계에서 여성 노예라는 지위보다 더 낮은 지위가 있는가? 이것은 로마제국 시대에 그리스도교와 관련하여 발생한 사건 중 가장 주목할 만한 것 가운데 하나다: 이것은 민중들로 하여금 이 세상 안에서의 자기 위치를 다시 생각해보고, 질문을 던지도록 고무시켰다. 노예들까지도 이 운동 안에서 자신들의 장소라는 것이 실제로는 "장소가 없다"는 것을 깨닫게 되었고, 그리고 이 운동 안에서 희망하고, 상상하고, 어쩌면 한 발 더 나아가 새로운 장소에서 새로운 삶을 살기 시작할 수 있는 계기를 발견했다. 그러나 이러한 여행의 첫발은 항상 가장 위험한 것이었다. 제단에서 발을 옮겨, 실제로는 "장소가 없는" 혼돈 속으로 들어가는 것이었기 때문이다.

예수의 추종자들에게 예수의 죽음은 모든 것이 분명해지는 강력한 계기가 되었다. 예수가 로마제국 안에서 반체제인사로 처형되었을 때 그들에게 분명해진 것은, 자신들이 지금까지 알고 있던 세계는,

예수가 인간의 삶과 관계에 대해 언급한 것 속에 함축된 바, 철저하게 새로운 질서를 용납할 수 없다고 하는 것이었다. 로마제국은 하나님의 제국을 용납할 수 없었다. 그래서 그들은 떠났다. 그들은 제국과 제국이 지정해준 장소들에서 떠났고, 그리고 장소를 중심으로 한 제국의 전체 체제를 만들고 지탱하고 지속가능하게 했던 그 일을 멈추었다: 그들은 희생제사 드리는 일을 멈추었던 것이다.

　이러한 행위는 많은 해석 작업을 위한 계기가 되었다. 초기 그리스도인들은 머지않아 유대교의 예언자 전통 속에서 자신들에게 진실을 말해줄 반(反)희생제사적 메시지를 발견하게 되었다. 우리는 이것을, 예를 들면, 마태복음 속에서 발견할 수 있는데, 여기에 등장하는 이야기는 이러한 희생제사에 대한 비판이 크게 타당성을 얻게 된 사회적 배경에 대해 많은 것을 말해준다. 마태가 설정한 장면은 이러하다: 예수가 "세리와 죄인들"과 함께 식사를 하며, 청결하고 격식있는 식탁에서는 자리가 없었을 사람들에게 자리를 제공한다. 그러자 반대자들이 예수의 제자들에게 불평한다: "어찌하여 당신네 선생은 세리와 죄인과 어울려서 음식을 드시오"(마태 9:11)? 그러나 예수는 그들의 말을 흘려듣고는, 이렇게 대답한다: "너희는 가서 '내가 바라는 것은 자비요, 희생제물이 아니다' 하신 말씀이 무슨 뜻인지 배워라"(마태 9:13, 호세아 6:6에서 인용). 이것은 무엇을 의미하는 것일까? 희생제사라는 것이 이러한 상황과 어떤 관련성을 가질 수 있을까? 식사는 희생제사와 더불어 시작된다. 희생제사는 격식있고 청결한 참가자들과 함께 먹는 음식은 격식있고 청결하다는 것을 보증해준다. 희생제사가 시작되면, 모든 사람은 식탁에 "자리를 잡는다." 그러나 "죄인"은 자리가 없고, 불결하다—"자리 바깥에 서 있다." 이것은 예수 운동에 동참한 상당수 사람들에게 사실이었을 것이다. 적절한 자리가 없었던 사람들에게, 그리고 이들과 유대관계를 맺은 사람들에게, 희생제사는 장애물이 되었고, 결국 이들과는 무관한 것이 되었다.

그러나 예수의 죽음은 그의 추종자들에게 희생제사 문화를 비판할 수 있는, 다소 모호하기는 하지만, 통렬한 기회도 제공했다. 우리는 초기 그리스도인들이 어떻게 예수의 죽음을, 그의 추종자들에게 주는 속죄의 의미와 함께, 순교자의 죽음으로 아주 자연스럽게 말할 수 있었는지 살펴보았다. 우리는 또한 이들이 어떻게 자신들의 존재를 새로운 공동체로 생각하게 되었고, 유대교 세계의 계약을 위한 희생제사 개념을 사용하여, 희생제사 은유를 어떻게 확장할 수 있었는지도 살펴보았다. 예수는 자신의 추종자들이 하나님께 더 가까이 가고, 서로에게 더 가까이 다가갈 수 있도록, 이들을 위한 희생제물이 되었다. 그러나 이러한 해석 작업 속에서조차, 초기 그리스도인들은 예수의 죽음이 실제로는 희생제물이 아니었다는 것도 알고 있었다. 그는 십자가 위에서 죽은 것이지, 제단 위에서 죽은 것이 아니었다. 예수는 매질 당하고, 찔리고, 찢김을 당한 것이지, 흠 없는 완전한 양도, 처녀도, 심지어 영웅도 아니었다. 그가 희생제물로 드려진 장소는 성전 깊숙이 있는 지성소(*sactum sanctorum*)가 아니라, 도시 성벽 바깥의 악취가 나는 뼈와 시체더미가 있는 곳이었다. 이러한 예수의 죽음을 희생제물이라고 주장하는 이 역설을 생각해보라. 실로 희생제물에 반대하는 주장이 아니고 무엇이겠는가?

히브리서에서는 이러한 역설적인 주장이 보다 완벽하게 재연된다. 희생제물로서의 예수 이해에 대한 지속적인 성찰 작업을 보여주는 신약성경의 본문들 가운데 하나인 이 본문을 보면, 초기 그리스도인들이 어떻게 희생제사 문화를 비판하면서도, 동시에 예수의 죽음을 보다 높은 영적 질서를 위한 희생제물로 언급하고 있는지 알 수가 있다. 이 주목할 만한 본문 속에서 희생제사 전통의 전모가 드러난다. 예수의 죽음은 속죄의 희생제물이다(예, 9:11-14); 예수의 죽음은 언약의 희생제물이다(예, 9:15-22); 그리고 마침내 예수의 죽음은 모든 희생제물들을 더 이상 필요로 하지 않는 마지막 희생제물이 된다.

> 그러므로 그리스도께서 세상에 오실 때에, 하나님께 이렇게 말씀하셨습니다. "주님은 제사와 예물을 원하지 않으셨습니다. 그래서 나에게 입히실 몸을 마련하셨습니다[참조. 시 40:7-9]; 주님은 번제와 속죄제를 기뻐하지 않으셨습니다[참조. 레 4:14]⋯," 그 다음에 말씀하시기를 "보십시오, 나는 주님의 뜻을 행하러 왔습니다" 하셨습니다. 그리스도께서는 두 번째 것을 세우시려고, 첫 번째 것을 폐하셨습니다. 이 뜻을 따라 예수 그리스도께서 자기 몸을 단번에 드리심으로써 우리는 거룩하게 되었습니다.(히 10:5-6, 9-10)

히브리서 저자에게 그리스도의 희생제물은 모든 희생제물의 마지막 종결이었다: "그는 거룩하게 되는 사람들을 단 한 번의 희생제사로 영원히 완전하게 하셨습니다"(10:14). "확고한 믿음을 가지고" 하나님께 가까이 다가가는 것 외에 무엇이 남아있을까?(10:22). 역설적이게도 희생제사가 종결된 것은 희생제사 그 자체에 의해서였다.

희생제사 개념을 이처럼 추상적인 것으로 만들고, 그에 따라 희생제사 관습을 철폐하게 된 것은, 오늘날 종종 그리스도교가 유대교를 대체하고 유대교를 넘어섰다는 주장의 핵심 근거로 이해된다. 그러나 이 서신의 저자가 근거로 사용한 권위 있는 성경들이나, 또 그 성경들을 설명하기 위해 사용한 기법들은 모두 유대교에서 온 것이다.[52] 히브리서는, 필자가 볼 때, 반유대적인 사람들이 "유대인화한 사람들"

을 겨냥해서 만든 문서가 아니다.53) 오히려 히브리서 저자는, 당시 사회적 세계를 창조하고 질서를 부여했던, 희생제사에 기반한 폭넓은 헬레니즘 문화 한가운데서, 유대교 전통 그 자체 안으로부터 반희생제사적 정서를 고무시키고 있다. 이것이 시의적절했던 것은, 이 서신의 원래 수신자가 누구였든, 이들은 일면 현금의 사회적 지형도와 충돌했었고, 또 이를 유지하려던 사람들과 충돌했었음이 분명하기 때문이다. 이들은 공개적인 수치와 모욕을 당했고, 감옥에 갇히고 재산을 빼앗겼는데, 이러한 모든 것들은, 제국에 대항하여 감히 반체제적 입장에 섰던 사람들, 그리고 자신에게 배정된 자리를 수용하지 않으려던 사람들이 처한 공동의 운명이었다. 이러한 것들이 또한 이들의 결심을 약화시키기 시작했다(10:23-25). 이러한 상황에서 히브리서 저자는 반체제적인 삶에 적합한 주제들을 엮어 처방을 내린다: 담대함(parrēsia),54) 인내(hypomonē),55) 희망(elpis),56) 그리고 믿음(pistis).57)

히브리서 11장에 신앙의 미덕에 대한 우아한 찬사는, 초기의 그리스도교 반체제인사들에게, 이들이 선택한 행동의 유토피아적(장소가 없는) 함의를 받아들이는 것이 얼마나 중요한가 하는 것을 강조한다. 이 장에서 저자는 '떠남'이라는 주제의 유대교적 대서사 전통을 탐구하여, 이를 결단과 믿음의 도전정신과 연관시킨다. 아벨, 에녹,

---

52) 히브리서 해석의 다양한 기법에 대해서는 다음 참조. Harold W. Attridge, *The Epistle to the Hebrews*, Hermeneia (Philadelphia: Fortress Press, 1989), 23-25.
53) 이러한 주장을 위해 종종 사용되어온 7:11-19와 같은 구절들은 반유대적인 것이 아니다. 오히려 저자는 특이하게도 다른 유대교 전통을 원용해서 유대교의 (제의) 전통을 비판하고 있다.
54) 3:6; 10:19; 10:35.
55) 10:36; 12:2; 12:7.
56) 3:6; 6:11.
57) 특히 11:1-40; 아래를 보라.

노아, 그리고 아브라함에 대해 그는 이렇게 말한다.

> 이 사람들은 모두 믿음을 따라 살다가 죽었습니다. 그들은 약속하신 것을 받지는 못했지만, 그것을 멀리서 바라보고 반겼으며, 땅에서는 길손과 나그네 신세임을 고백하였습니다. 이런 말을 하는 사람들은 자기네가 고향을 찾고 있다는 것을 나타내는 것입니다. 그들이 만일 떠나온 곳을 생각하고 있었더라면, 돌아갈 기회가 있었을 것입니다. 그러나 사실은 그들은 더 좋은 곳을 동경하고 있었던 것입니다. 그것은 곧 하늘의 고향입니다. 그래서 하나님께서는 그들의 하나님이라고 불리는 것을 부끄러워하지 않으시고, 그들을 위하여 한 도시를 마련해 두셨습니다.(11:13-16)

저자는 계속하여 모세, 이스라엘 사람들, 라합, 그리고 여타의 다른 사람들을 언급한 후, 자신의 신앙 공동체 내 반체제인사들의 운명에 보다 직접적으로 연관된 문제들에 관심을 돌린다.

> 어떤 이들은 고문을 당하기도 하고…, 조롱을 받기도 하고, 채찍을 맞기도 하고, 심지어는 결박을 당하기도 하고, 감옥에 갇히기도 하고…, 돌로 맞기도 하고, 톱질을 당하기도 하고, 칼에 맞아 죽기도 하였습니다. 그들은 궁핍을 당하며, 고난을 겪으며, 학대를 받으면서, 양과 염소의 가죽을 입고 떠돌았습니다. 세상은 이런 사람들을 받아들일 만한 곳이 못 되었습니다. 그래서 그들은 광야와 산과 동굴과 땅굴을 헤매며 다녔습니다. (히 11:35-38)

이스라엘의 서사 전통에서, 믿음은 흔히 거부당함을 받아들이는 것, 쫓겨나는 것, 그리고 새로운 약속의 땅, 즉 새로운 제단이 있는 새로운 장소를 찾아 유랑하는 것을 의미했다. 이러한 전통의 맥을 이어 히브리서 저자는, 한때 자신들의 자리를 보전해준, 그러한 제단들을 떠난 이들에게 적합한 정신적 기풍을 확립했다. 이들은 이제, 케제만이 그의 고전적 저서 『유랑하는 하나님의 백성』(*The Wandering People of God*)에서 시의적절하게 명명했던 것처럼, "낯선 자들이요 추방된 자들(strangers and exiles)"이다. 하지만 이 서신의 저자가 그리스도인의 존재를 이런 식으로 표현한 것은, 케제만이 생각했던 것처럼, 영지주의적 신화론(gnostic mythology)에 젖은 이방인들을 고려해서, 복음을 그들이 이해할 수 있는 용어로 해석하려는 일반적 욕구 때문은 아니었다.58) 오히려, 장소 없이, 자유롭게, 어느 것에도 매이지 않는 삶을 구가하는 이러한 개념은, 수많은 초기 그리스도인들이 느꼈을 소외와 불만의 경험에 대한 참된 종교적 반응이라고 할 수 있다. 그리고 이것은, 다양한 신화적 틀로 적대적 세상으로부터의 궁극적 탈출을 그려냄으로써 자신들의 유토피아적 정서를 표현하고자 했던, 고대 헬레니즘 세계의 대다수 경험과 관련해서도 마찬가지였을 것이다.

이러한 유토피아적 담론에서 가장 중요한 것은 희생제사, 신전, 제단—각 사람을 장소에 묶어둔 제의적 밧줄—의 문제였다. 히브리서 저자가 역경과 고통을 당한 사람들, 심지어는 순교에 직면한 사람들에게 신앙을 말할 때, 신앙을 인내로서만 말하지 않고, 이와 동시에 떠남으로 말하는 이유가 바로 이 때문이다.59) 그리스도를 따르는 사

---

58) Ernst Käsemann, *The Wandering People of God: An Investigation of the Letter to the Hebrews*, trans. Roy A. Harrisville and Irving L. Sandberg (Minneapolis: Augsburg, 1984), 174-82.

람은 "진영 바깥에서," 옛 지성소와 제단을 떠나 앞으로 오게 될 새로운 도시에서, 이전과는 전혀 다른 새로운 희생제사를 드리며 그를 따른다.

> 우리에게는 한 제단이 있습니다. 그런데 유대교의 성전에서 섬기는 사람들은 우리의 이 제단에 놓은 제물을 먹을 권리가 없습니다. 유대교의 제사의식에서 대제사장은 속죄제물로 드리려고 짐승의 피를 지성소에 가지고 들어가고, 그 몸은 진영 밖에서 태워버립니다. 그러므로 예수께서도 자기의 피로 백성을 거룩하게 하시려고 성문 밖에서 고난을 받으셨습니다. 그러하므로 우리도 진영 밖으로 나가 그에게로 나아가서, 그가 겪으신 치욕을 짊어집시다. 사실, 우리에게는 이 땅 위에 영원한 도시가 없고, 우리는 장차 올 도시를 찾고 있습니다. (13:10-14)

예수는 사실상 희생제물이 아닌 희생제물로서 죽었다. 그의 희생적인 죽음은 실제로는 제국에 의한 잔인한 처형이었다. 이러한 예수의 죽음은 그의 추종자들에게 모든 희생제물을 종식시키는 희생제물이 되었다. 이 죽음은 예수의 추종자들이 과거의 질서 잡힌 세상, 예수를 내쳤던 세상에서 나와, 아직 알려지지 않은 새로운 미래에로 나아가는 큰 문지방으로서 영원히 기록될 사건이 되었다. 예수의 죽음은 예수를 기존 질서 속의 세상과 도시에서 나와, "진영 바깥에서,"

---

59) Attridge, *Epistle to the Hebrews*, 22: "믿음(11장에서 말하는)은, 특별히 이스라엘의 순교자들(11:35-38)이 보여주고 있고 또한 모세 이야기(11:25, 27)가 어느 정도 보여주고 있듯이, 보다 정적인 인내의 덕만을 포함하는 것이 아니라, '역동적인' 떠남의 덕도 포함한다. 신앙의 본보기가 된 사람들에게 이러한 떠남은 입구가 아니라 출구이다."

장소가 없는 혼돈의 세계 그 너머로 나아가게 했다. 그의 추종자들은 이제 이러한 죽음을 자신들의 죽음으로 받아들였다. 이들의 뒤에는 폴리스와 그 가정, 제국과 그 신들, 그리고 신전과 그 제단이 있었다. 그리고 이들의 앞에는 믿음에로 나아가는 신비한 여정이 기다리고 있었다: 그것은, 이들을 새로우면서도 보다 나은 장소, "장차 올 도시"에로 안내할, 하나님을 믿는 삶이었다. 그리스도의 죽음은 이들을 장소의 독재와 장소의 안정으로부터 자유롭게 하여, 두려움과 떨림 속에서 장소-없음의 미래를 받아들이고, 이를 즐길 수 있도록 했다. 그래서 불결하고 불안케 했던 예수의 죽음은 모든 희생제물을 종식시킬 희생제물이 되었고, 집을 떠나라는 초청은, 자유와 더불어 두려움을 안겨줄, 장소-없음의 경험 속에서 살아가도록 불을 지폈다.

에필로그

한 무명인의 부활

우리가 또한 하나님의 독생자이신 말씀이 성적인 결합 없이
태어났다고 말할 때, 그리고 예수 그리스도이시고, 우리의 선생이신
그가 십자가에 처형되어 죽고, 다시 살아나서 하늘에 오르셨다고
말할 때, 우리가 제기하려고 하는 것은 당신이 쥬피터의
아들들이라고 존경하고 있는 이들과 관련하여
당신이 믿고 있는 것과 하등 다를 바가 없다. 왜냐하면 당신이
존경하는 저자들이 쥬피터의 아들들이라고 말하는 그 아들들이
얼마나 많은지 당신은 알고 있기 때문이다:
머큐리, 단어 해석과 모든 이의 선생;
아스클레피우스, 위대한 의사였지만, 번개에 맞아 죽고, 하늘로 승천;
바쿠스 또한 사지가 찢겨진 후 하늘로 승천;
헤르쿨레스, 자신의 고통을 피하려고 불길에 몸을 맡김;
레다의 아들들과 디오스쿠리; 다나에의 아들 페르세우스;
벨레로폰, 인간에게서 태어났지만, 페가수스 말을 타고 하늘에 오름.
그리고 아리아드네와, 그녀처럼 별들 사이에 자리잡도록 선언된
사람들에 대해서는 내가 뭐라 말할까? 그리고 당신들 사이에서 죽은

> 당신들의 황제들, 당신들이 신격화할 가치가 있다고 여긴 황제들, 그리고 불타고 있는 캐사르가 장작더미에서 하늘로 올라가는 것을 보았다고 맹세할 사람을 지어내게 했던 그 황제들에 대해서는 또 뭐라 말할까?
>
> —Justin Martyr, *1 Apology* 21

오늘날 사람들이 "부활"에 대해 언급할 때, 대부분은 다른 어떤 사람의 부활을 말하는 것이 아니라, 예수의 부활을 생각하며 말할 것이다. 사실 타블로이드판 신문에서는 종종 예수의 부활에 버금가는 부활 관련 기사를 볼 수 있다. 예를 들면, 엘비스를 보았다든지, 혹은 캔자스의 낡은 한 건물 벽에서 성모 마리아의 얼굴을 보았다든지 하는 기사가 그런 것이다. 그러나 그런 것은 예수의 부활에 견줄 만한 것은 못 된다. "예수가 부활했다"고 하는 것은 종교적으로 깊은 뜻을 갖고 있다. 그러나 "엘비스가 살아있다"고 하는 것은 그렇지 않다. 이것은, 이러한 주장이 락앤롤(rock-and-roll)의 우상을 신적인 지위로 높이려는 다소 엉뚱한 행동으로 생각되기 때문만은 아니다. 마틴 루터 킹 목사, 간디, 심지어는 전설적 야구선수 루 게릭(Lou Gehrig)조차도 예수에게는 진지한 의미에서 비견할 수 있는 상대가 아니다. 우리에게 부활은 두말할 것 없이 예수의 부활이다. 왜냐하면 우리들 대부분은 사실, 예수의 경우를 제외하고는, 죽은 이들로부터의 부활을 믿지 않기 때문이다. 예수는 어느 누구와도 비교할 수 없는 특별한 존재이다. 예수의 부활은 예수의 존재를 결정한다: 하나님의 유일한 신적인 아들.

부활에 대한 이러한 생각은, 예수가 죽은 자들로부터 부활했다는 소식을 처음 접했던 초기 그리스도인들과는 전혀 다른 틀 속에 우리를 가둬놓게 한다. 고대인들은 대부분 부활 자체를 믿는 데 아무런 어려움이 없었다. 부활은 가장 오래된 종교들의 공통된 요소였고, 많은 예언자, 순교자, 영웅들에게 공통적으로 일어났다고 생각되는 하나의 운명 같은 것이었다. 킹, 간디, 그리고 게릭은, 고대의 기준으로 보면, 좋은 후보자들이었을 것이다. 그러나 예수는 아니었다. 예수에 관해 들어본 적이 있던 대다수 사람들에게, 예수는 예언자가 아니라, 예언자를 사칭했던 사람이었다. 그의 죽음은 처형된 것이었지, 순교한 것이 아니었다. 초라한 그의 삶과 불명예스러운 그의 죽음은 영웅과는 거리가 멀었다. 그에게는 신다운 좋은 결말을 보여줄 기회도 별로 없었다. 부활은 무명의 사람들(nobodies)을 위한 것이 아니었다.

(다음 페이지에 실린) 19세기 중반 로마의 팔라틴 언덕(Palatine Hill)에서 발견된 유명한 그라피토(grafitto, 긁은 그림)는 그 차이를 아주 극명하게 보여준다.[1] 하나의 해학으로 의도된 조잡한 이 그림은 당나귀 머리를 가진 한 남자가 십자가에 달려있는 모습을 그리고 있다. 십자가 옆에는 한 작은 소년이 무릎 꿇고 경배하고 있다. 비문에는 이렇게 쓰여 있다: 알렉사메노스가 그의 하나님을 예배하다. 인접해 있는 방의 이와 비슷한 그라피토는 이 소년이 그리스도인 알렉사메노스(아마도 노예)임을 밝히고 있다. 오늘날 이 그림은 거의 누구에게나 혐오감을 주고 있다. 그런데 상상하기 쉽지는 않겠지만, 이것은 아마도 매우 훌륭한 해학으로 받아들여졌던 것 같다. 십자가에 달린 엘비스―이것은 "예수가 부활했다"는 말이 고대 세계에서 가장 존경받는 사람들에게 어떻게 들렸을지 대략 파악할 수 있게 해준다.

---

1) Rodolfo Lanciani, *Ancient Rome in the Light of Recent Discoveries* (Boston: Houghton Mifflin, 1988), 122.

"Alexamenos worships his God." Reprinted from Rodolfo Lanciani, *Ancient Rome in the Light of Recent Discoveries* (Boston: Houghton Milin, 1888), 122.

고대인들에게 그리스도교의 부활 선언은 특이한 것이 아니었다. 순교자 유스티누스가 2세기의 황제 피우스(Antoninus Pius)에게 그리스도교 신앙의 이러한 점을 설명하고자 했을 때, 그는 이를 뒷받침할 만한 많은 비슷한 사례들을 갖고 있었다. 물론 예수의 부활에 대한 그리스도교의 설명들은, 모든 각각의 종교 설화들이 그렇듯이, 특이한 면들을 갖고 있다. 그러나 죽었던 사람이 다시 살아났다는 기본 개념은 특이한 것이 아니었다. 마가복음 6:35-43에 나오는 야이로의 이름 모를 딸이 다시 살아난 것처럼, 요한복음 11장의 나사로 또한 죽었다가 살아났다. 바울은 예수 자신의 부활을 유일무이한 사건으로 보지 않고, 많은 사례 가운데 첫 번째, 그의 표현에 의하면, "잠든 사람들의 첫 열매"(고전 15:20)로 이해하고 있다. 마태는 예수의 십자가 처형에 대한 설명 속에 이러한 마지막 때의 희망을 포함시키고 있는데, 여기에 보면, 죽었던 사람들이 예수가 죽는 그 순간에 이미 부활하여, 3일 뒤에는 무덤에서 나와 예수와 함께 도시를 돌아다닌다(마태 27:52-53). 2세기의 이레니우스는 자신도, 또한 다른 그리스도교 지도자들 중에도 죽은 사람을 살릴 수 있는 사람이 있다고 주저함 없이 주장한다.[2] 고대인들 역시 위대한 영웅들의 부활과 모든 "쥬피터 아들들"의 부활을 믿었고, 무엇보다 중요한 것은, 그리스도교가 발생했던 세계에서 황제가 부활하여 높임을 받는 것, 즉 죽는 순간 신의 아들로 하늘에 영접되는 "승천(apothosis)"을 믿었다. 이러한 세계에서, 그리스도교의 부활 선언과 관련하여 문제가 되었던 것은 부활을 믿느냐 않느냐 하는 것은 아니었을 것이다. 정말 문제가 된 것은, 무명인에 불과했던 예수가 죽은 자들로부터 부활했다고 하는 것을 과연 믿을 수 있느냐 하는 것이었다.

바로 여기에 고대인들과 현대인들이 부활한 주님에 대한 믿음을 선포하는 방식에서의 큰 차이가 있다. 현대인에게 부활은, 물론 예수의 경우를 제외하고, 불가능하다. 그래서 부활은 예수를 하나님의 아들로 믿는 우리가 옳다는 것을 입증하는, 우리 상상 속의 유일무이한 사건이 되었다. 그러나 고대인에게 부활은 당연히 가능한 것이었다. 그것은 신들의 아들들과 영웅들에게 일어났던 것이다. 그러나 예수는

---

2) *Against Heresies* 2.32.4.

그런 부류에 속하지 않았다. 고대인들은 쉽게 부활을 믿었지만, 예수가 그 후보가 될 수 있다고는 생각하지 않았다. 그의 죽음은 영웅적인 것이 아니었기 때문이다. 그는 소작농으로 태어나, 죄수로 죽었다. 그런데 예수의 추종자들은 헤르쿨레스, 아스클레피우스, 혹은 캐사르에게 해당되었을 부활을 예수에 대해 말하고 있다. 왜 그랬을까?

부활의 의미

이 질문에 대답하기 위해서는, 먼저 신약성경 자체에로 눈을 돌려야 할 것이다. 우리는 바울의 편지들 가운데 하나인 고린도전서에서 부활 선언에 대한 최초의 증언을 발견할 수 있다: "나도 전해 받은 중요한 것을 여러분에게 전해 드렸습니다. 그것은 곧, 그리스도께서 성경대로 우리 죄를 위하여 죽으셨다는 것과, 무덤에서 묻히셨다는 것과, 성경대로 사흘날에 살아나셨다는 것입니다"(고전 15:3-4). 이 옛 전승은, 바울이 이를 소개하면서 사용한 어투가 명백히 암시하듯이, 사실상 바울 이전에 있었던 것이다: 바울은 이것을 전해 받았고, 그래서 이제 이것을 다시 전해주었다. "성경"을 전거로 댄 것은 아마도 전해 받은 전승의 출처를 가리킬 것이다. 누군가 예수의 죽음을 되짚어보는 시간을 가졌을 것이고, 그래서 그의 죽음은 의미가 있는 죽음이고, 성경에서 이미 논의된 바 있는 그런 죽음이라는 결론을 내렸을 것이다.

이제 바울은 보통 그리스도교 전승을 사용할 때 그래왔듯이, 자신의 주장을 확고하게 할 목적으로 전승을 활용하고 있다. 고린도전서 15장의 주장의 본질은 간혹 오해되어왔다. 논점은, 고린도전서 15:14과 같은 구절들이 오늘날, 특히 부활절 주일 아침에 사용되는 방식에서 추정할 수 있듯이, 예수가 죽은 자들로부터 부활했는가 하는 것이 아니었다: "그리스도께서 살아나지 않으셨다면, 우리의 선포도 헛되고, 여러분의 믿음도 헛될 것입니다." 이것은 오해하기 쉬운 구절이다. 바울이 제기하는 문제는 예수의 운명과 관련된 것이 아니라, 다른 죽은 사람들의 운명과 관련된 것이다. 즉 죽은 자들의 일반적인 부활(a general resurrection)이 있느냐, 없느냐 하는 질문이다. 이것은, 이 논의를 시작하면서 바울이 단서처럼 언급한 내용을 보면 분명하다: "그리스도께서 죽은 사람 가운데서 살아나셨다고 우리가 전파하는데, 어찌하여 여러분 가운데 더러는 죽은 사람의 부활이 없다고 말합니까?"(15:12). 다음에 올 구절에서 바울은 자신의 논리를 이렇게 펼칠 것이다: "만약 여러분이 예수가 죽은 사람들 가운데서 살아나셨다는 것에 모두 동의한다면—동의하지요, 그렇지요?—여러분은 또한 죽은 사람들의 일반적인 부활이 있을 것이라는 점에도 동의해야 할 것입니다." 이런 맥락에서 바울은 20절에서 이렇게 말한다: "그러나 이제 그리스도께서는 죽은 사람들 가운데서 살아나셔서, 잠든 사람들의 첫 열매가 되셨습니다." 예수의 부활이 유일무이한 것은 아니지만, 앞으로 있을 수많은 부활의 첫 번째라는 것이다.

바울이 세운 고린도교회들 중 일부에서 일반적 부활을 부정했던 이유가 논쟁거리가 되었다. 그들은 세례를 받음으로써 자신들에게 예정된 불멸의 존재로 이미 변화되었다고 생각한 것으로 보인다. 그들이 이해하기로는, 부활은 세례를 받을 때 이미 일어났다.[3] 이런 관점

---

[3] 고린도교인들이 실제로 믿고 있었던 것이 논쟁거리가 되었다. 여기에 소개된 견해는 많은 학자들이 공감하고 있다. 아래 참조. Ulrich Wilckens, *Weisheit und Torheit* (Tübingen: Mohr/Siebeck, 1959), 11; Ernst Käsemann, *New Testament Questions of Today*, trans. W. I. Montague (Philadelphia: Fortress Press, 1969), 125-26; J. H. Wilson, "The Corinthians Who Say There Is No Resurrection," *ZNW*

에는 세례의 의미에 대한 바울 자신의 생각이 어느 정도 암시되어 있다(특히 로마서 6장을 보라).[4] 그렇지 않다면, 이러한 논쟁은 단순히 바울 공동체 안에 다양한 민족들이 섞여 있었던 결과였을지도 모른다. 그리스인들과 로마인들은 어떤 비범한 개인들의 부활은 믿었지만, 일반적인 부활은 믿지 않았다. 어느 경우이든, 죽은 자들의 장차 올 부활을 믿지 않는 것은 공동체에 과제로 남았다: 그렇다면 사람이 죽으면, 무슨 일이 일어나는가? 만약 고린도교회에서 바울이 나중에 로마서에서 언급한 것, 즉 "죄의 삯은 죽음이다"(로마서 6:23; 참조 5:12, 21)와 비슷한 말을 했다면, 그는 부지불식간에 이미 이 문제에 대답했을지도 모른다. 이런 관점에서 보면, 죽음은 아주 쉽게 죄에 대한 벌로 보일 수 있다. 그리스도의 재림 전에 죽은 사람들은 결국 하나님의 제국에는 들어갈 수 없는 죄인으로 확인될 뿐이다. 이것이 고린도교회 일부 사람들이 실제로 믿고 있었던 것이라는 점은, 고린도전서 15:29 전반부에 나오는 바울의 말에서 암시되고 있다: "죽은 사람들이 살아나지 않는다면, 죽은 사람들을 위해서 세례를 받는 사람들은 무엇 하려고 그런 일을 합니까?" 고린도교회 교인 중 일부는 분명히, 죄의 삯을 받은 이후에도, 대리로 받은 세례(surrogate baptism)는 죽은 사람을 그의 죽음으로부터 구원할 수 있을 것이라고 생각했다.[5] 바

---

59 (1968), 90-107; James M. Robinson, "Kerygma and History in the New Testament," in James M. Robinson and Helmut Koester, *Trajectories Through Early Christianity* (Philadelphia: Fortress Pres, 1971), 33-34; Jürgen Becker, *Auferstehung der Toten im Urchristentum*, SBS 82 (Stuttgard: Katholisches Bibelwerk, 1976), 74-76. 회의적인 입장에 대해서는 다음을 참조하라. E. Earle Ellis, "Christ Crucified," in *Reconciliation and Hope,* ed. Robert Banks (Grand Rapids: Eerdmans, 1974), 73-74.

4) 이러한 생각이 바울의 추종자들 사이에서 퍼져나갔다는 것은 디모데후서 2:17-18에 나타나고 있는데, 본문은 후메내오(디모데전서 1:20에서는 목회자에 반대하는 사람으로도 언급되고 있다)와 빌레도가 바로 그들이라고 말한다.

울은 물론, 자신이 지금 대리로 세례를 받은 사람들을 막다른 골목으로 몰아넣고 있다는 것을 알고 있었다: 만약 죽은 사람들이 실제로 죽어서 없어진 것이라면, 무엇을 위해, 혹은 어떻게 세례가 그들을 정말로 구원할 수 있겠는가? "죽은 사람들이 정말로 살아나지 않는다면, 무엇 때문에 그들은 죽은 사람들을 위하여 세례를 받습니까?"(15:29 후반부). 죽은 사람들이 대리 세례의 열매를 맛보려면, 그들은 미래의 어느 시점에 다시 살아 돌아와야만 했다. 하나님은 그들을 죽은 자들로부터 일으키셔야 했다.

그러나 다소 모호한 듯 보이는 이 대답은, 고린도전서 15장에서 바울이 주장하려는 핵심 요지는 아니다. 그가 실제로 주장하고 싶은 것은, 그리스도는 죽은 자들로부터 부활했다는 것인데, 이것은 모든 고린도교회 교인들이 확실하게 동의할 수 있는 것이었다. 이것이 설교와 증언을 통해 바울이 이들에게 가장 먼저 말하고 싶었던 내용이었다. 그러나 만약, 이들이 지금 믿고 있는 것처럼, "죽은 사람의 부활이 없다면," "그리스도께서도 살아나지 못하셨을 것"이라고 말해야 할 것이고, 그렇게 되면 바울의 설교도, 이들의 믿음도 헛된 것이 될 것이다(15:13-14). 그러면 왜 이 둘을 그렇게 꼭 연결시켜야만 했던 것일까? 장차 올 부활이 없다면, 그리스도 또한 살아나지 못했을 것이라는 이 말을 왜 굳이 해야만 했던 것일까? 생각해보라. 바울에게 예수의 부활은 유일무이한 사건이 아니었다. 예수는 "잠자는 사람들의

---

5) 이 본문에 나오는 대리 세례를 어떻게 이해해야 하느냐 하는 문제도 논란거리이다. 대부분의 학자들은 이 본문을 고린도교회 교인들이 죽은 친척이나 친구들을 위해 대신 세례를 받았다는 의미로 평범하게 이해하고 있다. 참조. Hans Lietzmann, *An die Korinther I-II*, HNT 9 (Tübingen: Mohr/Siebeck, 1949), 82; Hans Conzelmann, *1 Corinthians: A Commentary*, trans. James W. Leitch, Hermeneia (Philadelphia: Fortress Press, 1975), 275; Andreas Lindemann, *Der Erste Korintherbrief*, HNT 9/1 (Tübingen: Mohr/Siebeck, 2000), 350-51.

첫 열매"였다. 예수의 부활은, 바울에게, 이 세상 권력자들이 타도되는 앞으로 펼쳐질 거대한 우주적 드라마에 속해 있었다. 바울은 이렇게 말한다.

> 한 사람으로 말미암아 죽음이 들어왔으니, 또한 한 사람으로 말미암아 죽은 사람의 부활도 옵니다. 아담 안에서 모든 사람이 죽는 것과 같이, 그리스도 안에서 모든 사람이 살아나게 될 것입니다. 그러나 각각 제 차례대로 그렇게 될 것입니다. 첫째는 첫 열매이신 그리스도요, 그 다음은 그리스도께서 재림하실 때에, 그리스도께 속한 사람들입니다. 그 때가 마지막입니다. 그 때에 그리스도께서 모든 통치와 모든 권위와 모든 권력을 폐하시고, 그 나라를 하나님 아버지께 넘겨드리실 것입니다. 하나님께서 모든 원수를 그리스도의 발 아래에 두실 때까지, 그리스도께서 다스리셔야 합니다. 맨 마지막으로 멸망 받을 원수는 죽음입니다.
>
> (15:21-26)

바울이 부활 선언을 묵시종말론적 시나리오의 틀 속에 배치시킨 것은 유대 전통에서 부활 개념이 어디에서부터 왔는가 하는 것을 상기시켜준다. 부활과 묵시종말론은 근본적으로 하나의 동일한 문제를 제기한다: 삶과 죽음이 선과 악에 대해 증거하지 못할 때 무슨 일이 일어날 것인가?[6] 악이 살고 선이 죽게 되었을 때, 하나님은 어디에

---

[6] Robert Martin-Achard, "Resurrection: Old Testament," *ABD* 5.683: "부활의 주제가 유대적 환경에서 전면에 대두된 것은, 묵시종말론적 관점이 경건한 유대인들이 받고 있던 고통에 응답하는 방식으로 발전하고 있던 바로 그 순간이었다는 사실에 우리는 주목한다. 죽음을 극복하고 승리하게 될 때에… 정의는 야웨를 믿는 신앙인에게 주어졌다."

계신 것인가? 하나님은 세상을 돌보고 계신 것인가? 조상들의 하나님을 믿는 믿음이 어떤 식으로든 열매를 맺을 것이라는 이렇다 할 징조도 없이, 유대인들이 연이은 외국 통치자들로부터 끊임없이 고통받고 있을 때, 예언자들과 환상가들은 이 세상의 불의에 저항하며 울부짖었다. "사람아, 이 뼈들이 살아날 수 있겠느냐?" 하나님이 예언자 에스겔에게 묻는다(에스겔 37:3). 이스라엘 집의 마른 뼈들이 다시 결합되어, "뼈들 위에 힘줄이 뻗치고, 살이 오르고, 살 위로 살갗이 덮이는"(에스겔 37:7-8) 날을 꿈꾸는 이 예언자의 놀라운 환상은 포로기 종족학살의 경험에서부터 나온 것이다. 학살당하여 마른 뼈 골짜기에 침묵 속에 누워있는 모든 육체들이 하나님의 뜻에 의해 다시 맞춰지게 되고, 다시 모이게 되고, 마침내 다시 살아나게 될 것이다: "'나 주 하나님이 너에게 말한다. 너 생기야, 사방에서부터 불어와서 이 살해당한 사람들에게 불어서 그들이 살아나게 하여라.' 그래서 내가 명을 받은 대로 대언하였더니, 생기가 그들 속으로 들어갔고, 그래서 그들이 곧 살아나 제 발로 일어나서 서는데, 엄청나게 큰 군대였다"(에스겔 37:9b-10). 예언자의 말 한마디로 의롭고 자비로운 하나님의 약속과 희망이 다시 살아나게 되었다.

에스겔은 혼자가 아니었다. 이사야도 부활 개념에서 희망을 찾았다(24-27). 후에 유대인들이 연이은 외국 통치자들 치하에서 고통받고 있었을 때, 부활 개념은 세상의 악과 불의 경험에 대한 유대인들의 다양한 반응 속에서 일관되게 나타나는 요소가 되었다. 우리는 이것을 다니엘서(12:1-3)와 기원전 3세기 초 에녹 문서(에녹 1서 22-27), 후기 에녹 문서(에녹 1서 92-105), 희년서(Jubilees, 23:11-31), 그리고 제2마카비서(7장)에서 발견할 수 있는데, 이들은 모두 기원전 2세기경에 나온 것들이다. 그리스도교 발생 시기와 가까운 때의 문서들 중에는,

솔로몬의 지혜서(1-6장), 바룩서(49-51장), 제4 에스라서(7장)에 나타난다. 하나님이 언젠가 마지막 때의 대우주전쟁에 개입하셔서, 의롭게 살다 죽은 이들을 살리시고 또 그 적들을 파멸시킬 것이라는 생각은, 극악무도한 외국 통치하에 오랫동안 고통받아온 사람들 사이에 널리 퍼져 있었다. 이 책 2장에서 필자는 특히 제4 마카비서에서 발견되는 이러한 유산의 효력에 대해, 그리고 예수의 죽음을 자신의 대의에 충직했던 순교자의 죽음으로 이해하는 초기 그리스도교 개념이 어떻게 발전되어 나왔는지에 대해 다소 길게 설명했다. 마카비서 마지막 장에 나오는 신원(伸冤, vindication)의 이야기와 더불어 순교자 이야기는, 수세기에 걸쳐 유대인들 사이에서 그랬던 것처럼, 그리스도교 담론에서 부활 설화의 원천이 되었다. 바울이 고린도전서 15:3-4에서 인용한 신앙 전승, 즉 그리스도가 "성경대로" 죽고, 무덤에 묻히고, 3일 만에 살아났다고 한 이 고백이 가리키고 있었던 것은 바로 이러한 풍부한 전통이었다.

바울은 예수의 많은 초기 추종자들과 마찬가지로 이 전통, 그리고 이 전통을 의미 있게 했던 경험 세계를 알고 있었다. 바울은 로마에서 감옥 생활을 했는데, 분명 순교의 가능성을 생각했을 것이다. 그에게 부활(첫 번째는 예수, 다음에는 그리스도에 속한 모든 이들)은, 예수가 자신의 대의에 충직한 삶을 살고자 했던 그의 노력은 결코 헛된 것이 아니라는 확신이었다. 만약 그렇지 않다면, "우리는 무엇 때문에 시시각각으로 위험을 무릅쓰고 있습니까? … 나는 날마다 죽습니다! 이것은, 우리 주 예수 그리스도께서 여러분에게 하신 그 일로 내가 여러분을 자랑스럽게 여기는 것만큼이나 확실한 것입니다. 내가 에베소에서 맹수와 싸웠다고 하더라도, 인간적인 동기에서 한 것이라면, 그것이 나에게 무슨 유익이 되겠습니까? 만일 죽은 사람이 살아나지 못한다면, '내일이면 죽을 터이니, 먹고 마시자' 할 것입니다"(고전 15:30-32).

고린도전서 15장 전체를 통해 바울은 순교자에 대해 이야기한다. 죽은 사람들, 죽음의 위험을 무릅쓴 사람들은 죽음으로써 끝난 것이 아니다. 부활의 중요성은 바로 여기에 있다. 바울의 부활 개념은 몸과 관련이 있다. 이것이 순교자의 고통 경험을 이해하는 데서 매우 중요했다. 순교자 관련 문헌들은 고문을 통한 몸의 고통, 몸의 연약함, 그리고 적들이 자신의 몸에 가할 수 있는 것들에 대한 두려움을 극복해야 할 필요성에 대해 강조한다.[7] 순교자에게는 연약한 육체적 몸으로부터 놓여남, 그리고 더 이상 해칠 수도 없고 소멸되지도 않는 형태로 그 몸이 회복되는 것, 이것이 구원의 참된 정의일 것이다. 그래서 바울은 뿌려진 씨앗의 유비를 통해, 죽은 사람들의 몸의 부활을 말한다: "썩을 것으로 심는데, 썩지 않을 것으로 살아납니다. 비천한 것으로 심는데, 영광스러운 것으로 살아납니다. 약한 것으로 심는데, 강한 것으로 살아납니다. 자연적인 몸으로 심는데, 신령한 몸으로 살아납니다"(고전 15:42-44).

바울의 부활 개념은 몸의 부활(bodily resurrection)이지, 육체 부활(physical resurrection)은 아니다. 예수나 예수를 따라 부활하게 될 사람들은 "영적인 몸(spiritual bodies)"을 갖고 있는 것이지, 육체적 몸(physical bodies)을 갖고 있는 것이 아니다. 순교자에게는 이것이 결정적으로 중요하다. 이것은 고문했던 사람의 힘, 죽음의 힘이 어떻게 무력화되는지 보여준다. 순교자가 육체적 몸을 벗고 영적인 몸을 입게 될

---

7) 유대교 및 헬레니즘의 순교자 문헌에서 가장 큰 주제 가운데 하나가 육체적인 연약성을 어떻게 극복하느냐 하는 것이었다. 참조. David Seeley, *The Noble Death: Greco-Roman Martyrology and Paul's Concept of Salvation*, JSNTSup 28 (Sheffield: JSOT Press 1990), 96-97, 118-24, 126-27, 128-29, 131-32.

때, 순교자는 육체적 몸의 취약성에서 자유로워진다. 고문자의 철기(iron)는 영적인 몸을 해칠 수 없다. 그래서 바울은 이러한 대반전을 보여주는 이사야서 25장의 본문을 인용하여, "죽음을 삼키고서 승리를 얻었다"고 기록하고, 이어서 호세아가 복수를 뜻했던 구절을 변용하여 이렇게 말한다: "죽음아, 너의 승리가 어디에 있느냐? 죽음아, 너의 독침이 어디에 있느냐?"(고전 15:54b-55).

예수의 부활은 그를 따르는 모든 사람들에 앞선 첫 번째 부활로서, 예수의 삶도, 그리고 로마제국 안에서 바울처럼 반체제인사라는 위험한 처지에 있던 모든 사람들의 삶도 분명한 목적이 있다는 확증이었다. 실제로 이들은, 자신들의 삶이 옛 세상을 뒤엎고 일구어낼 새로운 세상, 바로 그 세상을 향한 하나님 자신의 목적을 수행한다고 믿었다. 설혹 옛 세상이 그들에 맞서 여전히 위세를 떨치고 있다 하더라도, 이러한 삶 속에서 잠시 겪게 될 고통 너머에는 구원이 자신들을 기다리고 있다는 것, 바로 이것을 믿었다. 예수는 순교자였다. 예수는 하나님이 세우실 새로운 제국의 의로운 대의를 위해 죽었다. 하나님이 죽은 자들로부터 예수를 일으켰다고 말하는 것은, 예수의 대의가 진실로 올바르다는 것, 그의 제국이 참으로 하나님의 제국이었다고 말하는 것이다. "예수가 부활했다"는 말은 결국 "예수가 옳았다"는 것을 뜻한다.[8]

이러한 부활 사상과 관련하여 가장 주목할 것은—이것은 참으로 주목할 만하다—부활을 예수와 관련지어 생각한 사람들이 있었다는 것이다. 사람들이 부활을 마카비 가문의 영웅적인 형제들과 그들의

---

[8] 그 중요성에 비추어 전혀 강조되지 않았던 이 단순한 요점에 대해서는 특히 다음 책을 참조하라. Ulrich Wilckens, *Resurrection: Biblical Testimony to the Resurrection—An Historical Examination and Explanation*, trans. A. M. Stewart (Atlanta: John Knox, 1978), 124-32.

용감한 어머니와 관련하여 생각하는 것은 당연했을 것이다. 그들의 공개적인 증거는 놀라움을 금할 수가 없다. 왕들에 맞서 권력자에게 굴욕감을 안겨준, 세례 요한처럼 더 잘 알려진 인물과 관련하여 부활을 생각하는 것도 당연했을 것이다. 제국의 매우 충성스러운 신하들은 이러한 부활을 황제들과, 특히 율리우스 캐사르(Julius Caesar)와 그의 양자 아우구스투스(Augustus)와 관련하여 생각했을 것이다. 율리우스 캐사르는 순교했다. 아우구스투스는 캐사르의 죽음을 복수하고, 다시 한 번 평화를 확립한 영웅이었다. 그 두 사람은 전 세계에 평화와 번영을 가져다주기 위해 보냄 받은 하나님의 참된 아들들이었다. 로마의 평화 자체가 그들의 참됨을 증거했다.

그러나 예수의 경우는 어떠한가? 그는 영웅이 아니었다. 그는 군대를 지휘하지도 않았다. 반역을 도모하지도 않았다. 그가 끌어들인 추종자들은 소규모였고, 가장 낮은 신분의 사람들, 즉 수치스럽고 더러운 주변부 사람들—소모적 인간들—로 이루어져 있었다. 그는 영웅적인 투쟁이나 추종자들을 선동할 만한 감동적인 연설 하나 없이, 가장 저급한 죄수로 처형되었다. 십자가 처형은 명예를 안겨주지 않았다. 그는 빨리 죽었고, 그것은 약함의 표시였다. 초기 그리스도교의 부활 선언과 관련하여 주목할 만한 것이 있다면, 예수가 죽은 자들 가운데서 부활했다고 주장하고 있다는 것이다—캐사르가 아니고 예수가.

부활은 아무것도 입증하지 못한다

그러면 최초의 그리스도인들은 어떻게 예수의 부활을 믿게 되었을까? 그가 순교자였다는 것, 그의 대의가 의롭다는 것, 그리고 위험에도 불구하고 그들 역시 이 대의에 따라야 한다는 것을 예수의 추종자들은 어떻게 믿게 되었을까? 초기 그리스도교의 많은 신학자들과 역사가들에게, 이에 대한 대답은 부활 자체 속에 있었다. 그들에게 예수의 부활은, 예수의 추종자들이 지금까지 예수에 관해 알고 있었던 것이 옳았다는 것을 확신시켜준 아주 놀라운 사건이었다. 만약 부활이 없었다면, 그들은 낙담하고 실망하여 모든 것을 포기하고 집으로 돌아갔을 것이다. 간단히 말해서, 부활이 없었다면, 그리스도교는 없었을 것이다.[9] 그런데 이것이 아직 나에게는 설득력이 없다.

예수 부활의 증거(evidence)는 그것 자체만으로는 그다지 설득력이 없다. 오늘날의 그리스도인들에게는 이것이 설득력이 있는 듯 보이겠지만, 이것은 다만, 우리의 전통이 성경 안에 있는 모든 것은 질문의 대상이 아니라고 우리에게 가르쳤기 때문이다. 또 다른 이유가 있다면 그것은, 예수의 부활을 믿어도 우리에게 딱히 위태로울 것이

---

[9] 이런 주장을 한 가장 최근의 책으로 다음을 참조하라. N. T. Wright, *The Resurrection of the Son of God* (Minneapolis: Fortress Press, 2003), 696: "빈 무덤과 살아계신 예수의 현현은 초기 그리스도교 신앙의 발생을 위한 필요하면서도 충분한 일련의 환경을 조성한다. 이러한 현상들이 없었다면, 그리스도교 신앙이 왜 생겼으며, 왜 그런 형태를 취하게 되었는지 설명할 수가 없다." 하지만 다른 학자들은 여기에 동의하지 않는다. 특별히 다음을 참조하라. Rudolf Pesch, "Zur Entstehung des Glaubens an die Auferstehung Jesu," *ThQ* 153 (1973), 201-28. 페쉬는 부활 후의 환상 경험들이나 그와 비슷한 것들은 "부활절 신앙을 일으킨 것이 아니라, 이러한 신앙을 확인시켜준 것"이었다고 주장한다 (152). 이런 맥락에서 가장 주목할 책으로 다음을 참조하라. Edward Schillebeeckx, *Jesus: An Experiment in Christology*, trans. Hubert Koskins (New York: Seabury, 1979), 특히 379-97. 스킬레벡스는 제자들이 예수의 십자가 처형 후 흩어졌다는 것을 인정하지만, 부활을 제자들이 다시 모이게 된 중대 "사건"으로 보지는 않는다. 그들이 두려움을 딛고 "전환"할 수 있었던 데에는 무엇보다도 "예수와 교제하며 나누었던 자신들의 삶을 다시 기억하고, 예수의 전체적인 삶의 방식을 다시 기억했던 측면들"이 작용했다. 그들은 실패하기는 했지만, "궁극적으로는 예수에 대한 신앙을 잃지 않았다"(382).

없기 때문이기도 하다. 순교는 우리에게 관심거리가 아니다. 오히려 그 반대가 보다 진실에 가깝다. 우리는 예수의 부활을 믿는 것 때문에 우리의 교회와 문화로부터 격려도 받고 보상도 받는다. 그러나 만약 예수를 믿는다는 것이 집과 가정을 떠나, 제국으로부터 치명적 위험에 처할 수 있는 반체제적 생활방식을 감수해야 하는 것이라면 어떻게 될까? 예수를 믿는다는 것이 지금까지 암묵적으로 수용해온 문화의 가치들에 도전하는 것을 뜻한다면 어떻게 될까? 초기 그리스도교의 부활 선언은 과연 이 모든 희생들이 정말로 가치 있는 일임을 설득할 수 있을 만큼 충분한 것일까? 나는 이것이 의심스럽다.

부활을 생각하는 바울의 방식이 특히 문제이다. 그는 죽은 사람들이 "영들(spirits)"로 부활하게 될 것이라고 했고, 그들은 육체적 몸이 아니라 "영적인 몸"을 갖게 된다고 주장했다(고전 15:35-58). 게다가 그는 부활한 예수 자신도 영으로 생각하면서, 이 영은, 하나님이 "그의 아들을 내 안에(in) 기꺼이 나타내"(갈 1:16) 보이시려는 경우처럼, 황홀경의 순간에 내적으로 경험된다고 말한다.10) 바울은 이 경험 이후 자신이 그리스도의 통제 아래 들어오게 되었다고 생각했고, "그리스도 안에(in Christ)" 있다고 생각했고, 심지어는 "그리스도의 마음"을 갖게 되었다고 생각했다. 이러한 그리스도교를 고대 지식인의 눈으로 본다면, 바울이 경험했던 것은 쉽게 일반적으로 접할 수 있는 '영에 사로잡힘(spirit possession)'의 경험에 해당되었다. 그리스도를 영(*pneuma*)으로 생각한다는 것은 그리스도를 신(a god)이 아니라, 유사한 폭력적 죽음을 당한 수많은 다른 죄수들의 영혼처럼, 지상을 떠도

---

10) 오늘날 대부분의 번역본들은 바울이 그리스어 본문에서 말하고자 하는 것은 "나에게"가 아니라 "내 안에서"(*en emoi*)임을 지적하고 있음에도 불구하고, 학자들은 "안에서" 대신 "에게"로 번역해온 전통적인 입장을 번역가들이 포기하도록 종용하지는 않고 있다.

는 단순한 유령(a ghost)으로 생각한다는 것과 같았다.11) 그리스도교 밖의 외부인들에게는 바울의 그리스도교가 천박한 무덤 종교(grave religion) 정도로 보였을지 모른다.12) 그리스도의 영에 대한 바울의 경험이 그에게 확신을 주었던 것은 그것이, 아주 실제적이고도 매우 강력한, 그 자신의 경험이었기 때문이다.

마가는 아마도, 그리스도교 밖의 외부인들이라면 당연히, 그리스도인들의 부활 선언에 대해 이러한 부정적 시각을 갖게 될 것이라고 감지했던 것 같다. 그래서 그는 최소 두 개의 부활 현현(appearance) 이야기를 취하면서도, 이것이 마치 부활 현현 이야기가 아닌 것처럼 취급하는 듯 보인다. 그 두 개의 이야기 중 예수의 변모 이야기는 보다 잘 알려진 것인데, 이것은 원래 예수가 부활 후 산꼭대기에 나타나는 이야기였을 것으로 보인다.13) 다른 하나는 마가복음 6:48-50에서 예수가 물 위를 걷는 이야기 속에 담겨있다.14) 이것은 특히 유령 이야기(a ghost story)처럼 들린다. 예수가 이른 아침 앞이 잘 보이지

---

11) 그리스어 pneuma는 많은 의미를 갖고 있다: 영, 바람, 숨, 그리고 유령.
12) Hans Dieter Betz, "Zum Problem der Auferstehung Jesus im Lichte der griechischen magischen Papyri," in Hellenismus und Urchristentum: Gesammelte Aufsätze, vol. 1 (Tübingen: Mohr/Siebeck, 1990), 230-61, 특히 254-58.
13) 이에 대해 처음으로 제안한 것은 다음의 책이다. Julius Wellhausen, Das Evangelium Marci (Berlin: Reimer, 1909), 71. 산꼭대기에 자리잡음, 예수와 그의 동행자 모세와 엘리야의 눈부신 현현, 그리고 모세와 엘리야가 하늘로 올라갔다는 유대교 민간 설화의 착상, 이러한 것들은 통상 이 이야기가 원래는 부활 후 현현 이야기였다는 증거로 간주되었다. 예수는 이제 하늘에서 하나님과 함께 살도록 운명지어진 사람들의 반열에 오르게 되었다. 마가는 이것을 쉽게 예수의 운명을 예견하도록 설계된 이야기로 변형시켰다.
14) Rudolf Bultmann, Die Geschichte der synoptischen Tradition, Ergänzungsheft, 81; 보다 최근 연구로는 다음 참조. John Dominic Crossan, The Historical Jesus: The Life of a Mediterranean Jewish Peasant (San Francisco: HarperSanFrancisco, 1991), 405.

않는 시간에 파도 위를 걸어서 신비스럽게 나타나는데, 제자들이 "유령으로 생각하고"(49절) 소리친다. 마가는 아마도 이런 유령 이야기, 혹은 더 나아가 죽은 사람이 나타나는 모든 유령 이야기들을 경계했던 것 같고, 그래서 이것들을 모두 피하려 했던 것 같다. 그래서 그는 대신에 빈 무덤에 대한 증언을 제시한다(마가 16:1-8). 복음서들 말미에 나오는 예수의 현현 장면에 익숙한 그리스도인들에게는, 마가의 이러한 갑작스러운 결말이 뭔가 미완성인 것처럼 보일 것이다. 그러나 유대교와 헬레니즘 세계의 독자들에게는 마가의 빈 무덤 이야기가 훨씬 더 설득력이 있었을 것이다. 왜냐하면 그들은 영웅들이 극심한 곤경에서 구출된 뒤, 곧바로 하늘에 올라가, 신들과 안전한 삶을 살게 되는 비슷한 이야기들을 익히 들어왔을 것이기 때문이다.15) 마가복음에서 예수는 뜻밖의 결말—기적적인 탈출—로 그의 적들로부터 구출된 존경받는 영웅이 된 것이다.

그러나 물론, 빈 무덤이라는 것은 아무리 의심이 없는 사람에게라도 부활의 명확한 증거가 되지는 못한다. 그래서 마태복음에서는 대제사장들이 이렇게 반박하는 것으로 되어 있다: "'예수의 제자들이 밤중에 와서, 우리가 잠든 사이에 시체를 훔쳐갔다' 하고 말하여라"(마태 28:13). 요한복음에서는 마리아가 무덤이 비어있는 것을 발견한 후, 동산에서 예수를 만나고도 알아보지 못하게 되자, 마리아조차 같은 결론에 이른 것으로 기록하고 있다. 대신에 마리아는 동산에서 만난 예수가 동산지기인 줄 알고, 그에게 이렇게 불평한다: "누가 우리 주님을 가져갔습니다. 어디에 두었는지 모르겠습니다"(요한 20:13). 빈 무덤은 사실상 추가 설명을 필요로 하는 시체 실종사건일 뿐이다: 훔쳐

---

15) Adela Yarbro Collins, *The Beginning of the Gospel: Probings of Mark in Context* (Minneapolis: Fortress Press, 1992), 138-43.

간 것인가, 아니면 죽은 자들로부터 부활한 것인가?

이 문제를 해결하는 방법은, 물론, 몸이 살아났다는 것을 보여주는 것이다. 누가가 보다 앞선 마가의 설화에 특히 생생한 현현 이야기를 덧붙임으로써 말하려 했던 것이 바로 이것이다. 누가복음에서 부활한 예수는 바울에게서처럼 신비한 영적 현존으로 나타나는 것이 아니라, 살아서 숨 쉬고 음식을 먹는 몸으로 나타난다.

> 그들이 이런 이야기를 하고 있을 때에, 예수께서 몸소 그들 가운데 들어서서 말씀하셨다. "너희에게 평화가 있어라." 그들은 놀라고, 무서움에 사로잡혀서, 유령(pneuma)을 보고 있는 줄로 생각하였다. 예수께서는 그들에게 말씀하셨다. "어찌하여 너희는 당황하느냐? 어찌하여 마음에 의심을 품느냐? 내 손과 내 발을 보아라. 바로 나다. 나를 만져 보아라. 유령(pneuma)은 살과 뼈가 없지만, 너희가 보다시피, 나는 살과 뼈가 있다." 이렇게 말씀하시고, 그는 손과 발을 그들에게 보이셨다. 그들은 너무 기뻐서, 아직도 믿지 못하고 놀라워하고 있는데, 예수께서 그들에게 말씀하셨다. "여기에 먹을 것이 좀 있느냐?" 그래서 그들이 예수께 구운 물고기 한 토막을 드렸다. 예수께서 받아서, 그들 앞에서 잡수셨다. (누가 24:36-43)

혹자는 누가가 '물고기를 먹는' 시험을 추가함으로써, 예수가 단순한 유령인지, 아니면 참된 영웅인지의 문제를 완전히 해결했다고 생각할지 모르겠다. "나를 만져 보아라. 유령은 내가 가진 살과 뼈가 없다." 예수에게 만약 이런 살과 뼈가 없었다면, 구운 고기는 곧바로 바닥에 떨어졌을 것이라고 누가는 틀림없이 생각했을 것이다! 그러나 그는 이 이야기를 추가함으로써, 고대인들 또한 염두에 두면서, 단지 우스꽝스러운 것으로부터 숭고한 것을 구분하는 얕은 경계선 하나를 넘었을 뿐이다. 누가는, "살과 피는 하나님 나라를 유산으로 받을 수 없다!"(고전 15:50)고 매우 단호하게 주장했던 바울과는, 가능하면 멀리 거리를 두고 이야기를 전개했던 것이다.

만약 복음서 기자 요한이 누가복음의 이야기를 알고 있었다면, 그는 그것을 좋아하지 않았을 것이다. 갈등이 고조되고 생명과 생계가 위협받고 있는 상황에서, 누가복음의 그런 증거들은 충분하지 않다는 것을 요한은 알고 있었다. 그래서 요한복음에 나오는 의심 많은 도마는 그러한 우스꽝스러운 요구가 어디까지 갈 수 있는지를 대변한다: "나는 … 내 손가락을 그 못자국에 넣어 보고, 또 내 손을 그의 옆구리에 넣어보지 않고서는 믿지 못하겠소"(요한 20:25). 그러자 예수가 나타나 그렇게 해보도록 기회를 준다. "네 손가락을 이리 내밀어서 내 손을 만져 보고, 네 손을 내 옆구리에 넣어 보아라. 그래서 의심을 떨쳐버리고 믿음을 가져라!"(20:27). 요한복음의 그리스도가 힐책하듯이 하신 말씀이다. 마땅히 받아들이고 전혀 다른 토대 위에서 믿어야 할 것을 눈으로 직접 확인해보려는 시도에 대해, 요한이 이렇듯 풍자적으로 패러디했을 때, 우스꽝스러운 행동은 이제 섬뜩한 것이 되었다. "너는 나를 보았기 때문에 믿느냐? 나를 보지 않고도 믿는 사람은 복이 있다"(20:29). 도마에 대한 예수의 힐책은, 요한 공동체 내에 표징이나 기적을 갈망했던 사람들, 자신들이 살고 있던 시련의 때에 자신들을 벗어나게 해줄 그 무언가를 갈망했던 수많은 사람들을 실제로 겨냥한 것이다. 그러나 기적이라는 증거에 기초한 신앙의 천박성이 쉽게 노출되는 것은 바로 이러한 때이다.

예수의 추종자들은 기적 이상의 것을 필요로 했다. 기적은 고대 세계에 흔히 있는 일이었고, 부활은 고대 종교 전통 어디에나 있었다. 하나님이 누군가를 죽은 자들로부터 부활시켰다는 것을 믿는 일은 예수의 추종자들에게 문제가 아니었다. 문제는, 하나님이 죽은 자들로부터 부활시킨 사람이 바로 예수였다는 것, 이것을 믿을 수 있느냐 하는 문제였다.

왜 그들은 믿었는가?

그러면 예수의 친구들과 추종자들은 하나님이 예수를 죽은 자들로부터 부활시켰다는 것을 왜 믿게 되었을까? 만약 부활한 주님을 본 것이 확신 없는 사람들을 확신시킬 수 없었다면, 그리고 빈 무덤도, 물고기를 먹고 옆구리에 구멍이 뚫린 몸을 가진 그리스도의 놀라운 이야기들도, 그들을 확신시킬 수 없었다면, 도대체 무엇이 예수가 죽었다가, 자기들 조상의 하나님에 의해 다시 살아나서, 하늘에 올라가 하나님의 우편에 앉게 되었다는 것을 예수의 추종자들에게 확신시킬 수 있었을까?

우리가 살펴본 것처럼, 유대 전통에서 하나님이 누군가를 죽은 자들로부터 살려냈다는 주장은, 그 죽은 사람이 유령처럼 나타났다는 것을 전제로 하는 것도 아니며, 빈 무덤이 발견되었다는 것을 전제로 하는 것도 아니며, 하나님이 예수를 죽인 세력에 대항하기로 했다는 다른 어떤 사후(postmortem) 증거를 전제로 하는 것도 아니었다. 예수가 옳았음을 입증하는 것(vindication)으로서 부활이 전제로 하는 것은 오직 한 가지, 즉 하나님의 의로운 사람들 중 한 사람이 하나님께 충직했던 것 때문에 살해되었다고 하는 것뿐이다. 예수의 추종자들이 예수에 대해 느꼈던 것이 바로 이것이었다. 이렇게 느꼈던 사람들은 예수의 말을 하나님의 말씀으로 듣고, 예수의 행위들을 하나님의 현현(顯現, epiphanic)으로 경험했던 소수의 사람들이었다. 우리로서는 예수의 팔복 가운데 첫 번째와 같은 것이 그러한 충성심과 헌신을 불러 일으켰을 것이라고 상상하는 일은 쉽지 않을 것이다. 그러한 말들이 얼마나 가슴 깊이 들렸을지 알려면, 아마도 구걸하는 사람이 되어 보아야 할 것이다: "구걸하는 사람들은 복이 있다. 하나님의 제국이 그들의 것이다." 식탁에 초대받는 단순한 일이 얼마나 힘이 있고 큰 변화를 일으키는지 알려면, 아마도 평생 불결한 사람으로 취급받던 이들이 겪었을, 끝없는 외로움을 경험해 보아야 할 것이다. 어쩌면 노예가 된 성매매 여성만이, 조건 없이 자신이 받아들여지고 있었다는 것, 그리고 자신에게 자유가 부여되었다는 것을 가슴 깊이 경험할 수 있었기에, 죽음 따위는 더 이상 아무런 힘을 발휘할 수 없었을 것이다. 예수는 이러한 친구들과 추종자들에게 제4 마카비서의 살해당한 사제 엘르아살 못지않은 영웅이었다. 예수는 그들의 엘리야였고, 그들의 모세였고, 그들의 아담이었다. 그들이 예수를 이렇게 믿고 있었던 것은 그의 부활 때문이 아니었다. 그들이 예수를 이렇게 믿고 있었던 것은, 예수가 그들의 삶을 움직였던 그 방식 때문이었다. 그리고 그가 이처럼 가슴 깊이 그들의 삶을 움직였기 때문에, 그들은 예수의 부활을 믿었다.

부활 선언의 최초 형태들 중 하나는, 바울 서신 가운데 여러 번 반복되고 있듯이, 하나님을 "예수를 죽은 자들로부터 살리신" 분으로 언급하는 단순한 형식(실제로는 세 가지 서로 다른 형식들)이다.16)

---

16) 형식은 세 가지 기본 형태로 나타난다: (1) 하나님을 "예수를 죽은 사람들 가운데서 살리신 분"으로 묘사하는 분사적 형태(로마 4:24;8:11a, b; 고후 4:14; 갈라 1:1); (2) "하나님께서 그[예수]를 죽은 사람들 가운데서 살리셨다"고 표현하는 단순 정형적 형태(로마 10:9; 고전 6:14; 15:15); (3) 예수를 "하나님께서

이것은 초기 유대교 시대에 하나님에 관해 말하는 매우 유대교적인 방식임이 밝혀졌다. 그리스도교 탄생 시기에 유래된 것으로 보이는 전통적인 유대교 전례에서, 열여덟 개 축복 선언 중 두 번째는 이렇게 말하고 있다: "죽은 자를 살아나게 하신 야웨, 당신에게 복이 있습니다." 이것은 위에서 밝힌 초기 그리스도교의 단순한 고백 형식과 그리 다르지 않다. 실제로 바울은, "죽은 사람들을 살리시는" 아브라함의 하나님을 찬양한 로마서 4:17에서, 두 번째 축복 선언 자체를 인용한 것으로 보인다.17) 이 둘의 병행구는 시사하는 바가 크다. 예수가 죽고 오래지 않아, 예수의 초기 추종자들이 모인 모임을 상상해 보자. 예수는 살아있는 동안, 아마도 식탁을 중심으로, 이러한 모임들을 주선했을 것이고, 그래서 지금은 그의 추종자들이 예수를 기억하며 식사도 함께 하고, 예수에 관한 이야기도 나누고, 더 나아가서는 그의 삶까지 나누기 위해 계속해서 모였을 것이다. 거기에는 격식 없이 차려진 식사를 위해 축복 선언들과 전통적인 기도 양식들이 준비되어 있었을 것이고, 이것들이 발전하여 마침내 빵을 위한 기도와 포도주를 위한 기도가 만들어졌을 것이다. 그들 중 바울과 같은 이는 다음과 같은 기도를 들었을 것이다: "죽은 자를 살아나게 하신 야웨, 당신에게 복이 있습니다." 그리고 아마도 이 기도에 바울이 빌립보교회에 회답하며 쓴 찬양시(빌립보 2:6-11)가 덧붙여졌을 것이다. 그 중간 부분은 이렇게 되어 있다.

그는 사람의 모양으로 나타나셔서,

죽은 사람들 가운데서 살리신" 분으로 수식한 관계적 형태(살전 1:10). 참조. Paul Hoffmann, "Auferstehung Jesu Christi: II/1. Neues Testament," in *TRE* 1.479-80.

17) Hoffmann, "Auferstehung," 486.

자기를 낮추시고,
죽기까지 순종하셨으니, 곧 십자가에 죽기까지 하셨습니다.
그러므로 하나님께서는 그를 지극히 높이시고,
모든 이름 위에 뛰어난 이름을 그에게 주셨습니다.…
주 예수 그리스도

바울 이전의 이런 전통적 그리스도 찬양시에 나타난 비범한 그리스도론적 주장들은, 빈 무덤 이야기나 기적적인 출현 이야기에 기초를 두지 않았다. 이 찬양시는 예수의 죽음(death) 다음 곧바로 높여진 것(exaltation)으로 묘사하고 있는데, 이러한 도약의 유일한 전제는, 예수가 "죽기까지 순종"했다는 것이다. 이것은 순교자적인 언어가 찬양시 속에 스며들어간 것이다.18) 예수의 추종자들이 처음 예수의 부활을 선포했던 것은 그의 삶을 기리기 위해서였던 것이다.

예수는 사람들이 그를 충심으로 따르게 할 힘을 가진 선각자(a visionary)였다. 그는 하나님의 제국이라는 대의를 갖고 있었다. 그를 따랐던 모든 사람들은 이러한 대의를 신뢰했고, 하나님의 의로운 사람들 가운데 하나인 그를 믿었다. 만약 적이 그를 발견하여 죽이게 되었다면, 그들 조상의 하나님이자 정의와 의의 하나님이 그를 고통으로부터 구출하여 다시 살아나게 하실 것이라고, 그들은 진심으로 믿었다. 하나님이 그를 죽은 자들로부터 살리실 것을 믿었던 것은, 그들이 예수를 신뢰했기 때문이다. 예수가 무명인이었다는 것은 그들에게 문제가 되지 않았다. 그들 자신 또한 무명인이었고, 사회에서 밀려난 변두리 사람들이었다. 예수는 그들이 하나님에게 특별한 사람

---

18) 빌립보서 2:8의 순교자적인 함의와 관련해서는 다음 책 참조. Seeley, *Noble Death*, 103.

(somebody)이라는 것을 확신시켜 준 무명인(nobody)이었다. 이 무명인이 그들의 영웅이었고, 그들의 예언자였고, 그들의 "쥬피터의 아들"이었다. 바로 이런 이유 때문에, 예수가 마침내 살해되었을 때, 그들이 예수의 부활을 선포했던 것이다. 그들은 예수가 죽던 바로 그날 그렇게 선포했을 수 있고, 아마도 그랬을 것이다.

실제로 무엇인가 발생했던 것인가?

그런데 바울은 순교자 이야기에 덧붙여 고린도 교인들에게 보다 신비한 일들, 즉 예수가 죽은 뒤에 나타난 "현현(appearances)" 이야기들을 전하고 있다: "그리스도께서 게바에게 나타나시고 다음에 열두 제자에게 나타나셨습니다. 그 후에 그리스도께서는 한 번에 오백 명이 넘는 형제자매들에게 나타나셨는데, 그 가운데 더러는 세상을 떠났지만, 대다수는 지금도 살아있습니다. 다음에 야고보에게 나타나시고, 그 다음에 모든 사도들에게 나타나셨습니다. 그런데 맨 나중에 달이 차지 못하여 난 자와 같은 나에게도 나타나셨습니다"(고전 15:5-8). 이 전승은 대체 무엇을 말하는 것일까? 예수가 실제로 베드로, 야고보, 예수의 다른 추종자들에게, 그리고 심지어 한 번에 500명이나 되는 사람들에게 나타나신 것일까? 이러한 일들은 실제로 일어난 일인가, 아니면 단순히 권위 있는 어떤 인물들을 중심으로 만들어진 전승인가?[19]

---

19) 사도적 권위를 놓고 벌인 경합이 초기 그리스도교 부활 선언을 형성하게 된 배경이라는 것은 분명하다. 참조. Hans von Campenhausen, *Ecclesiastical Authority and Spiritual Power in the Church of the First Three Centuries* (Stanford: Stanford Univ. Press, 1969), 13-23; Pheme Perkins, *Resurrection: New Testament Witness and Contemporary Reflection* (Garden City, N.Y.: Doubleday,

필자의 생각으로는, 이 전승은 뭔가 실제로 일어난 일을 보여주고 있지만, 그것이 분명하고 확실한 것이 아니어서, 고린도전서 15장에서 보여주는 바울의 표현 방식에서 어떤 결론을 끌어내기는 어려울 것으로 보인다. 이 전승을 이해하려면, 아마도 예수 자신에게서, 그리고 예수와 그 추종자들이 예수 생전에 경험했던 것에서 그 실마리를 찾아야 할 것이다. 보그의 말을 빌면, 예수는 "영의 사람(spirit person)"이었다.[20] 예수가 시작한 운동에서는 아마도 종교적인 황홀경 체험―성령 체험―이 중요했고, 또 이것이 이 운동의 성격을 규정했던 것 같다. 게다가 예수 자신이 고대 세계에서 보통 영들을 조종하기도 하고 조종당하기도 했던 일종의 축령술사(exorcist)였다.[21] 예수의 세례에 관한 전승은 하나님의 아들로서 예수의 지위를 예수 위에 영이 내려온 것과 연관시키고 있는데(마가 1:11-옮긴이), 이것은 바울의 교회들 안에 존속했던 생각이었다. 이들 교회에서는 성령을 받은 예수의 추종자들이 "아바(Abba)"를 외침으로써, 이들 또한 하나님의 자녀들이라는 사실을 증언했다(로마 8:14-16; 갈라 4:6-7). 이 구절들을 비롯해서 바울 서신의 다른 많은 구절들, 복음서들, 사도행전 등은 초기의 예수운동이 또한 영적으로 충만한 종교 공동체였다는 것을 명백히 보여주고 있다. 예수의 추종자들은 그 이전에도 그랬던 것처럼, 예수의 사후에도 계속해서 종교적 황홀 체험을 했던 것이다.

그들은 이런 영적 체험을 통해 무엇을 했는가? 바울이 이와 관련하여 언급한 내용들은 도움이 될 듯하다. 바울은 때로 "영"의 활동을

1984), 193-214; Crossan, *Historical Jesus*, 395-416.

20) Marcus J. Borg, *Jesus, a New Vision: Spirit, Culture, and the Life of Discipleship* (San Francisco: Harper & Row, 1987), 23-75.

21) 이를 잘 다룬 책으로 다음을 참조하라. Stevan L. Davies, *Jesus the Healer: Possession, Trance, and the Origins of Christianity* (New York: Continuum, 1995).

언급한다. 때로는 "하나님의 영," "성령," "생명의 영," 혹은 "주님의 영"의 활동에 대해 언급한다. 그리고 때로는 "그리스도의 영"의 활동에 대해 언급한다.[22] 다음에 인용할 로마서의 구절들은 영 안에 사는 삶에 대해 바울이 논의하고 있는데, 이것들은 영과 관련하여 바울이 사용하는 다양한 표현들을 서로 바꾸어 사용해도 무방한 것임을 보여주고 있다.

> 그러나 하나님의 영이 여러분 안에 살아계시면, 여러분은 육신 안에 있지 않고, 성령 안에 있습니다. 누구든지 그리스도의 영이 없으면, 그리스도의 사람이 아닙니다. 또한 그리스도께서 여러분 안에 살아 계시면, 여러분의 몸은 죄 때문에 죽은 것이지만, 영은 의 때문에 생명을 얻습니다. 예수를 죽은 사람들 가운데서 살리신 분의 영이 여러분 안에 살아 계시면, 그리스도를 죽은 사람들 가운데서 살리신 분께서, 여러분 안에 계신 자기의 영으로 여러분의 죽을 몸도 살리실 것입니다. (로마 8:9-11)

바울에게 영(the Spirit)은 그리스도의 영이고, 하나님의 영이며, "여러분 안에 계신" 영이다. 그들을 살린 분은 바로 이 영, 즉 "생명이다."

예수가 자신의 죽음 이전에 그의 추종자들과 함께 일구었던 영적

---

[22] 영: 로마 7:4; 8:4-6, 13, 16, 23, 26-27; 고전 2:10; 12:4, 7-11, 13; 14:2; 고후 1:22; 3:6, 8; 5:5; 갈라 3:2-5, 14; 5:5, 18, 22, 25; 6:8; 빌립보 2:1; 살전 5:19; 하나님의 영: 로마 8:9, 14; 고전 2:11, 14; 3:16; 6:11; 7:40; 12:3; 고후 3:3; 빌립보 3:3; 성령: 로마 5:5; 9:1; 14:7; 15:13, 16, 19; 고전 6:19; 12:3; 고후 6:6; 13:14; 살전 1:5-6; 4:8; 생명의 영: 로마 8:2; 주님의 영: 고후 3:17; 그리스도의 영: 로마 9:2; 혹은 예수 그리스도: 빌립보 1:19; 참조. 그의 아들의 영: 갈라 4:6.

인 삶은 그가 죽었다고 하여 멈춘 것이 아니었다. 그 삶은 지속되었다. 이제야 비로소 예수의 추종자들은 이러한 영적 삶을 단순히 하나님의 영이 그들 사이에서 작용한 것으로만 언급하지 않고, 그리스도의 영, 혹은 "하나님의 아들의 영"(갈라 4:6)이 작용한 것으로 언급할 수 있었다. 왜 그럴까? 그들이 처음으로 하나님을 이처럼 새로운 방식으로 경험하게 된 것은, 바로 그들의 그리스도, 예수를 통해서였기 때문이다. 이제 그들은 예수의 죽음 이후에도 하나님의 영을 계속 경험하게 되면서, 이 영을 자신들이 처음 깨달았던 그대로 그리스도의 영으로 명명했을 것이다. 고린도전서 15장에서 500명 이상 되는 사람들이 동시에 부활한 그리스도를 경험했다고 한 바울의 선언을 필자는 바로 이러한 시각에서 이해하고 있다. 그것은 아마도 수백 명 군중 앞에 거인 예수가 나타났다는 것을 가리키는 것은 아닐 것이다. 그것은 예배를 위해 모인 다수의 사람들이 경험했을 영적인 황홀 체험을 가리킨다. 개인적으로 혹은 공동의 예배 속에서 경험된 영적 황홀경의 이러한 순간들이 이제 부활한 그리스도에 대한 경험이 되었던 것이다. 많은 사람들에게 이 경험은 예수를 따른다는 것이 어떤 것인지를 보여주는 경험이 되었고, 그래서 누가는 사도행전에서 이러한 영적 황홀 경험이 그리스도교 자체를 탄생시킨 것으로 형식을 갖춰 묘사했던 것이다(행전 2:1-13). 어쩌면 예수와 특별히 가까웠던 야고보나 베드로 같은 이의 내적인 영적 차원에서는, 이러한 경험들이 자신들의 선생이자 친구와의 보다 개인적인 만남, 즉 고문을 받았었지만 이제는 변화되어 이전의 고통에서 해방된 그 몸과의 보다 개인적 만남이라는 성격을 띠었다. 그들에게 예수의 이러한 "현현들"은 예수가 시작했던 것을 계속 이어가라는 재위임(再委任), 즉 사도들에게 주는 명령이 되었다.

결단의 문제

물론 고대 그리스도인들의 영적인 경험들과 관련하여 모든 것을 검토했다 하더라도, 이러한 경험들이 예수가 죽은 자들로부터 부활했다고 하는 것, 혹은 예수가 하나님의 아들이라는 것을 입증하는 것은 아니다. 고대인들에게 이러한 것들은 아주 쉽게 유령 이야기로 치부될지 모른다. 현대인들은 이러한 것들을 집단 히스테리, 아니면, 오늘날 흔히 일어나듯, 최근에 죽은 사랑하는 사람을 다시 보게 되는 슬픔의 경험이라 말할지 모른다. 이러한 경험들의 모호성은, 그리스도교 신앙이 사실 그런 경험에 기원을 두고 있는 것이 아님을 다시 한 번 강조한다. 오히려 예수의 추종자들이 자신들의 종교적 황홀 체험을 이러한 방식으로—부활한 예수에 대한 경험으로—언급했던 이유는, 이보다 오래된 것에 기원을 둔 확신 때문이었다. 말하자면, 예수에 대한 그들의 확신은, 예수가 죽기 훨씬 전 어느 날, 어느 오후, 혹은 어느 아침, 우연히 예수가 무언가 말하는 것을 들었을 때, 혹은 예수가 무언가를 행하여 그들을 깊이 감동시켰을 때 시작되었다. 예수와 동행하면서 그들은 하나님을 알게 되었다. 예수의 말씀 속에서 그들은 하나님의 말씀을 듣게 되었다. 예수의 행동 속에서 그들은 하나님의 제국을 경험하게 되었다. 그들은 예수에게, 그리고 다가올 새로운 세상, 새로운 제국에 대한 그의 비전에 자신을 내맡기게 되었다. 그들은 예수를 믿게 되었다. 예수가 죽었음에도 불구하고, 그의 말씀과 행위 속에서 경험했던 하나님의 영은 그가 죽었다고 하여 사라지는 것이 아님을 그들은 알게 되었다. 순교와 구원에 관한 유대교 전통은 그들에게 다음과 같이 선언할 수 있는 전거를 제공했다: 하나님은 예수를 죽은 자들로부터 일으키셨다. 그리고 예수 추종자들의 공동체가 공유했던 영적인 삶이 부활 선언 이후에도 지속되면서, 이러한 영적 삶은 단순히 영의 삶, 혹은 하나님의 영의 삶만은 아니라고 말할 수 있었다. 이제 그 삶은 또한 그리스도의 영 안에 있는 삶이 되었다.

예수의 추종자들은 부활 때문에 예수를 믿은 것이 아니었다. 그들이 부활을 믿었던 것은, 그들이 먼저 예수를 믿었고, 또 그들 사이에서 예수가 촉발시킨 영적인 삶을 그들이 먼저 믿었기 때문이다.[23] 이것이 궁극적으로 부활 선언이 말하고자 했던 것이다. 그것은 예수를 믿겠다는 결단, 그리고 성령에게 자기 자신을 온전히 내맡김으로써 자신의 삶 속에서 그 성령이 발견될 수 있도록 하겠다는 결단에 관한 것이다.

---

[23] 이 점에 대해서는 특히 다음 참조. Willi Marxsen, "When Did Christian Faith Begin?" in Jesus and the Church: The Beginnings of Christianity, trans. and ed. Philip Devenish (Philadelphia: Trinity, 1992), 76-95.

예수 죽이기 (하나의 결론)

> 그리스도는 법과 규정들을 십자가에 못 박았는데,
> 오늘날 그리스도교가 실제로 하고 있는 일은
> 예수가 아무 말도 하지 못하도록
> 계속해서 그를 십자가에 못 박는 일인 것 같다.
> ─Barbara Ehrenreich, *Nichel and Dimed*

　예수가 로마의 평화를 지키는 당국자들 손에 죽임을 당했을 때, 예수의 친구들과 추종자들은 그의 폭력적인 죽음을 해석할 문화적 자원이 없었던 것이 아니었다. 그들이 예수의 죽음에 대한 성찰을 시작하면서, 그들은 곧 그의 죽음이 비극이나 재앙이 아니라, 그가 살아온 삶의 불가피한 한 부분, 그가 살아온 삶에 적합한 결말이었다는 것을 깨닫게 되었다. 그래서 그들은 예수의 죽음을 언급할 때, 그의 죽음을 그의 삶에 연결시키고, 그럼으로써 자신들의 삶을 결정지었던 예수의 삶에 집중할 수 있도록, 다양한 방법들을 발전시키기 시작했다.
　이처럼 예수의 초기 추종자들이 그의 죽음에 대해 말한 한 가지 방식은 단순히 희생자(a victim)─로마제국의 권력에 의한 희생자, 즉 경쟁자나 대체할 만한 다른 제국을 허용하지 않고 홀로 전 세계를 아우를 단 하나의 제국을 도모하려 했던, 대로마제국의 환상에 맞선 반체제인사—의 죽음으로 말하는 것이었다. 그들이 예수의 추종자가 된다는 것은 반체제적 목소리를 높이고, 로마의 평화를 대체할 새로운 비전을 세우는 어리석음을 감수하는 것이라는 점을 알고 있었다. 바울은 이렇게 말한다: "우리는 십자가에 달리신 그리스도를 전합니다." 그분은 "하나님의 능력이요, 하나님의 지혜입니다"(고전 1:23-24). 약함의 능력, 어리석음의 지혜—이것이 예수를 따르는 사람으로서 바울의 새로운 삶을 결정지었던 실체였다. 예수를 따르는 사람이 된다는 것은 "그리스도를 위해 어리석은 사람"이 되는 것이었다. 이것은 강함이 아니라 약함을, 명예 대신에 수치를 받아들이는 것을 뜻했다. 이것은 비방과 박해와 중상모략을 감수하는 것을 뜻했다. 이것은 "이 세상의 쓰레기"가 되고, "만물의 찌꺼기"가 되는 것을 뜻했다(고전 4:8-13). 예수의 반체제적인 삶이 그를 제국 권력에 의한 희생자로 죽게 했던 것처럼, 수많은 예수의 추종자들 또한 반체제적 삶을 살아감으로써 희생자의 운명을 맞게 되었다.

그러나 예수의 추종자들은 곧 예수의 죽음을 희생자의 죽음으로 언급하는 것을 넘어서서, 영광스러운 순교자(a martyr)의 죽음으로 제시하기 시작했다. 풍성하고도 다양한 유대 순교자 전통은 아마도 초기 그리스도인들을 위한 가장 유용하고도 생산적인 해석의 기반이 되었을 것이다. 그 순교자 전통으로부터 예수의 죽음이 희생제물(a sacrifice)의 죽음이었다는 생각, 그리고 하나님이 예수를 죽은 자들로부터 일으키셨다는 믿음이 비롯되었다. 그러나 순교자 전통이 가리키는 방향은, 앞쪽으로 나아가 순교자가 천상에서 누릴 미래의 삶을 향한 것이 아니라, 오히려 뒤쪽으로 돌아가, 순교자가 죽음을 불사하고 지켜낸 삶의 방식, 가치들, 그리고 대의를 향하고 있었다. 순교자의 죽음은 하나의 증거로서, 죽음으로 지켜낸 대의의 궁극적 가치에 대한 증거, 그리고 대의에 충직했던 방식에 대한 증거, 즉 죽음에로 귀결될 수밖에 없었던 그 삶의 방식에 대한 증거였다. 순교자는 자신이 갖고 있던 신념을 위해 값비싼 대가를 치러야만 했다. 그러나 순교자가 대의를 위해 죽기 전, 그는 먼저 그 대의를 위해 치열하게 살아야만 한다. 그래서 순교자 전통을 원용하는 모든 신약성경 복음서들은 예수의 삶을 단순히 죽음이라는 핵심 주제의 전주곡 정도로 제시하는 것이 아니라, 오히려 죽음을 무릅쓰고 예수를 따르고자 할 때 반드시 받아들여야 할 삶의 길(the way of life)로 제시하고 있는 것이다.

    이것은 바울에게도 마찬가지였다. 단지 바울이 예수의 삶에 대해서는 거의 언급하지 않은 채, 아주 드물게 예수의 말씀을 원용하는 것 때문에, 간혹 이 점이 간과되어왔다. 그러나 신약성경에 나타난 인물 중에 예수의 삶을 가장 철저하게 따랐던 사람은 바로 바울이었다. 마가복음에 나오는 가상의 젊은 부자는, 자기 재산을 모두 포기하라는 가혹한 요구에 예수를 떠났지만, 바울은 그렇지 않았다. 바울은 예수의 삶을 받아들여, 자신의 삶으로 살아냈다. 바울은 제국 안에서 반체제적 목소리를 내며 힘겹게 살아온 자신의 삶에 대해 이렇게 증언하고 있다: "우리는 언제나 예수의 죽임 당하심을 우리 몸에 짊어지고 다닙니다. 그것은 예수의 생명도 또한 우리 몸에 나타나게 하기 위함입니다. 우리는 살아 있으나, 예수로 말미암아 늘 몸을 죽음에 내어 맡깁니다. 그것은 예수의 생명도 또한 우리의 죽을 육신에 나타나게 하기 위함입니다"(고후 4:10-11). 예수의 죽음을 순교자의 죽음으로 이해하게 된 바울과 그 주변 사람들에게, 예수의 죽음을 받아들인다는 것은 실제로는 그의 삶(life)을 받아들이는 것과 연관되어 있다. 순교자의 죽음은 그 죽음이 증거하는 삶과 분리될 수 없다는 것을 뜻한다. 바로 이 때문에, 오고 오는 세대를 통해 예수운동이 "참된 길(the way)"이라는 단순한 한 마디로 전해졌던 것이다. 예수를 따른 다는 것은, 예수가 걸어간 삶의 길을 나의 것으로 받아들인다는 것을 의미했다.

마지막으로, 예수의 추종자들은 또한 예수의 죽음을 희생제물(a sacrifice)로 언급했다. 이러한 언급은, 얼핏 보면, 예수의 삶에서 관심을 돌려, 예수의 죽음을 추상적인 신학 주제로 끌고 들어가는 듯 보일지 모른다. 희생제물로서의 양은 제물로 바쳐지기 위해 태어난 것이고, 그 이상 아무것도 아니다. 그러나 이것은 예수의 초기 추종자들이 희생제물이라는 은유를 사용하여 예수의 죽음을 해석했던 방식은 아니었다. 한 사람(a person)이 죄의 용서를 위한 희생제물이 될 수 있다는 생각은 원래 순교자 전통에서 온 것이었다. 마카비 문헌에서, 예를 들면, 한 사람의 죽음이 백성 전체의 죄를 위한 속죄제물로 하나님께 받아들여질 수 있었던 것은 하나님께 대한 순교자의 남다른 충직성 때문이었다. 궁극적으로 하나님의 분노를 가라앉히고, 하나님을 움직여 고통받는 백성을 구출하게 했던 것은, 순교자의 비범한 삶, 그리고 죽기까지의 충직성이었다. 역설적이게도, 신약성경에서 이러한 생각을 가장 명확하게 표현한 사람은 요한복음에 나오는 대제사장 가야바였다: "한 사람이 백성을 위하여 죽어서 민족 전체가 망하지 않는 것이, 당신들에게 유익하다는 것을 생각하지 못하고 있소"(요한 11:50).

그러나 예수의 죽음을 희생제물로 보는 생각이 그 기원이 되는 순교자 전통과 명시적으로 연결되지 않은 경우에도, 그 생각은 여전히 매우 창조적인 방식으로 예수의 삶과 연결되어 있었다. 예수의 추종자들은 그의 죽음을 희생제물로 이해하게 되고, 희생제사가 모든 사회적 기반을 장소에 고착시킨 문화적 상황 속에서 그의 죽음을 고찰하게 되자, 그들은 예수의 죽음이 어떻게 제의적으로 작용하여 그들을 그 기반으로부터 해방시킬 수 있는지, 그리고 그 기반 안에서 제의적으로 허용된 장소로부터 어떻게 그들을 해방시킬 수 있는지를 깨닫기 시작했다. 희생제사가 가족, 가문, 도시, 그리고 제국을 하나로 묶어주었던 것처럼, 그들의 공동식사는 새로운 정체성이 부여되는 장소, 그리고 새로운 사회형태가 만들어지는 장소가 될 수 있음을 깨닫게 되었던 것이다. 그리고 그들은 옛 세계를 하나로 묶어주었던 희생제사 제단을 떠나기 시작하면서, 예수 자신의 몸을 희생제물로 하여 모두가 하나로 결집된 새로운 작은 공동체, 즉 "그리스도의 몸" 안에서 새로운 존재가 되는 자유를 다시 한 번 발견하게 되었다. 노예들과 성매매 여성이 상인, 학자, 때로는 국가 관리들과 동등하게 앉게 되는 이러한 새로운 식탁—제단—에서, 그들은 새로운 자기정체성과 새로운 목적의식을 갖게 되었다. 이것은 과거에 민중들이 예수의 식탁 공동체 안에서 경험했던 것이었다. 예수는 정결한 사람과 불결한 사람, 유명한 사람과 그렇지 못한 사람, 성매매 여성, 죄인, 걸인, 심지어는 도둑질하는 사람도 식탁에 초대했다. 이 식탁을 중심으로 모든 사람들은 평등한 존재가 되었고, 새로운 가족의 일원이 되었고, 새로운 제국, 하나님의 제국의 상속자가 되었다. 예수가 죽고, 예수운동의 식탁이 새로운 사회를 형성하는 제단들이 되어감에 따라, 이런 개인적이며 또한 공동체적인 변화 과정은 계속되었다. 이처럼 예수가 삶 속에서 민중들에게 의도했던 것들은, 이제 제의적 형태로 변형되었고, 그의 죽음을 희생제물로 받아들임으로써 다시 한 번 되살아나게 되었다.

그러면 예수의 부활은 어떠한가? 여기에서 우리는 마침내 예수의 삶에서 떠나는 것이 아닌가? 부활은 질적으로 전혀 다른 것, 너무 강력하고 파격적이어서 부활 이후에는 예수의 삶이 아무런 의미를 갖지 못하는 그런 사건 아닌가? 전혀 그렇지 않다. 오히려 반대로, 예수의 삶이 없었다면, 부활 선언은 처음부터 엄두도 내지 못했을 것이다. 만약 우리가 복음서의 부활 이야기를 역사적인 것으로 받아들인다면, 이 이야기들은 예수를 믿는 내부 사람들 바깥의 외부인들에게는 전혀 설득력이 없을 것이다. 심지어 예수를 믿는 내부 사람들 중에서 일부는 이러한 이야기들 속에서 의구심을 표현하기까지 했다. 나는 이 이야기들을 역사적인 것으로 간주하지 않는다. 그러나 무엇인가 일어났다면, 바울이나 주변 사람들이 다시 살아난 그리스도가 부활 후 자신들에게 나타난 것으로 이해했던, 그런 종류의 영적 체험을 예수운동에 속한 사람들이 실제로 경험했을 것으로 본다. 그러면 이들은 이 이야기들을 왜 그렇게 이해했던 것일까? 왜 이들은 이러한 강력한 영적 체험을 '영에 사로잡힘(spirit possession)'의 사례로—다른 많은 죄수들이나 폭력과 배신의 희생자들이 그렇게 이해되어온 것처럼, 죽은 예수가 돌아와 그들을 사로잡은 유령으로—보지 않았을까? 도대체 왜 이들은 "하나님이 예수를 죽은 자들로부터 다시 살리셨다"고 말했던 것일까? 이것을 말했던 사람들은, 그렇게 말하기 이전에, 먼저 예수를 알고 있었다. 이들은 예수를 믿었고, 그의 대의를 신뢰했다. 이들에게 예수는 단순한 희생자가 아니라, 순교자였다. 그리스도교 발생 당시 고대 유대교 상황에서는, 부활이 순교자 이야기에 속해 있었다. 부활은 순교한 사람의 옳았음을 입증하는 신원(vindication) 사건이다. 하나님이 예수를 죽은 자들로부터 다시 살릴 수 있었을까? 고대인이라면 누구나 이 질문에 그렇다고 대답할 것이다. 그러면 하나님은 예수를 죽은 자들로부터 다시 살리려고 했을까? 이 질문에는 오직 예수의 추종자들만이 그렇다고 대답할 수 있을 것이다. 왜냐하면 예수의 삶이 그를 하나님의 의인들 중 하나임을 드러냈다고 믿은 이들은 바로 예수의 추종자들뿐이었기 때문이다. 이들은 예수의 말이 하나님의 말씀이라고 믿었다. 이들은 예수가 그의 행동 속에서 하나님의 뜻을 실천했다고 믿었다. 이러한 의미에서 부활 또한 예수가 살아낸 삶의 중요성을 선포하는 한 방식이었다.

예수의 추종자들은, 예수의 죽음을 해석하는 각각의 방식 속에서, 사실은 예수의 삶(life)에 관심을 기울이고 있었음을 나는 확신하게 되었다. 그의 죽음이 그들에게 중요했던 것은, 그의 삶이 그들에게 중요했기 때문이다. 그래서 그들은 예수의 죽음에 대해 말할 때, 예수의 삶을 확인하고, 또 말과 행동을 통해 그의 삶에 드러난 가치들과 비전에 대해 그들 자신의 헌신을 재확인하는 방식으로 말했다. 그들은 예수의 삶 속에서 하나님을 알게 되었다. 예수의 추종자들과 친구들에게 예수의 죽음은 그 구체성/특수성(particularity)에서 중요했다. 즉 무언가를 말하고 행했던 사람의 죽음으로서, 그리고 목숨을 걸 만큼 중요한 무언가를 대변했던 사람의 죽음으로서 중요했다. 그 무언가는 그가 하나님의 제국이라고 불렀던 삶의 비전이었다. 그들 또한 새로운 제국에 대한 이러한 비전을 믿었다. 만약 이러한 비전이 정말로 하나님의 제국에 대한 비전이었다면, 이 비전을 품은 사람은 죽지 않았다. 어떠한 사형집행인도 그의 존재 자체를 죽일 수는 없었다. 예수를 죽이기 위해서는, 그 비전을 죽일 수 있어야 하기 때문이다. 이것은 십자가 처형조차 할 수 없었던 일이었다.

하지만 오늘날 그리스도교 신앙인들이나 신학자들이 예수의 죽음 문제에 접근할 때, 이러한 것들은 일반적으로 우선적인 관심사가 아닌 것이 되었다. 예수를 죽음으로 몰고 갔던 그의 말씀에는 더 이상 관심을 기울이지 않는다. 예수가 어떻게 살고, 무엇 때문에 죽었는가

하는 것도 관심거리가 아니다. 예수의 죽음 사건은 그 구체성을 상실하여, 그를 죽음으로 몰고 간 실질적인 사건 과정과 연관하여 이해하지도 않게 되었다. 예수가 이처럼 추상화되기 시작하면서, 그의 죽음은 우리를 위한 하나의 신화적인 사건(a mythic event), 즉 죽음이라는 보편적 문제와 이해할 수 없고 두려운 인생의 마지막과 연관된 신화적 사건이 되었다. 우리가 인생의 도덕적이며 윤리적인 과실 때문에 조바심을 낼 때, 그리고 죽음 이후에 있을지 모를 심판과 징벌을 겁낼 때, 우리는 예수가 "우리 죄로부터 우리를 구원하기 위해" 죽었다는 것을 알게 됨으로써 위안을 얻는다. 그의 부활은 우리 자신의 영혼불멸(immortality)을 우리에게 확신시켜준다. 예수가 만약 그의 우주적인 계획을 완성하기 위해 왔다가 십자가 위에서 죽었고, 그 때문에 우리가 구원받게 된 것이라면, 그가 자신의 삶 속에서 보여준 다른 모든 것들—그 자신의 열망, 그 자신의 가치관과 비전, 그가 신중하게 선택했던 말들이나 예언자적 과감성을 갖고 했던 행동들—은 상대적으로 약화될 것이다. 윤리 문제는 구원과 비교하면 전혀 중요한 것이 아니다. 구원과 함께 중요한 문제는 목숨 그 자체, 우리가 필사적으로—심지어는 우리 모두를 위협하는 죽음의 순간에서조차—지키려고 하는 우리들의 목숨이다. 그래서 예수의 죽음과 부활은 하나님의 은총이 우리 같이 형편없는 죄인들에게까지 미치는, 말하자면 지금까지 살아온 삶을 전혀 포기할 의사도 없고, 예수가 주창한 삶의 비전이나 예수가 삶으로 보여준 그 하나님조차 망각한 그런 죄인들에게까지 미치는, 보편적인(universal) 구원 사건이 되었다.

예수의 죽음과 부활이 그 구체성을 상실하고 우주적 투쟁이라는 신화적 사건의 형태로 확대된 것은, 아마도 바울과 다른 초기 그리스도인들이 예수의 죽음과 부활을 전통적인 묵시종말론적(apocalyptic)

희망의 중심에 둠으로써 초래된 것 같다. 묵시종말론은 선과 악 사이의 투쟁을 거대한 우주적 전쟁의 관점에서, 즉 하나님의 군대가 악인들의 군대와 대치해 있는 모습으로 그린다. 유대 묵시종말론에서 하나님의 능력과 승리는 악한 세력에 의해 살해된 모든 사람들이 부활하는 것으로 표현된다. 이 마지막 투쟁에서 충직했던 사람들과 고난 받았던 사람들은 옳음이 입증된다. 바울은 바로 이러한 틀을 가지고 예수의 부활을 해석했다: 예수는 악과의 투쟁에서 살해되었다가 부활한 수많은 사람들 중 첫 열매, 첫 번째 사람이었다(고전 15:20). 바울에게 부활은 언젠가 시작될 마지막 전투를 알리는 신호, 우주적 자명종이었다. 그러나 예수의 죽음과 부활을 이렇게 이해했던 바울과 여타 사람들은 예수의 죽음과 부활을 그의 삶으로부터 분리시키지 않았다. 그들이 증거하고 있다고 믿은 그 우주적 전투는 하나의 구체적인 생각, 실질적인 대의를 놓고 벌이는 전투였다. 이들이 참여하는 투쟁은 십자가에 처형된 메시아가 주창했던 그 삶의 비전을 위한 투쟁이었다. 바울에게는 예수의 부활을 경험한다는 것이 예수의 '영'에 사로잡혀, "그리스도의 마음"을 나누고, 그리스도의 삶을 나의 삶으로 받아들이는 것을 뜻했다. 바울과 그 주변 사람들이 함께 만들려고 했던 공동체는, 예수가 죽음으로써 지켜낸 사랑과 서로 돌봄의 삶을 구체화할, "그리스도의 몸"으로서의 공동체였다. 그들은 예수가 죽음으로 지켜냈던 것을 이제 자신의 삶을 통해 살아낼 것이다. 하나님이 마침내 이 세상에 사랑과 정의가 보편적으로 지배하는 하나님의 제국을 확립하는 그날까지.

하지만 시간이 지나면서, 예수를 알고 실제로 그의 삶을 기억했던 친구들과 추종자들의 첫 세대가 사라지게 되자, 예수의 구체적인 삶과 우주적 전쟁이라는 신화적 구조 사이의 연관성은 점점 약화되었고, 마침내 사라지게 되었다. 예수와 연관된 구체적인 가치들을 위한 투쟁은 점점 사라지고, 권력 집단 간의 충돌이 점점 더 전면에 부각되었다. 그리스도의 능력은 유대인들의 종교, 이교도의 신들, 그리고 마지막에는 우주적인 원수인 죽음 그 자체와 힘을 겨루는 데 사용되었다. 우리는 이것을 사도신경에서 이미 발견할 수 있는데, 여기에서 예수의 삶은 "동정녀 마리아에게 나시고"와 "본디오 빌라도에게 고난을 받으사"라는 구절 사이의 단순한 쉼표로, 즉 빈 공간으로 처리되고 있다. 이 그리스도교 신조의 항목들은 수많은 고대 종교 전통에 공통으로 들어있는 우주적 드라마의 구성 요소들이다: 기적적인 탄생, 죽음, 부활, 승천이 그런 구성 요소들이다. 예수는 고대의 수많은 죽고-부활하는 구원자 신들(dying-rising savior gods) 가운데 하나가 되어, 그와 연합한 사람들에게 이생과 내세에서의 안정을 보장해주게 되었다. 어떤 사람들에게는 예수의 식탁 친교가, 이그나시우스(Ignatius)가 성만찬 빵(영성체)을 빗대어 말한 것처럼, "영생의 약"(*pharmakon athanasias*)을 짓는 단순한 조제실이 되었다(*Ephesians* 20).

예수 그리스도는 결국 만인을 위한 가장 위대한 구세주 하나님(Savior God)이 되곤 했다. 예수의 십자가는 하나의 로고, 콘스탄티누스 황제와 그의 부하들을 전쟁에서 지켜주기 위해 방패 위에 새긴 하나의 부적이 되곤 했다. 예수는 하나의 파르티잔, 우연히 그의 깃발(sign) 아래 태어나지 않은 사람은 그 이름만 들어도 마음에 공포심을 불러일으켰을 파르티잔이 되었다. 중세 시대에 예수의 십자가는 테러의 상징이 되곤 해서, 유대인들과 무슬림들이 그 앞에서 살려달라고 애원하며 십자군 약탈자들에게 자비를 구걸했는데, 그에 저항하면 죽음만이 있을 뿐이었다. 바울이 받아들였던 약함의 상징은 무자비한 힘의 상징이 되었고, 이것은 오늘날 수많은 그리스도인들에게도 마찬가지이다. 우리는 지금도 매주 일요일 오후, 이것이 가장 일상화된 형태로 미국 안에 남아있음을 발견할 수 있다. 미식축구를 말하는 것이다. 스포츠 전사들은 터치다운 후 곧 이어질 승리의 축하 춤을 추기 직전, 마치 엄숙하게 준비를 하듯 제자리에 멈춰 십자 성호를 긋는다. 그런데 이것은 마치, 가장 필요한 순간에 어이없게도 예수에게 버림받은 가난하고 불우한 사람들을 비웃는 듯 보인다. 오늘날 십자가는 승리자를 위한 것이지, 패배자를 위한 것은 아니다.

예수는 죽었는가? 아직 안 죽었다. 그러나 십자가가 할 수 없었던 것을 그리스도인들은 하고 있다. 우리가 예수를 죽이고 있다. 예수는 현자(a sage)였고, 혹은 선호한다면, 예수는 예언자(a prophet)였다. 현자와 예언자는 그들의 말과 행동으로 산다. 이러한 의미에서 본다면, 예수의 이름으로 모이는 우리들 대부분에게, 예수는 죽었다. 그의 말과 행동은 우리에게 별다른 의미가 없다. 우리가 예수를 바라보는 것은 삶의 길(a way of life)을 찾기 위해서가 아니라, 구원(salvation)을 얻기 위해서이기 때문이다. "그가 죽음으로 우리가 살게 될 것이다." 정말로 그렇다. 사실상 우리는 우리의 힘과 특권으로 향유할 수 있는 삶을 살기 위해 예수를 죽여야만 하는 것처럼 보인다. 우리의 목숨과 현실 생활이 걸려 있을 때, 우리들 대부분은 언제든지 하나님의 제국 대신에 개인 구원을 선택할 것이다. 그래서 우리는 십자가에 달리신 우리의 그리스도(our Christ crucified)를 더 선호하는 것이고, 그에 따라 한때 이 땅에서 사셨던 (역사의) 예수는 더 고상한 어떤 소명에 의해 침묵당한다.

하지만 이것은 예수의 친구들과 추종자들에게는 해당되지 않았다. 그들에게 구원은 하나님의 제국이었다. 그들은 예수의 이름 위에 세워진 상호 배려와 사랑의 공동체 안에서 자신들을 향한 하나님의 돌보심을 보았다. 그들은 예수운동의 식탁에서 경험한 용납과 환대를 구원으로 경험했다. 걸인, 나병환자, 성매매 여성, 그리고 온갖 소모적인 사람들—바울의 표현을 빌면, 세상의 "아무것도 아닌 자들"—은 예수가 선포한 하나님의 제국을 하나밖에 없는 자신들의 큰 희망과 소망으로 받아들였다. 새로운 제국의 이러한 공동체에 들어가기 위해 상당한 지위와 유복한 삶을 포기했던 바울 같은 다른 사람들도 마찬가지였다. 그들은 왜 그렇게까지 했을까? 이것은, 과거에도 그들을 위해 살았었고 지금도 그들 가운데 살아계신, 바로 그 예수의 강력한 비전에 그들 나름대로 응답하는 방식이었다. 그들에게 이것은 헌신을 보여주는 개인적인 표시 같은 것이 아니었다. 예수는 실제로 살아있었고, 영적으로 그들과 함께 현존했다. 오늘날 예수에 대해 이렇게 말하는 것—그가 우리 가운데 "살아계신다"고 말하는 것—이 무엇을 의미하든, 이것은 무엇보다, 그가 어떠한 형태로든 여전히 우리에게 새로운 제국의 비전을 제공하고 있고, 우리는 지금도 아주 구체적인 방식으로 이 새로운 제국에 초대되고 있다는 것을 뜻해야 한다. 예수의 말과 행동을 도외시했다면, 예수 시대에 개인적으로 혹은 공동체 속에서 그를 만났던 사람들에게 예수는 아무런 의미가 없었을 것이다. 그의 말과 행동을 도외시한다면, 오늘날 우리에게도 예수는 살아있을 수가 없다. 예수는 과거의 그들에게 살아있었을 때에만, 오늘의 우리들에게도 살아있다. 그의 삶에 반영된 삶의 길(a way of life)로 부르는 참된 초대자로서, 그리고 그 길에서 만나게 될 하나님에게 나아가게 하는 참된 초대자로서.

참고문헌

Anderson, H. "4 Maccabees: A New Translation and introduction." In *OTP* 2.531-64

Attridge, Harold W. *The Epistle to the Hebrews*. Hermeneia. Philadelphia: Fortress Press, 1989

Beard, Mary, John North, and Simon Price. *Religions of Rome*. Vol. 1: *A History*. Vol. 2: *A Sourcebook*. Cambridge Univ. Press, 1998.

Becker, Jürgen. *Auferstehung der toten im Urchristentum*. SBS 82. Stuttgart: Katholisches Bibelwerk, 1976.

Betz, Hans Dieter. "Zum Problem der auferstehung Jesus im Lichte der griechischen magischen Papyri." In *Hellenismus und Urchristentum: Gesammelte Aufsätze*, 1.230-61. 3 vols. Tübingen: Mohr/Siebeck, 1990.

Borg, Marcus J. *Jesus, a New Vision: Spirit, Culture, and the Life of Discipleship*. San Francisco: Harper & Row, 1987.

Bornkamm, Günther, "Baptism and New Life in Paul (Romans 6)." In *Early Christian Experience*, 71-86. New York: Harper & Row. 1969.

Bousset, Wilhelm. *Kyrios Christos: A History of the Belief in Christ from the Beginnings of Christianity to Irenaeus*, trans. John E. Steely. Nashville: Abingdon, 1970.

Breytenbach, Cilliers. "'Christus starb für uns': Zur Tradition und paulinischen Rezeption der 'Sterbformel.'" *NTS* 49 (2003) 447-75.

Bultmann, Rudolf. *Die Geschichte der synoptischen Tradition, Ergänzungsheft.* Edited by Philipp Vielhauer and Gerd Theissen. 5th ed. FRLANT 29. Göttingen: Vandenhoeck & Ruprecht, 1979.

Burkert, Walter. *Homo Necans: The Anthropology of Ancient Greek Sacrificial Ritual and Myth.* Translated by Peter Bing. Berkeley: Univ. of California Press, 1983.

Campenhausen, Hans von. *Ecclesiastical Authority and Spiritual Power in the Church of the First Three Centuries.* Translated by J. A. Baker. Stanford: Stanford Univ. Press, 1969.

Carney, Thomas F. *The Shape of the Past: Models and Antiquity.* Lawrence, Kan.: Coronado, 1975.

Carroll, James. *Constantine's Sword: The Church and the Jews—A History.* Boston: Houghton Mifflin, 2001.

Casabona, Jean. *Reserches sur le vocabulaire des sacrifices en grec, des origins à la fin de l'époque classique.* Aix-en-Provence: Ophrys, 1966.

Charlesworth, James H., ed. *The Old Testament Pseudepigrapha.* 2 vols. Garden City, N.Y.: Doubleday, 1983-1985.

Collins, Adela Yarbro. *The Beginning of the Gospel: Probings of Mark in Context.* Minneapolis: Fortress Press, 1992.

_____. "Finding Meaning in the Death of Jesus." *HR* 78 (1998) 175-96.

Conzelmann, Hans. *1 Corinthians: A Commentary.* Translated by James W. Leitch. Hermeneia. Philadelphia: Fortress Press, 1975.

Cotter, Wendy. "The Collegia and Roman Law: State Restrictions on Voluntary Associations, 64 B.C.E.-200 C.E." In *Voluntary Associations in the Graeco-Roman World,* edited by John S. Kloppenborg and Stephen G. Wilson, 74-89. London: Routledge, 1996.

Crossan, John Dominic. *The Historical Jesus: The Life of a Mediterranean Jewish Peasant.* San Francisco: HarperSanFrancisco, 1991.

_____. *Jesus: A Revolutionary Biography.* San Francisco: HarperSanFrancisco, 1994.

_____, and Jonathan L. Reed. *Excavating Jesus: Beneath the Stones, Behind the Texts.* San Francisco: HarperSanFrancisco, 2001.

Davies, Stevan L. *Jesus the Healer: Possession, Trance, and the Origins of Christianity.* New York: Continuum, 1995.

de Jonge, Marinus. "Jesus' Death for Others and the Maccabean Martyrs." In *Text and Testimony: Festschrift for A. F. J. Klijn*, edited by T. Baarda, et al., 142-51. Kampen: Kok, 1988.

Detienne, Marcel. "Culinary Practices and the Spirit of Sacrifice." In *The Cuisine of Sacrifice among the Greeks*, edited by M. Detienne and J.-P. Vernant, 1-20. Translated by Paula Wissing. Chicago: Univ. of Chicago Press, 1989.

_____. "The Violence of Wellborn Ladies: Women in the Thesmophoria." In *The Cuisine of Sacrifice among the Greeks*, edited by M. Detienne and J.-P. Vernant, 129-47. Translated by Paula Wissing. Chicago: Univ. of Chicago Press, 1989.

_____, and Jean-Pierre Vernant. *Cunning Intelligence in Greek Culture and Society.* Translated by Janet Lloyd. Atlantic Highlands, N.J.: Humanities, 1978.

_____, eds. *The Cuisine of Sacrifice among the Greeks.* Translated by Paula Wissing. Chicago: Univ. of Chicago Press, 1989.

Dodd, C. H. *According to the Scriptures: The Sub-Structure of New Testament Theology.* New York: Scribner's, 1953.

Dormeyer, Detlev. *Die Passion Jesu als Verhaltensmodell: Literarische und theologische Analyse der Traditions- und Redaktionsgeschichte der Markuspassion.* NTA 11. Münster: Aschendorff, 1974.

Douglas, Mary. *Purity and Danger: An Analysis of the Concepts of Pollution and Taboo.* London: Routledge and Kegan Paul, 1966.

Droge, Arthur J., and James D. Tabor. *A Noble Death: Suicide and Martyrdom among Christians and Jews in Antiquity.* San Francisco: HarperSanFrancisco, 1992.

Dupont-Sommer, André. *Le Quatrième Livre des Machabées.* Bibliothèque de l'École des Hautes Études 274. Paris: Librairie Ancienne Honré Champion, 1939.

Durand, Jean-Louis. "Greek Animals: Toward a Typology of Edible Bodies." In *The cuisine of Sacrifice among the Greeks*, edited by Marcel Detienne and Jean-Pierre Vernant, 87-118. Translated by Paula Wissing. Chicago: Univ. of Chicago Press, 1989.

Durkheim, Emil. *The Elementary Forms of Religious Life.* Translated by Joseph W. Swain. New York: Macmillan, 1915.

Ellis, E. Earle. "Christ Crucified." In *Reconciliation and Hope: New Testament Essays on Atonement and Eschatology Presented to L. L. Morris on His 60th Birthday*, edited by Robert Banks, 70-75. Grand Rapids: Eerdmans, 1974.

Friesen, Steven J. *Imperial Cults and the Apocalypse of John: Reading Revelation in the Ruins.* Oxford: Oxford Univ. Press, 2001.

Fuller, Reginald H. *The Foundations of New Testament Christology.* New York: Scribner's, 1965.

Furnish, Victor Paul. *II Corinthians.* AB 32A. Garden City, N.Y.: Doubleday, 1984.

Garnsey, Peter, and Richard P. Saller. "Patronal Power Relations." In *Paul and Empire: Religion and Power in Roman Imperial Society*, edited by Richard A. Horsley, 96-103. Harrisburg: Trinity, 1997.

Georgi, Dieter. *Theocracy in Paul's Praxis and Theology.* Translated by David E. Green. Minneapolis: Fortress Press, 1991.

Gill, David. "*Trapezomata*: A Neglected Aspect of Greek Sacrifice."

HTR 67 (1974) 123-27.

Girard, René. *Violence and the Sacred.* Translated by Patrick Gregory. Baltimore: Johns Hopkins Univ. Press, 1977.

Goodenough, E. R., and Thomas A. Kraabel. "Paul and the Hellenization of Christianity." In *Religions in Antiquity: Essays in Memory of Erwin Ramsdell Goodenough*, Edited by Jacob Neusner, 35-80. SHR 14. Leiden: Brill, 1968.

Hadas, Moses. *The Third and Fourth Books of Maccabees.* New York: Harper, 1953.

Hahn, Ferdinand. *The Titles of Jesus in Christology: Their History in Early Christianity.* Translated by Harold Knight and George Ogg. Lutterworth Library. London: Sutterworth, 1969.

Hays, Richard B. *The Faith of Jesus Christ: An Investigation of the Narrative Substructure of Galatians 3:1-4:11.* SBLDS 56. Chico, Calif.:Scholars Press, 1983.

Hengel, Martin. *The Atonement: The Origins of the Doctrine in the New Testament.* Translated by John Bowden. Philadelphia: Fortress Press, 1981.

Hoffmann, Paul. "Auferstehung Jesu Christi: II/1. Neues Testament." *TRE* 1.479-80.

_____. *Die Toten in Christus: Eine religionsgeschichtliche und exegetische Untersuchung zur paulinischen Eschatologie.* NTA 2. Münster: Aschendorf, 1966.

Holum, Kenneth G., et al. *King Herod's Dream—Caesarea on the Sea.* New York: Norton, 1988.

Horsley, Richard A. "1 Corinthians: A Case Study of Paul's Assembly as an Alternative Society." In *Paul and Empire: Religion and Power in Roman Imperial Society*, edited by Richard A. Horsley, 242-52. Harrisburg: Trinity, 1997.

_____. "Consciousness and Freedom among the Corinthians: 1 Cor

8–10." *CBQ* 40 (1978) 581–85.

―――. "The Death of Jesus." In *Studying the Historical Jesus: Evaluations of the State of Current Research*, edited by Bruce Chilton and Craig Evans, 395–422. NTTS 19. Leiden: Brill, 1994.

―――. *Jesus and the Spiral of Violence: Popular Jewish Resistance in Roman Palestine*. San Francisco: Harper & Row, 1987.

Hubert, Henri, and Marcel Mauss. *Sacrifice: Its Nature and Function*. Translated by W. D. Halls. Chicago: Univ. of Chicago Press, 1964.

Käsemann, Ernst. *Commentary on Romans*. Translated and edited by Geoffrey W. Bromiley. Grand Rapids: Eerdmans, 1980.

―――. *New Testament Questions of Today*. Translated by W. I. Montague. Philadelphia: Fortress Press, 1969.

―――. *The Wandering People of God: An Investigation of the Letter to the Hebrews*. Translated by Roy Harrisville and Irvine L. Sandberg. Minneapolis: Augsburg, 1984.

Kallas, James. "Romans XIII.1–7: An Interpolation." *NTS* 11 (1964) 365–74.

Kelber, Werner, ed. *The Passion in Mark: Studies on Mark 14–16*. Philadelphia: Fortress Press, 1976.

Koester, Helmut. *Ancient Christian Gospels: Their History and Development*. Philadelphia: Trinity, 1990.

―――. "Imperial Ideology and Paul's Eschatology in 1 Thessalonians." In *Paul and Empire: Religion and Power in Roman Imperial Society*, edited by Richard A. Horsley, 158–66. Harrisburg: Trinity, 1997.

―――. "Jesus the Victim." *JBL* 111 (1992) 3–15.

Lenski, Gerhard E. *Power and Privilege: A Theory of Social Stratification*. New York: McGraw-Hill, 1966.

Lewis, I. M. *Ecstatic Religion: An Anthropological Study of Spirit Possession and Shamanism*. Baltimore: Penguin, 1971.

Lewis, Naphtali, and Meyer Reinhold. *Roman Civilization: Selected Readings*. 2 vols. New York: Harper & Row, 1966.

Lietzmann, Hans. *An die Korinther I–II*. HNT 9. Tübingen: Mohr/Siebeck, 1949.

Lindars, Barnabas. *New Testament Apologetic: The Doctrinal Significance of the Old Testament Quotations*. Philadelphia: Westminster, 1961.

Lindemann, Andreas. *Der Erste Korintherbrief*. HNT 9/1. Tübingen: Mohr/Siebeck, 2000.

Linnemann, Eta. *Studien zur Passionsgeschichte*. FRLANT 102. Göttingen: Vandenhoeck & Ruprecht, 1970.

Lohse, Eduard. *Märtyrer und Gottesknecht: Untersuchungen zur urchristlichen Verkündigung vom Sühntod Jesu Christi*. FRLANT 64. Göttingen: Vandenhoeck & Ruprecht, 1963.

Mack, Burton L. *A Myth of Innocence: Mark and Christian Origins*. Philadelphia: Fortress Press, 1988.

MacMullen, Ramsay. *Enemies of the Roman Order: Treason, Unrest, and Alienation in the Empire*. Cambridge: Harvard Univ. Press, 1966.

———. *Roman Social Relations: 50 B.C.–A.D. 384*. New Haven: Yale Univ. Press, 1974.

Marcus, Joel. "The Role of Scripture in the Gospel Passion Narratives." In *The Death of Jesus in Early Christianity*, edited by John Carroll and Joel Green, 205–33. Peabody, Mass.: Hendrickson, 1995.

———. *The Way of the Lord: Christological Exegesis of the Old Testament in the Gospel of Mark*. Louisville: Westminster John Knox, 1992.

Martin, Dale B. *The Corinthian Body*. New Haven: Yale Univ. Press, 1995.

Martin-Achard, Robert. "Resurrection: Old Testament." *ABD* 5.680–84.

Martyn, J. Louis. *The Gospel of John in Christian History: Essays for Interpreters*. New York: Paulist, 1978.

_____. *History and Theology in the Fourth Gospel*. Rev. ed. Nashville: Abingdon, 1979.

Marxsen, Willi. "When Did Christian Faith Begin?" In *Jesus and the Church: The Beginnings of Christianity*, 76–95. Translated and edited by Philip E. Devenish. Philadelphia: Trinity, 1992.

Milgrom, Jacob. "Israel's Sanctuary: The Priestly 'Picture of Dorian Gray.'" *RB* 83 (1976) 390–99. Reprinted in idem, *Studies in Cultic Theology and Terminology*, 75–84. SJLA 36. Leiden: Brill, 1983.

Miller, Robert J. "Historical Method and the Deeds of Jesus: The Test Case of the Temple Destruction." *Forum* 8, nos. 1–2 (1992) 5–30.

Minear, Paul S. *John: The Martyr's Gospel*. New York: Pilgrim, 1984.

Munroe, Winsom. *Authority in Paul and Peter: The Identification of a Pastoral Stratum in the Pauline Corpus and 1 Peter*. SNTSMS 45. Cambridge: Cambridge Univ. Press, 1983.

Murphy, Frederick J. *Fallen Is Babylon: The Revelation to John*. New Testament in Context. Harrisburg: Trinity, 1998.

Musurillo, Herbert. *The Acts of the Christian Martyrs*. Oxford Early Christian Tests. Oxford: Oxford Univ. Press, 1972.

Nickelsburg, George W. E. "The Genre and Function of the Markan Passion Narrative." *HTR* 73 (1980) 153–84.

_____. *Resurrection, Immortality, and Eternal Life in Intertestamental Judaism*. HTS 26. Cambridge: Harvard Univ. Press, 1972.

O'Neill, J. C. *Paul's Letter to the Romans*. PNTC. Harmondsworth: Penguin, 1975.

Perkins, Pheme. *Resurrection: New Testament Witness and Contemporary Reflection*. Garden City, N.Y.: Doubleday, 1984.

Perrin, Norman. *The New Testament: An Introduction*. New York: Harcourt, Brace, Jovanovich, 1974.

Pesch, Rudolf. "Zur Entstehung des Glaubens an die auferstehung Jesu." *ThQ* 153 (1973) 201–28.

Price, S. R. F. *Rituals and Power*. Cambridge: Cambridge Univ. Press, 1984.

Reynolds, Barrie. *Magic, Divination and Witchcraft Among the Barotse of Northern Rhodesia*. Robins Series 3. Berkeley: Univ. of California Press, 1963.

Robinson, James M. "Kerygma and History in the New Testament." In idem and Helmut Koester, *Trajectories Through Early Christianity*, 20–70. Philadelphia: Fortress Press, 1971.

Sanders, E. P. *Jesus and Judaism*. Philadelphia: Fortress Press, 1985.

Schillebeeckx, Edward. *Jesus: An Experiment in Christology*. Translated by Hubert Hoskins. New York: Seabury, 1979.

Seeley, David. "The Background of the Philippians Hymn (2:6–11)." *Journal of Hight Criticism* 1 (1994) 49–72.

_____. *The Noble Death: Greco-Roman Martyrology and Paul's Concept of Salvation*. JSNTSup 28. Sheffield: JSOT Press, 1990.

Segal, Alan F. *Paul the Convert: The Apostolate and Apostasy of Saul the Pharisee*. New Haven: Yale Univ. Press, 1990.

Seland, Torrey. *Establishment Violence in Philo and Luke: A Study of Non-Conformity to the Torah and Jewish Vigilante Reactions*. Biblical Interpretation Series 15. Leiden: Brill, 1995.

Smith, Dennis E. *From Symposium to Eucharist: The Banquet in the Early Christian World*. Minneapolis: Fortress Press, 2003.

Smith, Jonathan Z. *Drudgery Divine: On the Comparison of Early Christianities and the Religions of Late Antiquity*. Chicago Studies in the History of Judaism. Chicago: Univ. of Chicago

Press, 1990.

———. *Map is Not Territory: Studies in the History of Religions*. Chicago: Univ. of Chicago Press, 1993.

Smith, William Robertson. *The Religion of the Semites*. Reprint. New York: Schocken, 1972.

Stegemann, Ekkehard W., and Wolfgang Stegemann. *The Jesus Movement: A Social History of Its First Century*. Translated by O. C. Dean Jr. Minneapolis: Fortress Press, 1999.

Stowers, Stanley K. "Greeks Who Sacrifice and Those Who Do Not." In *The Social World of the First Christians: Essays in Honor of Wayne A. Meeks*, edited by L. Michael White and O. Larry Yarbrough, 293–333. Minneapolis: Fortress Press, 1995.

Taussig, Hal, and Dennis E. Smith. *Many Tables: The Eucharist in the New Testament*. Philadelphia: Trinity, 1990.

Theissen, Gerd. "The Strong and the Weak in Corinth." In *The Social Setting of Pauline Christianity: Essays on Corinth*, 121–43. Translated by John H. Schütz. Philadelphia: Fortress Press, 1982.

Vernant, Jean-Pierre. "At Man's Table: Hesiod's Foundation Myth of Sacrifice." In *The Cuisine of Sacrifice among the Greeks*, edited by M. Detienne and J.-P. Vernant, 21–86. Translated by Paula Wissing. Chicago: Univ. of Chicago Press, 1989.

Veyne, Paul. "The Roman Empire (Where Public Life Was Private)." In *A History of Private Life. Vol. 1: From Pagan Rome to Byzantium*, edited by Paul Veyne, 95–115. Translated by Arthur Goldhammer. Cambridge: Harvard Univ. Press, 1987.

Wellhausen, Julius. *Das Evangelium Marci*. Berlin: Reimer, 1909.

Wengst, Klaus. *Pax Romana and the Peace of Jesus Christ*. Translated by John Bowden. Philadelphia: Fortress Press, 1987.

Wilckens, Ulrich. *Resurrection: Biblical Testimony to the Resurrection: An Historical Examination and Explanation*.

Translated by A. M. Stewart. Atlanta: John Knox, 1978.

———. *Weisheit und Torheit: Eine exegetisch-religionsgeschichtliche Untersuchung zu 1. Kor. 1 und 2.* BHT 26. Tübingen: Mohr/Siebeck, 1959.

Williams, Rowan. *Eucharistic Sacrifice: The Roots of a Metaphor.* Grove Liturgical Study 31. Bramcote: Grove, 1982.

Williams, Sam K. *Jesus' Death as Saving Event: The Background and Origin of a Concept.* HDR 2. Missoula, Mont.: Scholars Press, 1975.

Wills, Lawrence M. *The Jew in the Court of the Foreign King: Ancient Jewish Court Legends.* HDR 26. Minneapolis: Fortress Press, 1990.

Wilson, Jack H. "The Corinthians Who Say There is No Resurrection." *ZNW* 59 (1968) 90-107.

Winter, Paul. *The Trial of Jesus.* 2d ed. Revised and edited by T. A. Burkill and Geza Vermes. SJ 1. Berlin: de Gruyter, 1974.

Wright, N. T. *The Resurrection of the Son of God.* Minneapolis: Fortress Press, 2003.

Yerkes, Royden Keith. *Sacrifice in Greek and Roman Religions and Early Judaism.* New York: Scribner's, 1952.